前言 Preface

民国，20世纪一个特殊而充满魅力的时代：乱世风云，但大师云集，个性张扬，可谓百舸争流，风流百代……

民国女子，既传统又现代，既婉约又时尚，可谓传统的现代人，现代的传统人。她们内敛与张扬同在，旗袍与高跟鞋同辉，诗画与钢琴同奏，实在是一道独特的风景。这道风景前所未有，之后难再，也无可替代。

而最耀眼的，莫过于那些名媛才女。她们出身名门望族，而且才情出众，风华绝代，是民国女子中的翘楚。这些名媛才女，其显赫的家世，深厚的家学渊源，美丽的容颜，独特的个性，出众的才华，传奇的爱情与经历，以及她们在乱世中的沧桑与曲折等，都凸显出民国的时代风云。

她们是让人羡慕的女神。她们天生丽质，从小就是家里的掌上明珠；她们出身高贵，接受了当时最好的中西教育；她们天资聪慧，从小就表现出超常的灵气；她们才情高绝，其诗词诸作令士林为之一震；她们个性独特，少时自诩不凡，青春时成名，冠盖中华。她们的爱情，与她们的才华一样，风流绝世。她们是耀眼的明星，无论当时还是后世，都让人羡慕不已，叹赏不断，传说不尽。

然而，女神们风光的背后，同样也有泪水与忧伤。吕碧城少年成名，冠盖群芳，但却一生未嫁，其孤独苦闷有几人知？人们只看到林徽因事业得意，才貌双全，儿女成“好”，征服男人无数，但几人知她的寂寞？她的诗里，孤独无限。人们都感动于张爱玲入木三分的文字，哪里知道这些都源自于她没落的家族和传奇的爱情呢？苏雪林在文学和学术上成就非凡，却是以无爱无家无子的孤独人生为代价的……

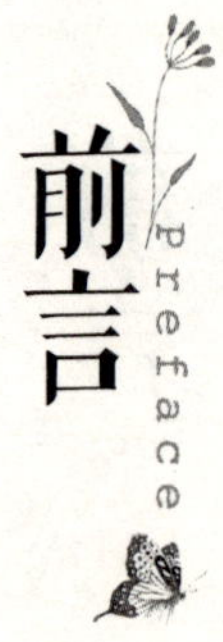

女神们也有人生的挣扎与努力，也有爱情的纠结与痛苦，也有人生的无奈和沧桑。甚至，由于她们的绝世才情和所处的声名地位，她们所做的努力、她们所受的痛苦，比常人更多。

是什么造就了她们的才情？是什么成就了她们的风华绝代？或许，除了天生禀赋、家学背景、个人努力，更有时代的机遇。或许，正是民国，也只有民国，成就了她们。她们，也只属于民国。

她们是大宅门里走出的名门秀彦，她们顾盼生辉，吐气若兰，耀如春华，风流蕴藉，情致两饶；她们风骚尔雅，暗香袭人；她们美姝倾国，风华旷世……她们的美，真真无法形容；面对她们的美，语言显得如此苍白无力。

民国已去，水流花谢春去也，但名媛才女们，风流自在。她们只是回眸一笑，便醉了人间，刹那芳华，风流永驻。

本书选择民国最具代表性的十大才女——吕碧城、陈衡哲、林徽因、陆小曼、张爱玲、凌叔华、苏雪林、王映霞、唐瑛、潘玉良，从其家世、才华、事业、爱情、家庭，以及经历等方面入手，突出她们作为名媛的家学渊源，作为才女的才情，钩沉历史，梳理往事，再现其才情和风流人生。同时，作者以女性的直觉，以现代人的视角，结合时代，对她们进行独特而全新的解读。全书叙议结合，虚实结合，历史性与文学性相结合，感情与理性相结合，力求展现出这些名媛才女的丰满形象。

让我们走近这些风华绝代的女子，欣赏她们的才情和风华，体味她们的落寞和忧伤。

风　彩　2014 年 11 月于北京东郊

瞬间芳华 风流永驻

民国十大名媛才女评传

陈风彩／著

商务印书馆国际有限公司

目录 contents

目录
contents

目录
contents

目录

Contents

潘玉良：我是属于你的

吕碧城

花犹无影只闻香

八月初三可怜夜，
花犹无影只闻香。
一弯眉月幽光寂，
照见侬家山字墙。

——吕碧城《杂感十首》其七

八月清秋夜，一弯新月如眉，高悬银汉，照人间。不必看那树影婆娑，花影摇曳，因那四溢的花香已肆虐沁人心脾，敲开那孤寂人儿的心扉……此刻，夜和光皆静谧，而心内，却思潮滚滚。眉月照眉心，一颦一蹙间，是离愁抑或是别恨？

我想，吕碧城终是寂寞的。因她生之旅的孤单零落，因她绝世不二的才情，因她曾经的无上风光。

吕碧城（1883–1943）

吕碧城是清末民初女强人。当年，她是犀利的《大公报》主笔、女性解放的先驱、袁世凯府上的座上宾、北洋女子公学的校长、“三百年来最后一位女词人”、成功创富的女商人、风光的社交名媛……文坛、政界、女界等，无不对这位才情高绝的女子投以热烈目光。时人有诗称之："绛帷独拥人争羡，到处咸推吕碧城。"年轻貌美，个性独立，才华惊世，成就斐然，冠绝群芳。这样一个吕碧城，今人尚且惊为天人，更何况清末民初那个时代！

她时尚。她潇洒穿梭于各色权贵男人中，她奇装异服舞步于各大交际场，她孤身游历世界各地……如此风光自在，实不亚于现代任何一个女子。她又极传统。生于诗书世家，写得一手绝妙好词。在她的诗词中，我们分明看到一位婉约的女子！传统与现代在她身上得到淋漓的体现，时代在她身上留下鲜明的印记。

自古名士优雅，才女风流。花香蜂蝶来，如此风华绝代的才女，按说没有理由不幸福。可谁曾想到，吕碧城竟成为"民国第一剩女"，终生独守空房呢？

才女如虹起

我常想，一个人的才华和成就，努力自不可免，但先天和祖上基因确实存在。看一些名门才女的身世，我更感到家庭教育和家族文化的重要性——它实在是一个人性格和才华的发源之地。

吕碧城的父亲吕凤岐，安徽旌德人，光绪三年丁丑科进士及第，历任国史馆协修、玉牒纂修、山西学政等职位。1883 年农历六月，吕碧城出生于山西太原，当时父亲正在山西学政任上。4 岁时，父亲解官归乡，举家南迁到老家安徽。

所谓“诗书传家久，耕读继世长”。中国传统社会，以文载道，向来重视诗文传家，代代相传，这正是中国家庭和家族文化形成的根系所在。吕凤岐是读书人，以读书进入仕途，家里的书自然不少，而且他喜好藏书，家中藏书 3 万册。试想，这样一个家庭，其后代的血脉里自然会流淌着一种诗文的基因。

吕碧城幼承家学，耳濡目染，加之天生颖悟，四五岁时就已熟谙琴棋诗画，尤其擅长作词。时人有文称之：“自幼即有才藻名，工诗文，善丹青，能治印，并娴音律，词尤著称于世，每有词作问世，远近争相传诵。”

绿蚁浮春，玉龙回雪，谁识隐娘微旨？夜雨谈兵，春风说剑，冲天美人虹起。把无限时恨，都消樽里。

君知未？是天生粉荆脂聂，试凌波微步寒生易水。浸把木兰花，谈认作等闲红紫。辽海功名，恨不到青闺儿女，剩一腔毫兴，写入丹青闲寄。

这是吕碧城 12 岁时写的一首词，文字已显出超越年龄的老道。当时，有人把此词拿给著名的“诗论大家”樊增祥看。这位与吕碧城父亲同年进士的老先生赞不绝口。当他得知这是一位年仅 12 岁的小姑娘所为时，一脸惊愕，连连啧啧，说：“如此文采、情感，不同凡响呀！”又说：“尤是这‘夜雨谈兵，春风说剑’，娇小女童，有如此英气豪迈，实为难得！难得！”

1895 年，吕凤岐去世，吕家为分家明争暗斗，家族很快败落。由于吕碧城的母亲是妾室，失去丈夫，地位可想而知。当时，家族中竟然有恶人唆使匪徒劫持了母亲。

母亲被绑架，吕碧城的两个姐姐都被吓傻了，哭作一团。但 12 岁的吕碧城却镇定自若，说："别怕！我来想办法。"她找出父亲生前同事、朋友和门生的地址，给他们写信求助。结果，在这些人的帮助下，母亲得以安然脱险，也争取到属于她们母子的那份家产。

小碧城救母一事，一时传遍乡里。

但福无双至，祸不单行。接下来，吕家又面临打击。父亲在吕碧城 9 岁时为她与汪家定下婚约，如今汪家却提出退婚，这真让人难堪！然而孤女寡母，势单力薄，不敢为此讲理争执，又碍于面子，吕母只好忍泪答应。

父母之命，媒妁之言，从来如此。但这种联姻往往是以门当户对、互相关照为前提的。如今父亲去世，家道中落，这桩婚姻对人家没了意义，就要中断。无奈，只能感叹人情冷暖。但据说还有个原因，就是汪家被小碧城救母一事"吓"到了，认为此女非相夫教子之良淑。在崇尚"女子无才便是德"的他们看来，吕碧城将来定难驾驭，不是他们想要的儿媳。

家庭变故，孤儿寡母受欺，这已让小碧城看到世态炎凉，加之"被退婚"，更让吕碧城感到屈辱，给她敏感的自尊以伤害。今天的我们也许觉得这是一件稀松平常的事。但在以前，女方家如果遭到男方的退婚，是很不光彩的事，更何况是诗书之吕家？更何况是自信才女吕碧城？

少年的经历，往往影响一生。少年的伤害，总是铭心刻骨，但伤害的同时也产生激励。我想，一定是从那时起，吕碧城就暗下决心：独立自强，自己掌握自己的命运。

坚强容易，一下子就可以做到。但要抹去伤痕，却很难。这伤害投下的阴影，一直沉在吕碧城的心底，以至影响到她日后对感情的态度——异常谨慎。

到处咸推吕碧城

由于在家族中无地位，吕碧城的母亲不堪在吕家受冷眼，于是带吕碧城姐妹四人到娘家居住。不久，奉母之命，吕碧城到天津塘沽舅舅严朗轩家寄住。舅舅时任塘沽的盐运使（相当于盐场总管），官虽不大，但有些实权。吕碧城在这里，倒还可以继续她的富家千金生活。

然而时代不同了。当时，西学东渐，海港城市天津得风气之先，成为北方最开放的大都市。此时，女子虽远未解放，但个性解放之风已然刮起。1898年，严修在天津创建严氏女学。据说吕碧城曾在此就读。其实，吕碧城是否真正在此读过书，对她来说并不重要。因为以她的聪明敏锐，只需一个环境，就足以使她迅速蜕变了。

当然，那时大部分的女子仍生活在三从四德之下，在封闭的院落中，悠悠地过着几千年一成不变的生活。但吕碧城毕竟不是一个平常女子，已经嗅到新风的她怎能安居于她的高门绣户？于是，在天津那咸咸的海风熏沐下，吕碧城怀着甜蜜的渴望，急切地想冲出高楼竹帘，走向更广阔的世界了。

1904 年的一天，20 岁的吕碧城鼓足勇气对舅舅说：“我要到天津城里去上新学。”

舅舅一听勃然大怒：“上什么新学？你忘记了自己是谁吗？这么大姑娘了，还上什么学！”

在舅舅眼里，大家闺秀的吕碧城有这个想法本身就是大逆不道，不够本分。舅舅非但不同意，还严厉训斥她一番。

吕碧城越想越委屈，一气之下，她谁也不告诉一声，就离家出走了——只身踏上去往天津城的火车。

稀里糊涂到了天津城里后，吕碧城才发现自己身无分文，又举目无亲。怎么办？回舅舅家吗？走回头路不是她的性格。可眼下怎么办？她左思右想，突然想到舅舅署中有个姓方的秘书，他的夫人住在天津滨江道的《大公报》报社。找到这一线希望，她兴奋地给这位夫人写信，说明自己来天津的目的，请她援助。吕碧城言辞恳切，十分感人。

这封信顺利寄到《大公报》，也是巧，被总经理英敛之看到了。英敛之虽是满族正黄旗人，但留过洋，思想先进，主张君主立宪，是位新派人物。他回国后就创办了《大公报》这份新式报纸，以此为阵地，宣传其政治思想。

此时他正求贤若渴，看到吕碧城的来信，眼前一亮：这文采，实在了得！于是，他亲自随同那位夫人把吕碧城接到报社，并立即聘她为见习编辑。

机遇来得如此迅速，吕碧城自己断没想到。原本赌气离开舅舅家，是想来天津上新学，碰碰运气的。不想，一下子自己就撞上了大运——找到这样一份自己喜欢又适合自己的工作，还上什么学呢！她虽然还不了解记者编辑是怎么回事，但只要是写文章，她就是成竹在胸的。

从此，吕碧城摆脱对家庭的依赖，就职《大公报》，成为中国历史上第一位女编辑。吕碧城的个性和才华在此得到施展，成为当时的新女性。

光緒二十八年五月十二日

L'IMPARTIAL

大公報

西歷一千九百二年六月十七號

本館開設天津法租界

TIEN TSIN

第　號

1902 年 6 月 17 日《大公报》创刊号

果然，吕碧城很快崭露头角，她的诗词作品频繁上报。她的诗词作品格律谨严，文采斐然，受到诗词耆宿们高度评价。同时，碧城还写了不少鼓吹妇女解放和宣传女子教育的文章，如《论提倡女学之宗旨》《敬告中国女同胞》《兴女权贵有坚忍之志》等，在社会上引起强烈反响。有着不俗的诗词功底，而且个性大胆独立，20 岁出头的吕碧城一下子就受到了万众瞩目。

她的诗词，不只有文采，还那么唯美，同时又有一种过人的豪气，率真，昂扬，给人耳目一新之感。

文字风流，年轻貌美，性格大方，吕碧城很快成了明星，跻身上流社会，成为各大聚会的焦点人物。别看她是旧家女子，但交际中落落大方，毫无旧女性的矫揉做作，与各色男人诗酒唱和，毫不怯场，令人赞叹。

她是那么耀眼，无论旧派新学，都对这位年轻貌美、富有思想的才女青眼有加，名流们纷纷追捧她。诗坛名宿樊增祥、易实甫对她备加欣赏，袁世凯的风流儿子袁克文对她倾慕有加，李鸿章的侄子李经义对她热烈追求，鉴湖女侠秋瑾主动找她为友。而那些急于走出家庭的女子，对吕碧城更是仰之弥高，热烈地崇拜……

一时间，吕碧城声名鹊起，名动京津。当时的内廷秘史缪珊如有诗写道：

飞将词坛冠众英，天生宿慧启文明。
绛帷独拥人争羡，到处咸推吕碧城。

吕碧城自己也说：“由是京、津间闻名来访者踵相接，与督署诸幕僚诗词唱和无虚日。”

少年青春，雅集风流，名士如云。如此快意，人生能有几何？如此快意，几人能有？吕碧城是幸运的，在主笔《大公报》四年间，她就过着如此光彩照人的生活。在最好的年龄，吕碧城成为最美的风景。

“流俗待看除旧弊，深闺有愿作新民。”吕碧城迎着时代，昂扬向前。人在春风得意时，胆子也大，往往做出常人难为的非凡事。1908年，光绪帝与慈禧太后前后亡故，全国一片不安。此时，吕碧城在报上发表了一阕《百字令》：

排云深处，写婵娟一幅，翚衣耀羽。禁得兴亡千古恨，剑样英英眉妩。遮罩边疆，京垓金币，纤手轻输去。游魂地下，羞逢汉雉唐鹉。

吕碧城以此痛斥慈禧的专权卖国，讥讽她死后到阴朝，一定怕见汉朝的吕后、唐朝的武则天。词的旁边，还配上慈禧太后的画像。此词轰动一时，令清庭十分尴尬。

今天看此掌故，感叹吕碧城真是胆魄了得，颇有政论家的范儿，但又感叹当时报纸的言论自由。纵然因为当时的混乱，但那种空气，《大公报》的那块阵地，终给了报人吕碧城这样大胆发挥的机会。这里既有她作为报人的一份热情和责任，也暴露了她年轻气盛、狂放激进的一面。

袁世凯府座上宾

清末民初，西学东渐，势不可挡，封闭的中国大门终于不情愿地打开了。1860 年，天津开埠，九国租界设立。在一片亡国声中，西学以其自然科学和实用技术的优势，迅速受到国人追捧。

1900 年义和团运动后，清政府也认识到大势所趋，于是施行新政，提出“兴学育才实为当务之急”，通令各省开办新学堂。此时，西方的自由、民主及科学思想，让国人认识到自己的落后，而“五四”运

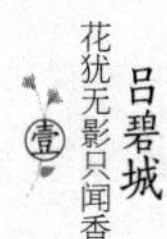

动的爆发，更唤醒了养在深闺人不识的中国女性。于是，一个个思想开放、个性独立的新女性产生，一个个走出家庭的“娜拉”产生，要求解放、要求男女平等、要求受教育的女权运动此起彼伏。“张女权，兴女学”成为一时风潮。

1903 年，时任直隶总督的袁世凯，授权天津教育家傅增湘创办天津女子学堂。吕碧城的顶头上司英敛之、老师严复等人积极推荐吕碧城。当时，风头正劲的吕碧城不仅是新女性的最佳代表，而且之前曾发表大量妇女解放、兴女权的诗文，已经成为女性解放的先行者。她认为，女性独立，必先“启发民智”，先提高自身文化素质，即受教育。兴办女学是最好方式。

吕碧城的这些观点，英敛之十分欣赏，他还带吕碧城认识唐绍仪、严复、卢木斋、傅增湘等名流，大家对她十分欣赏。时任天津水师学堂校长的严复曾激赏吕碧城说：“此女实是高雅率真，明达可爱，外间谣诼，皆因此女过于孤高，不放一人于眼里之故。故我看甚是柔婉服善，说话间除自己剖析之外，亦不肯言人短处。”并欣然收吕碧城为女弟子。

经过英敛之、严复、傅增湘等人的大力推荐，袁世凯欣然同意，让吕碧城协助傅增湘筹办女学。1904 年 11 月 7 日，北洋女子公学成立，入学女生 30 余人。吕碧城出任总教习 (教务长)，负责全校事务，兼任国文教习。

当时，傅增湘提倡“学术兼顾新旧，分为文理两科，训练要求严格”，吕碧城十分赞成，很是出力。她既有国学素养，又有新思想，自然是得心应手。两年后的1906年春天，学校增设师范科，更名为北洋女子师范学堂。由于成绩突出，吕碧城被傅增湘提名出任校长。这年，她不过23岁。如此年轻的女校长，使得吕碧城更是名声大噪，声闻全国。

这次，英敛之又捧了吕碧城一把。他真是她生命中的贵人。没有英敛之，就没有紫气冲天的吕碧城。“好风凭借力，送我上青云。”英敛之显赫的家世背景，广阔的人脉，竭力的支持，把吕大才女迅速捧上云端。这是吕碧城的幸运。即使今天，女人想成事，尚需男人支持，何况当时？我无意缩小女人自身的能量，但在一个男权社会，确是如此，几乎必然。

吕碧城有自己的教育理念。她认为智慧对女人更重要，认为女学的责任正在启迪学生的智慧，而要提升智慧，受教育是必由之路。她在《论提倡女学之宗旨》中说：“女学之倡，其宗旨总不外普助国家之公益，激发个人之权利两端。”

吕碧城认为，女学旨在培养对于国不失为完全之国民、对于家不失为完全之个人的新女性，如此自是贤妻良母。她主张以德为本，德智体兼顾，提高综合素质。她亲自授课，既讲国学又讲新学。她是新女性，但她本人受国学浸润很深，所以不忘根本，坚守传统的道义精神。这是吕碧城与当时许多背叛家庭和传统的“娜拉”们的区别。

如今来看，吕碧城的教育理念与强国梦想相连。如此胸中有大气象的女子，选择她做女学校长实是不二人选。

吕碧城一干就是八年，为推动中国女性教育不遗余力。她希望自己的学生都是人才，这样才能教好下一代，“为一个文明社会的将来尽各自的力量”。邓颖超、刘清扬、许广平、郭隆真、周道如等都听过吕碧城的课。

吕碧城是当时很多年轻人崇拜的偶像。后来南社著名诗人陈庚白就是吕碧城的粉丝。当年他久慕吕碧城的大名，专门前往女子学堂想一窥其风采。后来成为总统府秘书的沈祖宪，称吕碧城为“北洋女学界的哥伦布”，赞赏其“功绩名誉，百口皆碑”。

民国成立后，北洋女子公学停办（后改为河北女子师范学校），吕碧城离职。1912年，袁世凯当国时，吕碧城还被聘为总统府机要秘书，后又担任参政，经常出入新华宫。

一个二十岁出头的女子，能够如此风光，实在是凤毛麟角了。

最后的女词人

吕碧城幼承家训，才气逼人，自小表现出过人的才华。到《大公报》后，她如鱼得水，才华尽现，名满天下。随着年龄阅历的增长，其作品更显淳厚。她的文字或婉约，或激昂，都尽显其个性，形成独特的风格，深受人们喜爱，也因此成就其“民国第一才女”的美名。

很喜欢吕碧城的《一枝春》：

深院愔愔。破苔痕，寂寞独寻幽径。东风僝僽，还共晚烟吹暝。缟衣轻曳，问谁向、玉阑偷凭。惊认作、粉魅窥人，却是老梅摇影。

孤芳素心堪印。奈花非解语，闷怀难讯。疏枝残雪，寒到翠禽都噤。低徊往事，忆情话、小窗灯晕。知甚处、驿使重逢，暗香折赠。

描摹细腻，用词精到，意境优美，令人叹赏。在这首词里，有传统的婉约，但却没有哀怨，寂寞中有一种贞静之美。

1915 年，因为看不惯官场的丑态，吕碧城辞官，携母亲南下上海，下海经商，从事贸易。她凭借超高的名气，业已积累的人脉，善于公关经营的智慧，不几年就积下巨额财富，从此衣食无忧。然后，她孤身一人开始了周游世界之旅……

吕碧城在巴黎留影。

吕碧城曾两次旅欧，一次是 1918 年到美国就读哥伦比亚大学，攻读文学与美术，兼职上海《时报》特约记者，留学四年间，她把自己在美国的见闻发回中国；一次是 1926 年只身漫游欧洲，长达七年，她同样把见闻写成《欧美漫游录》（又名《鸿雪因缘》），发回国内北京《顺天时报》和上海《半月》杂志发表。

吕碧城以中国旧体诗词的形式，描摹外国风土人情，新鲜又不失亲切，十分讨国人喜欢。因此，她的许多诗词脍炙人口，传诵一时。

在她的《解连环》中，她如此描写巴黎的铁塔：

万红深坞。怕香魂易散，九洲先铸。铸千寻、铁网凌空，把花气轻兜，珠光团聚。连袂人来，似宛转、蛛丝牵度。认云烟缥缈，远共海风，吹入虚步。

铜标别番旧谱。借云斤月斧，幻起仙宇。问谁将、绕指柔网，作一柱擎天，近衔羲驭？绣市低环，瞰如蚁、钿车来去。更凄迷、斜阳写影，半捎蒨雾。

给人耳目一新之感。

自12岁那年看到吕碧城的才华后，樊增祥就持续关注这位才女。晚年，他还亲自编辑了吕碧城的诗词，对其中一首《浪淘沙》十分欣赏。我们摘录如下：

寒意透云帱，宝篆烟浮。夜深听雨小红楼。姹紫嫣红零落否？人替花愁。

临远怕凝眸，草腻波柔。隔帘咫尺是西洲。来日送春兼送别，花替人愁。

樊先生在旁边专门批注道：“《漱玉》（李清照曾著有《漱玉词》）犹当避席，《断肠集》（宋代才女朱淑真词集）勿论矣。”评价如此之高，可见吕碧城的才华。

看吕碧城的词，唯美、超拔、瑰丽，意境丰富，气势雄奇，感情饱满，见识过人，有着别样的魅力。她写天然的日出、火山、雪湖、海涛，又写人文的铁塔、网桥、飞艇、自由女神，甚至写雨衣、冰淇淋，都那么自然，给人时代和现场感。这使得词由风花雪月和儿女情长，转现出更丰富的内容，展现出新境界。这当是她对词的一大贡献。

其词作造诣很深，可谓字字珠玑，行文流畅自如，被誉为“凤毛麟角之才女”。时人有言：“男有李叔同，女有吕碧城。”吕碧城的词作收在《吕碧城集》《信芳集》《晓珠词》《雪绘词》《香光小录》等诗词集里，其代表作被近代词学理论家龙榆生收入《近三百年名家词选》。

评论家陶杰说吕碧城的词：“并非首首闺秀纤巧，而是烙印了时代的烽烟。手笔婉约，别见雄奇，敏感玲珑，却又暗蓄孤愤。”有的评论家甚至将她与陈后主、李清照并列，称吕碧城为“近三百年来最后一位女词人”。

吕碧城是新女性，个性豪放，特立独行，着装大胆，时尚入流，后来甚有完全西化的倾向，但写作上，她对“五四”以来的白话文不以为然，坚持旧体诗词创作。以她的功底，倘若以白话文写作，成就定远超后来的许多女作家。但吕碧城不为之，她现代但更传统，她明白传统的价值。少年成名的她，阅尽千梵后，早已看透名利，岂肯以白话文赚名！

今天，看吕碧城的一阙《破阵乐》，把阿尔卑斯山写得那么美：

混沌乍起，风雷暗坼，横插天柱。骇翠排空窥碧海，直与狂澜争怒。

光闪阴阳，云为潮汐，自成朝暮。认游踪、只许飞车到，便红丝远系，飙轮难驻。一角孤分，花明玉井，冰莲初吐。延伫。

拂藓镌巖，调宫按羽，问华夏，衡今古。十万年来空谷里，可有粉妆题赋？写蛮笺，传心契，惟吾与汝。省识浮生弹指，此日青峰，前番白雪，他时黄土。且证世外因缘，山灵感遇。

遗憾的是，这首词竟成为吕碧城词作的绝响。

吕碧城逝世后，各界无不痛惜，纷纷悼念，其中有一首诗曰：

白地才媛吕碧城，通今博古一精英。
诗文融贯中西外，四海五洲扬盛名。

今天的我们，也只有从她遗世的诗文中，了解这位民国的第一才女了。

天涯有故人

20岁的《大公报》主笔，23岁的女子公学校长，30岁的总统府秘书，35岁的女老板，家世、才华、美貌，真是风华绝代，绝无仅有。

一般人眼里，强女子相貌多一般，但吕碧城才貌俱佳。看其照片，眉目清秀，风姿卓绝，气质不俗，眉宇间知性练达，又不失女性妩媚。她的美，洒脱而自信，热烈而富丽，是真正大家闺秀范儿，绝非羞答答的小家碧玉或邻家女孩可比。气场很大。时人赞她“天然眉目含英气”“冰雪聪明芙蓉色”，苏雪林赞她“美艳有如仙子”。

如此有才华的吕碧城，她的内心世界一定丰富；这样光彩照人的吕碧城，她的感情生活一定也很精彩。

然而，无论我们有多少猜测，实际的情况是：吕碧城终身未嫁，孤独终老。

总是认为，才女们才情非凡，内心世界比一般女子更加丰富。尤其是爱情，心中定然犹如梦幻般美丽，她的感情生活也当如万花筒一般绚丽多姿。

中国传统诗词中，爱情的风景格外引人注目。尤其是词，闺怨、离愁、征夫、思乡，或婉约或豪放，处处可见才子佳人，相思如流，不绝如缕。才子佳人之绝配，由词延至戏剧。每个国人心中，都有个才子佳人梦。都说少年即是诗。阅词无数的吕碧城，想必少女时就有个才子佳人梦。及至后来成名于《大公报》，做女校校长、总统府秘书、女商人，角色不断变幻，但爱词之心不变，是否可以理解为：她始终不肯放弃那个最初的梦？

我想，外表给人强悍的吕碧城，骨里终有女儿的婉约。

少女时，她纯洁无瑕，心事是秘密；《大公报》主笔时，她青春逼人，文章似锦绣，美艳如仙子，心事正难猜；出任女校校长、袁世凯政府咨政时，她知性干练，高高在上，感情事更为隐秘；下海经商成巨富，她穿着孔雀服，牵着宠物狗狗，趾高气扬，骄傲似公主；人过而立时，她寻寻觅觅，心事正难将息；再之后，她孤身一人，漫游世界，皈依佛门，历尽沧海，除却巫山，往事如烟，风过无痕，才女兼佛门居士的心事，外人更难解其一二。

吕碧城一生的情事，与她光鲜的形象和成就相比，显得讳莫如深，神秘莫测。这多少显得与她的形象不符，不免令关心她的人失望。吕碧城远没有人们想象中的简单。在她开朗率真的外表下，终给人一种难以看清的疏离感和高傲的距离感。在感情上，吕碧城无疑是复杂的。那么，她有爱过吗？谁曾进入她隐秘的内心？

吕碧城盛年出名，人生得意，光彩照人，那样的年龄，怎能不怀春？但就现有资料看，无从找到确切的答案，我们只能做一些捕风捉影的推理，或者说揣测。

身着奇装异服的女汉子吕碧城

新女性吕碧城，才貌双全，有身份，名气大，打扮新潮，夸张出位，在各大聚会场合出尽风头。她非腼腆的害羞女，按现在话说，她更懂得包装炒作自己。一次，她穿了件袒胸露背的“孔雀服”，惊艳全场，有人形容：“着黑色薄纱的舞衫，胸前及腰以下绣孔雀翎，头上插翠羽数枝，美艳有如仙子。”吕碧城作诗填词，与名流们诗词唱和；她养着芙蓉鸟和宠物狗；好跳舞、喝咖啡，过的是中西结合的生活，精致而有品位，比当代白领小资们的生活毫不逊色。

上层名流们对吕碧城趋之若鹜，世家子弟，如袁世凯的二公子袁克文，李鸿章的侄子李经义；文坛名流，比如樊增祥，据说都对她倾慕有加；诗人杨志云……

《大公报》的老板英敛之，是吕碧城出名上位的直接推手。但他对她有没有欣赏之外的感情存在呢？从编辑到主笔，从主笔到女子公学校长……吕碧城步步升高的每一步，都有英敛之的倾力相助。如此关系，怎一个简单的“爱才”所能涵盖？

英敛之有一首词：

稽首慈云，洗心法水，乞发慈悲一声。秋水伊人，春风香草，悱恻风情惯写，但无限悃款意，总托诗篇泻。

莫娱作浪蝶狂蜂相游冶，叹千载一时，人乎天也，旷世秀群，姿期有德，传闻名下，罗袂琅琅剩愁怀，清泪盈把空一般。

爱意绵绵，情深意切，传说是写给吕碧城的。英敛之的心因为吕碧城“怨艾颠倒，心猿意马”了，可作为已婚男人，他理大于情，不敢越雷池。但他携吕碧城出入于各大社交场，难免产生流言，英夫人对此生醋意。看英敛之日记："内人连日作字、观书，颇欲发奋力学……内人犹未眠，因种种感情，颇悲痛，慰之良久始好。"可见，夫妻感情因吕碧城受到影响。

但是，吕碧城最终与英敛之走到决裂的份上，让人费解，恐怕与感情不无关系。

吕碧城是英敛之一手捧出来的，对于吕碧城，英敛之当然关心备至。据说，两人关系产生矛盾，源于吕碧城出位的打扮。当时，吕碧城打扮夸张离奇，有人撰文批评。吕碧城不以为然，强词反驳。英敛之也加以劝阻，吕碧城不服，两人为此辩论起来，各执己见，因而失和。英敛之在日记中说：

碧城因《大公报》白话登有劝女教习不当妖艳招摇一段，疑为讥彼，旋於《津报》登有驳文，强词夺理，极为可笑。数日后，彼来信，洋洋千言分辩。予乃答书，亦千余言。此后遂永不来馆。

我想，事情绝非如此简单，不过是一个由头。

对吕碧城，英敛之从好到无以复加，到恨到痛心疾首，除了可能的感情，想必与吕碧城的个性有关。吕碧城个性孤高，性格倔强，直率敏感，急躁了对人常有攻击性，得理不饶人。成名后，这种个性表现更加强烈，对人常口无遮拦抨击，包括对英敛之。严复曾说："外间谣诼，皆因此女过于孤高，不放一人在眼里之故。英华(英敛之)、傅润沅(傅增湘)所以毁谤之者，亦是因渠不甚佩服此二人也。"英敛之感情丰富，个性上也易冲动，生气时各不相让，致使两人最终决裂，不相往来。

据说吕碧城和她的二姐，也因小事失和。朋友一再劝和，她却说："不到黄泉毋相见也。"不能不说这是吕碧城个性的缺点。

这样一位溢满才华又骄傲不羁的女子，什么样的男子才能入她法眼，能征服得了她呢？

吕碧城与袁世凯的二公子袁克文，一个是风流名士，一个是美貌才女，不能不让外界产生很多想象。袁克文，琴棋诗画，满腹经纶，风流倜傥的才子名士，他的品位当然不只是简单的美貌女子，对才女如吕碧城者，更加仰慕垂青。当吕碧城名动京津时，袁克文就已经耐不住要结识的冲动了。

浙皖起义失败后，秋瑾被杀。吕碧城因为与她交好，且在她家发现有秋瑾信件，故而受到牵连。袁世凯派儿子袁克文去调查，他一句"不能仅凭书信往来就定为反叛罪"，吕碧城逃过一劫，两人由此结识。

此时，吕碧城已经25岁，大袁克文7岁，但两人话语投机，一见如故，从此诗文唱和，成为知己朋友。袁克文不只一次透露对吕碧城的倾慕，但吕碧城始终不予明确回答，始终保持谨慎和距离。据说当时信孚银行的董事长、著名诗人费树蔚，曾热心地帮袁克文说话，但吕碧城以"袁属公子哥儿，只许在欢声中偎红倚翠耳"为借口拒绝。

再后来，当袁克文亲口表白时，吕碧城借口独身主义婉拒，他只好作罢，但两人仍保持往来。在吕碧城眼里，袁克文虽不能托付终身，但未必不可做蓝颜知己。他非但不是游手好闲的纨绔子弟，而且有着相当的追求和品位，如此极品男人，哪个女人不想要？但吕碧城很清醒——他今天一往情深，异日可能远她而去。毕竟，他是风流公子，妻妾成群是他的命。他不属于自己，也非自己所能把握的。自己不能把握，吕碧城断难接受。所以，吕碧城选择放弃。

袁克文遭到拒绝后，也只好以异性知己相对，两人只是吟风弄月，诗酒唱和，不谈感情。两个人就这样精神恋爱着，时间长了，原有的一份感情也越走越远，直到烟消云散。

1931 年，袁克文在天津病逝，年仅 42 岁，挥金如土、风流一世的他，临死前竟沦落到卖字为生，贫病交加，世事如云转，人生多变。当时吕碧城正只身漫游欧洲。

她是否得到袁克文的死讯？又做何感想？我们不得而知。但此前的 1930 年，她已皈依三宝，成为在家居士。历过功名、游过世界、看惯人间百事之后，吕碧城已心静如水，不问世事，对男女感情事，更是无可无不可的心境了。13 年后，即 1943 年 1 月 24 日，吕碧城在香港九龙孤独辞世，享年 61 岁。遗命余下财产全部捐献佛寺，并遗嘱："遗体火化，把骨灰和入面粉为小丸，抛入海中，供鱼吞食。"身后遗著中英文各十种，合名《梦雨天华室丛书》。

人生一世，草木一秋。风流总被雨打风吹去。一对极品才子才女，盛年风光，却在之后的孤苦中过早离世。真是天忌才人。

春魂无着处

追求吕碧城的男人们，论家世、才学，都非俗辈，但为何都没结果？是她不喜欢，还是情非得已？这些男人们，是想玩一把爱情，还是能给她一个归宿？李经义、袁克文能吗？有家的英敛之、樊增祥、梁启超能吗？诗人杨志云呢？吕碧城曾说彼此"诗简往来，文字因缘，缔来已久"，算是情投意合。但后来呢？他竟纳了妾，吕碧城"悲从中来"，只好斩断情丝。

那么，什么人能给吕碧城一个未来？她心高气傲，断不会为吃饭穿衣而嫁人，更不会为结婚而选择凡夫俗子。她要找的，要有财有名有望，更要与她有精神契合。这样的男人，哪里找去？要找到另一半，吕碧城比现代的大龄女白领还难。一般人难入法眼，能入眼的往往"使君有妇"。她想嫁人家，但人家未必敢娶——纵使有人想找个新女性，但吕碧城这样身份地位的女强人，他是否能征服？不能征服，男人自己没面子；不能被征服，吕碧城自己也会感觉了然无趣。

高不成，低不就，宁为玉碎，不为瓦全。吕碧城一生事业风光，名利双收，不费力气，但偏偏婚姻不顺，徘徊闹心。感情上倘若没有交集，再聪明也束手无策，只有一声"无缘"的叹息。也许童年"退婚"的阴影，使她始终有份自我保护的谨慎与理性；也许她太强太高，曲高和寡，知音难觅；也许没有原因，就是机缘不凑巧，没有姻缘命。总之，吕碧城最终没找到她的白马王子，成为"民国第一剩女"。

无疑，吕碧城是骄傲的，甚至未免自视过高，正如她后来跟友人说起："生平的称心男人不多，梁启超早有家室，汪精卫太年轻，汪荣宝已婚，张謇曾给我介绍过诸宗元，但年届不惑，须眉皆白。我要的不是钱和门第，而在于学术上的地位，因此难得合适的。东不成、西不就，失去机缘。幸而手头略有积蓄，不愁衣食，只以文学自娱了。"

话中有骄傲，但也有无奈。虽是宁为玉碎，可心里何尝没有自怜？吕碧城风光的背后，也许藏着深深的无奈和自卑——才华和事业上，她自信骄傲；为人和感情上，她敏感自卑。因骄傲，她难以让人接近；因自卑，她敏感偏执排外，难以让人懂。真自信该是从容宁静而平衡的。吕碧城的所有张扬，或许正是她的一种失衡和自我保护呢？外人看的，只是她的光环。她内心的苦，唯有自知。

得不到自己想要的婚姻，只好以诗文自娱，与青灯佛禅为伴。或许后来，吕碧城能乐在其中，乐得忘我。

已无春梦萦罗绮，何必秋怀寄茝兰。

灰尽灵犀真解脱，不成哀怨不成欢。

——吕碧城《杂感十首》之一

但作为一个女人，这样的人生终是不完整的，有缺憾的，让人惋惜喟叹的。她那年轻、美貌，还有那出众的才情，孤芳自赏、自我消享再好，终不如与人共——有个欣赏自己的知心男人，伴着自己，那样才更满足啊！自娱自乐，是因为无人与共。但心中几番惆怅，几番凄凉？看她的《如梦令》：

夜久蜡堆红泪，渐觉新寒侵被。冷雨更凄风，又是去年滋味。无寐，无寐，画角南楼吹未。

夜深，冷雨凄风，几番更鼓吹来，辗转反侧，人难寐。多少相思，几番浪漫，只有独自品味。双目呆直，直盯着那红烛一点，红泪斑斑，泪水再也止不住，夺眶而出……

在词里，这个寂寞相思的佳人，不正是吕碧城的自我写照吗？她很强，但她终是女人；是女人，就会有软弱的泪水。莎士比亚说“女人，你的名字叫脆弱”，道出了女人的天性和本质。女强人的强，多半是做给人看的，被逼出来的。女人再强，也会在爱他的男人面前小鸟依人，她在爱人眼里也是充满性感和女人味儿的。试想，倘若吕碧城爱有所属，有男人的呵护，她一定少些凌厉，多些温柔，一定会服服帖帖地跟从他，宁愿放弃做个女强人。有人说女人太强了难找到男人，其实罪不在强，而在于她不容易找到那个让她温柔的男人。当然，如果一个女人总是那么强着、挺着，也许说明她还没有找到那个让她温柔的男人。

吕碧城游遍世界，一路自由而风光，但午夜梦回，她只有独自品尝自己的寂寞。

吕碧城这样的才女，感情世界一定丰富。她怎不明白，纵有再大的才华、名气、地位、权力、财富，都不能代替幸福和家庭。只是上天妒人，给了她才华名利，就夺了她的幸福。这是她的不幸，也许是优秀的代价。人们对她抱以同情，樊增祥在他手辑的《吕碧城集》中，题有七绝四首，其三曰：

香茗风流鲍令晖，百年人事称心稀。

君看孔雀多文采，赢得东南独自飞。

读之令人嗟叹。

“韶华有限恨无穷，人生暗向愁中老”（ 吕碧城《踏莎行》），吕碧城就这样，一个人默默老去。正如她的《苏幕遮》所言：

理鹍弦，移雁柱。欲诉琴心，心事成灰炬。浥透鲛绡痕万缕。泪雨何时，晴到梨花树。

诵骚词，吟洛赋。艳殢香顽，那信婵娟误。一点春魂无着处。便化蛾蚕，也斗长眉妩。

是的，吕碧城一路跳跃着、芬芳着走来，那么光彩照人，无限风光。可是，只欠这“一点春魂无着处”，让她的人生留下深深的遗憾，也留给后人无限的怅叹。

陈衡哲

笑隐寒林里

初月曳轻云，
笑隐寒林里。
不知好容光，
已映清溪水。

——陈衡哲《月》

新月像一位如花似玉的姑娘：她光洁靓丽，拖着如丝的白色云裙，轻轻柔柔，仙风袂袂；她娇羞笑着，如片羽飘飞，倏然隐入林梢……可她的倩影，到底遮不住，早已倒映在人间的清溪中……

文笔清新明快，简练细腻，寥寥几笔，一轮美丽含羞又俏皮的新月跃然纸上。陈衡哲在美国留学时写的这首诗，已显示出不凡的文字功底。

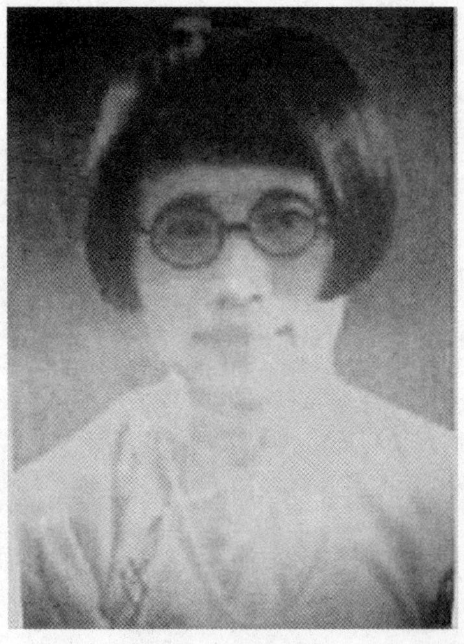
陈衡哲（1893–1976）

陈衡哲集作家学者于一身，集知识女性与贤妻良母于一身，她创造了很多中国第一：第一位公派女留学生、新文化运动中第一位用白话文写作的女作家、第一位女教授、第一位也是连续四次出席国际太平洋学术会议的中国女学者、第一个科学社团和《科学》杂志创办者……如此超凡才女，当事业如日中天时却选择回归家庭做全职太太，相夫教子，这实非一般才女能做到的。

时代变迁，世风流变。她嗅到新风，勇敢地突破旧藩篱，走出老宅，奔向更广阔的世界，青春因此大放光彩。陈衡哲当然是新女性，但同时极传统——对自己女性的角色定位自觉而清醒，当事业和家庭产生矛盾时，她毅然放弃事业，全力相夫教子，专心培养优秀的下一代。结果，一门五教授，传承了祖上的书香衣钵。

在作家、教授、母亲这许多角色中，她都做到极致，而且拥有美好的爱情和家庭，教育出了优秀的子女。一个女人竟活得如此完美！她就是陈衡哲，一个被我们遗忘而值得学习的民国才女。

陈衡哲给我的最大感受，就是她的健康阳光，能超凡也能平凡，多情但更理性，没有才女的孤高自赏，也少有民国那个时代的末世悲凉。

不恋大宅门

陈衡哲的祖父陈梅村，翰林院大学士，著名清官，父亲也是清朝官员和清末著名学者。生在这样的书香世家，陈衡哲自小受到良好的国学熏陶，可谓家学渊源。

陈家重视教育，而且思想开明，所以家族中出人才。比如，陈衡哲的堂姐陈撷芬，16岁就在梁启超主编的《清议报》上发表了《戊戌变法感赋》。后来，她在上海创办《女报》，提倡女权和女学。19岁时，陈撷芬又应蔡元培之邀，创办了上海爱国女校，亲自任校长。后因“《苏报》案”赴日本留学，和秋瑾一起创办了中国最早的爱国妇女团体“共爱会”。孙中山对她非常欣赏，称她是中国妇女解放运动和近代新闻事业的先驱。

这个堂姐比陈衡哲大 10 岁，想必陈衡哲从小就听了不少关于她的故事。

1897 年，大约 4 岁时，陈衡哲从湖南老家住到江苏常州外祖父家。陈衡哲的外祖父家，乃江南第一豪门——常州庄家。陈衡哲在这里继续上私塾，并受到舅舅庄蕴宽的深刻影响。

庄蕴宽可非同一般之人。他是清末著名学者和军事家，曾在广西创办陆军干部学堂，国民党著名将领李宗仁、白崇禧、黄绍竑等都是他的学生。他是孙中山时期的江苏省都督，很得孙中山信任。

舅舅思想进步，见多识广。每当舅舅回家省亲时，小衡哲总是天不亮就跑去舅舅屋里，缠着他讲故事。舅舅不仅讲外面的见闻故事，还讲西方先进的科学和文化。他对小衡哲说：“你是一个有志气的女孩子，你应该努力地去学习西洋的独立的女子。”

陈衡哲向来崇拜舅舅，如今听他如此鼓励自己，十分受鼓舞。舅舅拿给她看《普通新知识》《国民课本》，以及一些新式报章杂志，建议她到新式学校学习。

舅舅还对她说：“一个人必须能胜过他的父母尊长，方是有出息。没有出息的人，才要跟着他父母尊长的脚步走。”并说：“世人对命运有三种态度，一是安命，二是怨命，三是造命。我希望你去造命。”

这些话，对少女陈衡哲产生了巨大触动，这对一直生活在深宅大院的她来说，无异于一场思想的革命。从此，她开始翘首向往外面的世界，渴望走出大宅院。一个强烈的愿望随之产生：去上学，做独立自主的新女性！

由于自小有了这种“造命”思想，陈衡哲没有受到传统“宿命”思想的束缚，而是积极朝着自己想要的生活目标而努力。因此，她身上虽有大家闺秀的气质，但没有大小姐的娇气；有祖上的高贵血统，但没有高高在上的傲气。

什么是“造命”？就是尽个人主观能动性，创造自己的美好人生。“死生由命，富贵在天”，命运也许是有的，但人不能由着天命，而应该顺天命尽人事。所以，一个人要尽一生的力量，努力提高完善自己，在实现自己的同时光照社会，创造自己的意义和价值。一个对自己的人生有更多期待的人，理当自觉“造命”。

青春年少，正是一个人培养各种思想和能力的最佳时期，此后的人生成就多奠基于此时的积累。陈衡哲是幸运的，她少年时受到舅舅的熏陶，埋下“造命”思想的种子。这思想，让她在人生的不同阶段明智选择，积极创造，最大限度地释放自己。无论作为作家、学者，还是家庭主妇，她都能花开烂漫，成果非凡，人生真真精彩。

1911 年冬，陈衡哲随舅母迁居上海。在上海，陈衡哲进入蔡元培等人创办的爱国女校学习。她一学就是四年，最大的收获就是打下良好的英文基础。在这里，大小姐出身的陈衡哲学会了照顾自己，更加独立自主。在这里，她拒绝了父亲给她包办的婚姻。她这个立志做新女性的女孩子，实在无法接受包办婚姻，她甘愿承担一个不孝的忤逆之名，也不去做人家的姨太太。

陈衡哲一气之下，逃婚到乡下的姑姑家。这位姑姑也是知书达理的才女，精通诗书，还懂中医，能为人看病。她很是保护这位逃婚的侄女。陈衡哲在这里避身，同时在一个家书馆教学。

天无绝人之路。在陈衡哲偏居一方，前路迷茫正自苦恼无边时，上天悄然地为她安排了一个未来。1914 年，清华学堂招收留美女学生。陈衡哲原本并没自信，毕竟自己的知识都是自学而来，但姑母极力鼓励。结果，她凭着出色的英文成绩，一举得中。舅舅得知，来信祝贺："清华招女生，吾知甥必去应考；既考，吾又知甥必取。……吾甥积年求学之愿，于今得偿，舅氏之喜慰可知矣。"

如此姑母和舅舅，胜过父母也。

就此，陈衡哲成为中国第一位留学海外的女留学生。她跨海越洋，进入美国瓦沙女子大学。

白话第一人

陈衡哲离开家国，兴奋地踏上美国的土地，眼界大开，生活全新，人生呈现别样的风景。她左顾右看地欣赏，她如饥似渴地学习，青春的梦想和激情在此点燃……

命运也格外眷顾陈衡哲。美国留学 6 年，她收获了知识，更收获了友情和爱情——她成为中国第一个海归女硕士、第一位女教授，她结识了胡适这个一生的朋友，收获了后来成为丈夫的任鸿隽的忠贞爱情。人生有此幸福，夫复何求？

陈衡哲先是进入美国著名的女子大学——瓦沙女子大学学习，获得文学学士学位后，又转入芝加哥大学，学习西洋历史和西洋文学。

在异国优越的学习环境中，陈衡哲如饥似渴，如海绵吸水一样学习。在这里，陈衡哲结识了同为留学生的胡适、任叔永（鸿隽）、杨杏佛、梅光迪、朱经农、胡先骕等人。此时，她开始以“莎菲”为笔名写作。

陈衡哲青春年华，聪敏活跃，激情四射，才情灼灼。如此女子，青春怎么可以寂寞？在世纪之交的风云变幻之际，在学习和生活两方面的体验下，在胡适、任鸿隽等好友的相互砥砺和影响下，陈衡哲才华奔涌，付诸笔端，迅速崭露头角，及时抓住历史和时代给予她的机遇。

1917 年，陈衡哲以“莎菲”为笔名在《留美学生季报》发表白话小说《一日》。小说描写了一个留美女生在美国女子学校一天的生活，生动、幽默。今天来看这篇小说，虽显得较为稚嫩，也称不上严格意义上的小说，但它意义重大——它是我国新文学史上第一篇白话小说，比鲁迅的白话小说《狂人日记》还要早一年。所以，陈衡哲是我国白话小说创作第一人，在中国新文学史上，应该有她的一笔。

《一日》发表，引起胡适、梅光迪等人的热烈讨论。可以想见，这对当时孤独的胡适是多大的鼓励！他怎能不激动？以至 1929 年 3 月他为陈衡哲的小说《小雨点》作序时，仍余味未尽地称《一日》为“文学革命讨论初期的最早的作品”，称陈衡哲是他倡导文学革命“一个最早的同志”，并指出陈衡哲在新文化运动中的贡献：“当我们还在讨论新文学问题的时候，莎菲却已开始用白话做文学了。”

陈衡哲发表《一日》时，早已成为胡适志同道合的“同志”了。两人以书信结缘，鸿雁传书半年之久，彼此吸引。当胡适宣传文学革命，不得朋友们的支持时，陈衡哲坚定地站在他一边，给了他很大鼓励。《一日》之前，她从未写过白话文。如今甘愿做此大胆尝试，岂非为了胡适？

1920 年，陈衡哲留美 6 年后回国，经胡适介绍，受聘于北大历史系，成为我国第一位女教授，专授历史。

教书之余，陈衡哲继续文学创作。她创作了《小雨点》《运河与扬子江》等小说，发表在胡适、陈独秀等人主持的《新青年》《小说月报》等刊物上，在社会上产生很大影响，陈衡哲因此成为新文学领域一颗耀眼的明星。

白话小说《小雨点》描述了小雨点的游历和冒险经历：自天而下，由江河入海，然后又随蒸气而回天堂，又为拯救一株干枯的青莲花而降落人间……小说通篇采用拟人、象征、比喻等手法，加上对自然界风、雨、晨、昏等细致摹写，使小说充满诗情画意，意境优美，风格清新俊朗，熔寓言、童话和科普知识为一炉。小说既体现了陈衡哲深厚的文字功底，又体现了她对白话小说这一体裁的积极有益的探索精神。

此后，陈衡哲又陆续发表了《西风》《巫峡里的一个女子》等十多部作品。陈衡哲的文字，语言清新、优美，文风犀利，富有哲理和思想，而且见解独到。

文学上，陈衡哲只有一部短篇小说集《小雨点》和两卷《衡哲散文集》，以及一些未辑集散篇。但她在现代文学史上的成绩和地位是不容埋没的，而她的《小雨点》等作品，也曾滋润过当时和后来很多文学青年。

陈衡哲是当时有名的文艺女青年，胡适说她“身上的每一个细胞都充满文艺气息”。今天，我们看她的照片，身材不高，倒还算玲珑；长相不漂亮，倒还算清秀。尤是那一双圆圆的眸子，如两泓秋水，清亮幽深。都说看人看眼，的确，只需看陈衡哲的眼睛，就明白什么叫灵气和文艺气质了。想来，能让大才子兼美男子的胡适欣赏的女人，定是精致女人。

才女陈衡哲，当然有能力写出更好的诗歌和小说。但幼年的国学熏陶，后来的学习并教授历史，使她的思维多了份理性，这理性决定其事业选择，包括后来回归家庭。事实上，作家之外，她更看重自己的学者身份。文学是她年轻时的梦，而学术则是她一生的事业。她喜欢写小说但不会满足于此，作为一个有思想的人，她更在意自己的学术成就。当然，这里也有胡适和丈夫任鸿隽的影响。他们也都能为文学，但真正的身份是学者。

事实上，陈衡哲入教北大五六年后，已经成为当时的一流学者。

1927年—1933年，她先后4次代表中国出席在美国檀香山、日本东京、中国上海、加拿大班府召开的学术会议。她的学术著作主要有《西洋史》《文艺复兴史》《文艺复兴小史》等，在中国近代学术史上有举足轻重的地位。

北大任教后，陈衡哲又先后任教南京东南大学、四川大学，还在上海商务印书馆当过编辑……一路走来，无论是写诗、写小说，还是做学者，陈衡哲都做出了不凡的成绩。她不仅超越了那个时代的很多女性，而且超越了自己——她以积极“造命”的思想，延续了在美国留学时期的创造性，创造了事业上的成功。她34岁写的小说《运河与扬子江》，通过安分守命的运河和奋斗造命的扬子江两种人生观的对立和交锋，来歌颂奋斗自强的精神，实为她个人生活奋斗的生动写照。

陈衡哲，集作家与学者于一身，杨绛在其回忆文章《怀念陈衡哲》中称羡她“才子佳人兼在一身”。这位20世纪初的旷世才女，几十年来被淹没未闻。而今，历史回响，大浪淘沙，陈衡哲神采奕奕地走来，重新进入我们的视野。

岂非不是缘

民国多风流。无论思想，还是感情，都充满自由空气和个性风采，名流们更是如此。胡适和陈衡哲的关系，结缘于新文学革命，且维系一生，在社会上广为流传，成为民国三大爱情之一（其余两个是徐志摩和陆小曼，盛爱颐和宋子文）。

名流雅集（右三陈衡哲，右四胡适，中间为林徽因）

那么，胡适和陈衡哲，究竟有没有爱过？胡适至死未承认，陈衡哲也不曾明确表示。但胡适给早夭的女儿取名“素斐”，即Sophia，也即“莎菲”，正是陈衡哲的英文名和笔名。陈衡哲呢？家里客厅挂着胡适的大照片，也从不讳人。这是否说明：俩人难忘美国留学时的那段美好？

他们的感情，究竟是爱情，绯闻，抑或是友情？其实，是什么已经不重要了，重要的是他们的关系给人一种纯粹的美感，成就了民国文坛一段佳话。

陈衡哲和胡适的相遇，是偶然间的必然，是青春时期的浪漫奇遇。当时已让彼此欣喜，之后长久回味，更带给外人无限的猜想和议论……所谓气味相投，惺惺相惜，心有灵犀，彼此懂得。人与人之间是有缘分存在的。有些人，相交一生彼此陌生；有些人，未曾谋面神交已久。

陈衡哲遇上胡适，胡适遇到陈衡哲，当属后者。

当年，中国到海外留学的女生极少，陈衡哲是万绿丛中一点红，格外引人注目。她出身名门，又是位妙龄才女，谁不想来看看？加之她个性率真，活泼可爱，灵气逼人，更加讨人喜欢。很快，她成为男生们追逐的对象。

赵元任、任鸿隽等人，都积极追求她。但此时的陈衡哲，却是个“不婚主义者”，对一切追求者，都是大大咧咧一笑拒之。大家可一起聚会游玩，但避谈感情。虽年过20，却不思终身。她只想做个新女性。或许，几年前父亲包办逼婚的经历，曾惊吓到她，所以对婚恋如此冷拒。

面对“不婚主义者”陈衡哲，很多追求者知难而退。但人年轻时的决定，总难牢靠，总要变化的，虽然这变化始于何时往往自己也说不清。陈衡哲信誓旦旦，似乎抱定独身，但当她遇上才貌双全风度翩翩的胡适时，她的“不婚主义”誓言已在悄然发生变化。

是何时起不再说“独身”？何时起心里突然闯进个人来？陈衡哲自己也不知道，也很纠结，百思不得其解。这个人是胡适吗？可听说人家胡大才子早有婚约在身……当她确切得知胡适确实已有婚约时，背地里大哭一场。

美国留学时的胡适呢？已是新人物的他，难道不盼望一场轰轰烈烈的恋爱？难道他对陈衡哲没动过心？但他有自己的情况。他14岁就奉母命与乡下女子江冬秀订婚，18岁刚成年时母亲就要他回乡完婚。之后他出国留学，家中屡屡逼婚，只是胡适屡屡以求学上进为由拖延，直到他1917年回国任北大教授后才不得已回乡完婚。

应该说，胡适并不满意于母亲包办的婚事，但他事母至孝，母命难违，加之他自许甚高，以事业为上，所以决不会为一己之儿女私情而违背母亲。作为一个坚守传统道义的君子，他也不忍心辜负江冬秀为自己所做的痴情而漫长的等待。所以，他最终决定履约与江冬秀完婚。

此时，陈衡哲还在美国留学。或许原来她还有一丝希望，但此时她是彻底死心了。然后，她最终妥协于任鸿隽的不懈追求，感动于他的万里求婚。于是，她1920年回国后，即与任结为秦晋之好。

胡适和陈衡哲先后结婚。至此，两人扑朔迷离的关系，在事实上总算有了明确的结果。但在感情上，故事似乎远未结束——他们不仅保持着亲密关系，而且，人们对其绯闻的追溯和猜想，也从未停止。无论当事人是否承认，那段谐趣投合的美国留学岁月，给他们深刻的愉悦和幸福感，也给后人艳羡和无休止的津津乐道……

陈衡哲和胡适通信在前，相识在后。两人鸿雁传书长达半年之久，你来我往，十分愉悦。如此可遇不可求的相遇，岂非缘分？一对如此浪漫的才子才女，怎不令人生羡？人未见时，已心有所感，灵犀相通。及至相见，自然似曾相识，一见如故。这种缘分给人的欢喜甜蜜，不是每个人都能拥有。一旦拥有，必定深刻铭心。这感受生在青春，就更让人终生难忘了。你说，这里有没有爱情？

留美期间，胡适就主张文学革命，提倡白话文创作。他自己有信心，也希望能够拉到“同志”一同“革命”。但作为先行者，他少有同道支持，就连梅光迪、任鸿隽等朋友也对他的主张不以为然，没有信心。胡适感到十分苦闷、孤独，于是写下著名的白话新诗《蝴蝶》：

两个黄蝴蝶，双双飞上天。

不知为什么，一个忽飞还。

剩下那一个，孤单又可怜。

也无心上天，天上太孤单。

正当胡适苦闷时，出现了一个女孩子，对他热烈响应，她就是陈衡哲。

1916 年 10 月，陈衡哲开始与胡适以白话通信，讨论新文学。在五个月之内，胡适寄给陈衡哲的书信有四十余件，平均每月十封信！胡、陈以这种方式讨论文学，达成许多共识。而书信中那些“游戏酬答”之语，你来我往，谐趣横生。未曾谋面，如此投机，由此可见其亲密程度非同一般。

为了一个称呼问题，两人玩起文字游戏斗智，你来我往，文字上推来搡去，妙趣横生。

胡适 1916 年 11 月 1 日《寄陈衡哲女士》云：

你若“先生”我，我也“先生”你。不如两免了，省得多少事。

陈衡哲去信给胡适：

你不先生我，我不先生你；你若先生我，我必先生你。所谓“先生”者，“密斯特”云也。不称你“先生”，又称你什么？不过若照了，名从主人理，我亦不应该，勉强“先生”你。但我亦不该，就呼你大名。还请寄信人，下次寄信时，申明要何称？

胡适觉得这女子很可爱，心上喜欢。看来她还挺倔强，如果自己不收兵，这女子恐怕还要继续与自己“笔战”下去。还是别在这个“先生”的问题上浪费时间了吧。于是，他开始“收兵”回信。

这些游戏酬答之作，虽然说不上“情书”，但意在言外，彼此的距离已在不自觉中拉近。这是一个美丽浪漫的开始。胡适喜幽默，陈衡哲也善戏谑，彼此感觉十分有趣过瘾，更有一种心照不宣的投机，在彼此较量斗趣中达到一种契合。在对方身上可照见自己，也得到知识和情感的补充。这是多么难得的人生机缘！所谓的志趣相投，情投意合，想必就是这个吧？

一个时期以来，胡适沉浸在缺少“同志”的痛苦中，开心不起来。但眼下，他的才情和幽默得到一位“女同志”如此有趣的呼应，给他一份意外惊喜，让他有种久病初愈的舒解和开心。胡适心说：这女子真可爱！直想见到。陈衡哲在想：这人真有趣！哪天会会……

应该说，当时两人风华正茂，精力充沛，争强好胜，有这样的文字游戏原不稀奇。但可贵的是那份和谐有趣，实在难得。我想，他们一定是由文字里读懂对方的。未见其人，已解其心志。所谓文如其人，这种性情文字，最能照见本人。两人都是聪明灵透的人儿，怎不明白？文字这座桥，让他们迅速由神交成为知己。

一对才子才女的诗文唱和，本身就美丽如诗。在多梦的年纪，有这样的相遇，会不会产生爱情?

当时的陈衡哲如骄傲的公主。她此时还声称“不婚”，虽然对胡适有好感，但一时也不能倒追胡适。而胡适呢，本有婚约在身，所以不会像别人那样追求她，去碰那个钉子。加之他知道朋友赵元任和任鸿隽都在追求她，所谓“朋友妻不能戏”，他不会横刀夺爱，去当个“第三者”的。

胡适的学生唐德刚，在他的《胡适杂忆》里幽默地写道:

陈衡哲“豆蔻年华，藏在深闺”，“惊鸿一瞥地在绮色佳出现”，“与诸名士游湖借伞之时，适之却远在二百英里之外，服务无由，而挟伞于后、尾追不舍的却是胡氏最好的朋友任叔永。”

胡适不是热烈的追求者，但也许是那个最懂她的人。当时任鸿隽与胡适共同编辑《留美学生季报》，任正在追求陈衡哲，他赠诗《对月》，陈衡哲就和了《风》《月》两首诗:

月

初月曳轻云，笑隐寒林里。
不知好容光，已映清溪水。

风

夜间闻敲窗，起视月如水。
万叶正乱飞，鸣飙落松子。

任鸿隽兴奋之余把诗拿给胡适看，要他猜测是何人所写。胡适即断定是陈衡哲所作，真是一语中的，好慧眼！

可想而知，话传到陈衡哲耳里，她心里会涌起怎样的波澜？难怪她视胡适为平生知己。这样一份懂，多少爱侣之间尚且没有。他们之间虽然互有通信，但毕竟少有切实接触，能做到相知如此之深，实为难得。这个懂，既有默默地相互欣赏，又有心有灵犀的悟知。胡适本来就是善解风月之人，如此解《风》《月》两诗，更让陈衡哲感觉到此人与自己心灵的接近。

三个朋友：陈衡哲和任鸿隽订婚日与胡适的合影。

胡适对陈衡哲的感情，不只是感激，更有一份知己之情。他后来为陈衡哲的小说《小雨点》作序时，称陈衡哲为“我的一个最早的同志”。

“同志”一词，包涵了多少言外之意？功成名就后的胡适，爱惜自己的羽毛，从不轻言感情事，但当年的愉快，怎能忘却？他和陈衡哲的感情，又何止一个“同志”了得？

我们三个朋友

倘若有情，唯愿有情人终成眷属。但倘若不能，一别成恨，还是相忘于江湖？也许，退而求其次——不断来往，把爱转为友情，这样更洒脱，也减了相思不相见之苦。只是，愿望固然理想，但现实残酷：多数有情人从此天涯陌路。但陈衡哲与胡适，婚后依然保持密切来往。不成眷属，他们选择做一生的朋友，多好。

留美期间，任鸿隽是胡适的好朋友。他一直在追求陈衡哲，也是他介绍胡、陈二人相见。在这里，任鸿隽既是胡、陈初见的牵线人，也是他们不可缺少的朋友。由于彼此的珍惜和约束，虽然两个男人对陈衡哲都有好感，但终不失朋友之大义，所以能保持纯洁的友情。

1917 年，胡适学成回国，任北大教授，很快在年底结婚了。任鸿隽次年回国，任四川大学校长。陈衡哲继续留在美国学习。

胡适的结婚，也许让陈衡哲心存的一份侥幸心理也破灭了，加之任鸿隽的穷追不舍，陈衡哲感动于任鸿隽两度赴美万里求婚。而且，任鸿隽还对陈衡哲承诺保护她一生，曾有诗赠她："人生事事足参商，愿作屏山将尔护，恣尔翱翔。"这样给人安全感的男人，不正是女人需要的吗？于是，1919 年，陈衡哲与任鸿隽定婚。

看陈衡哲与任鸿隽订婚时夫妻二人与胡适合影，陈衡哲站在任、胡两人中间，小小的身材，被两个男人包围着，充满幸福。不知为什么，看她和胡适的表情，总感觉俩人更亲近些。但无论深情几许，他们从此只能是朋友了。好在，他们还可做朋友。

陈衡哲的整个婚恋过程，胡适都参与其中。我想，作为朋友，这不仅是陈衡哲任鸿隽夫妻对他的信任，也是胡适本人乐意为之的事——以他的个性，他是要看着自己的红颜知己好好地嫁人的，在留恋不舍中做一个美丽的挥手相送。

陈衡哲回国时，胡适接站，把她接到自己家里住下。然后他陪着她，找到任鸿隽，三人一起去拜见陈衡哲的家长。1920 年 9 月 16 日，陈、任举行结婚典礼，胡适做赞礼，蔡元培为证婚人。胡适特地作了一首《我们三个朋友》相赠，附赠贺联一副："无后为大，著书最佳。"他希望陈衡哲在生儿育女的同时，不要忘记著书立说。戏谑中似乎还有一份不舍。相知很深的一位红颜知己，突然出嫁了，心中滋味可想而知。

这见证了三人的亲密友谊，也见证了三人的磊落。

之后，经胡适介绍，陈衡哲进入北大任教，成为我国第一位女教授。

胡适曾说："智识上之伴侣，不可得之家庭，犹可得之友朋。"这是否意味着，他与陈衡哲，既做不成夫妻，但能做"友朋"也是好的。

陈衡哲是自己的红颜知己，又是朋友妻，所以这份感情只有埋藏心底，止于礼，形之于朋友之义。

从此，陈、胡两人的爱情迅速转为友情。事业上，他们互相支持砥砺。胡适搞新文化运动，陈衡哲继续支持，积极响应，在《新青年》上发表文学作品。

两家交往频繁，事业上互相砥砺，生活中互相帮助，诗文唱和，互为关勉，友谊维持一生。

1920年，胡适女儿出生，他为爱女取名素斐，取陈衡哲笔名“莎菲”的英文名的谐音。

1921年7月31日，胡适在日记中写道：“得冬秀一信，知叔永、莎菲新得一女。因重到鸡鸣寺，作一诗贺他们。诗曰：

重上湖楼看晚霞，湖山依旧正繁华。

去年湖上人都健，添得新枝姊妹花。”

并在诗末加注：“三个朋友一年之中添两女，吾女名素斐，即用莎菲之名。”

但不幸胡适女儿5岁时夭折。陈衡哲夫妇特前来慰问，并送来自己的女儿，作胡适的干女儿，两家交情之深由此可见一斑。

1923年春，胡适因病休假，陈衡哲此时在上海，写信力劝胡适来杭州养病，以便照顾。8月，中国科学社第八次年会在杭州召开，散会后，胡适在杭州西南山上烟霞洞休养，陈衡哲夫妇相陪，玩了几天。

1928年春，胡适任上海中国公学校长。次年春，利用寒假，离沪到北京。这时，陈衡哲夫妇已迁回北京。胡适在北京逗留五周，其中有三周住在陈衡哲家。久别重逢，相见甚欢，胡适高兴不仅还有他们“三个老朋友”，更欣喜增加了“两个小朋友”——陈衡哲的两个孩子。

1949年，胡适离开大陆去台湾时，特意到上海拜访陈衡哲夫妇。当时陈、任夫妇决意留在上海，胡适与他们讨论未来知识分子的命运，约好保持联系。

真有情，不会因离开而疏离。胡适和陈衡哲各自成婚后，彼此走得反而更近，友情维持一生。我有时想，难道任鸿隽看不出来，一点不吃醋？可人家胡、陈二人并没越雷池半步，你有什么说？对任鸿隽来说，一个是亲密的好友，一个是深爱的女人，哪个也不能少。三人互相欣赏，互相满足，所以成为朋友。三人中每个人都感到幸福，这就够了。

女人天生为爱而生。没有爱情时，她可以壮志凌云，轻视男人，但爱情来临时，所有的坚持都不攻自破。当“不婚主义者”陈衡哲遇到胡适，她的理智瞬间坍塌，虽与胡适没能结果，但从此回归女人本色。一个女人，在经历了真爱后，才会还原她的温柔天性，减少年轻气盛时的自大狂妄。婚后，陈衡哲与丈夫任鸿隽琴瑟和鸣，40年相濡以沫，相夫教子，家庭美满。

但她仍不忘胡适。她把胡适的照片放大，挂在客厅，丈夫理解支持，她也不管别人如何评论。她用“金坚玉洁”来形容三个人的友情。

事实上，三个人的友情维持一生，纵使之后海天相隔，彼此也默默关注，尽可能相互慰暖，而且沿及后代，实为难得。

1962 年 1 月 16 日，时任“台湾中央研究院”院长的胡适，接到陈衡哲在美国的子女的书信，获悉任鸿隽病逝的消息。第二天夜里，他复长信，悲痛地说：“政治上这么一分隔，老朋友之间，几十年居然不能通信。请转告你母亲，‘替她掉泪’。”信中最后说：“三个朋友之中，我最小，如今也老了。”

不到一个月，胡适即于 2 月 24 日突发心脏病去世。当陈衡哲得知胡适去世时，呆坐着半晌，痛苦得几乎麻木。

民国时除了胡适和陈衡哲，还有徐志摩与林徽因、金岳霖和林徽因等，爱过之后，还能保持一份纯洁友情，不成眷属成友朋，直令我们现代人佩服。怎么做到的？我想这与他们不失传统、珍视感情、有道德操守不无关系。这种操守使他们有别于其他的爱恨情仇故事，成为民国一道独特的风景。

风流任人说

自由知识分子胡适，一生为自由而战，但在个人婚姻上偏不能自由，为母亲和道义，为了事业牺牲个人幸福。然而，婚姻的琐碎和平淡，常使爱情失色，令人灰心，甚至让人怀疑当初的选择。相爱的人尚且如此，更何况不相爱的人呢？责任和道义之外，胡适也偶有浮躁脱轨。这个深解风月的名流才子，怎可能任由婚姻摆布，让自己的生活失色呢？

有人说，胡适婚后的真爱是曹诚英，并非陈衡哲。但我想，曹诚英是他婚后的情人，陈衡哲则是他青春时的红颜知己，相比之下，哪个分量更重？曹诚英可亲近，陈衡哲只可远观不可亵玩焉。前者昙花一现，后者维系一生。胡适爱曹诚英固然不假，但不能给她幸福；曹诚英无悔地痴守一生，但这终是悲凉无奈之选。胡、曹相互思念却不得见一眼，胡、陈思念却可以大方走动。虽说真爱无所谓是非对错，但相比之下，这爱对曹诚英终是不公平的，远没有胡适和陈衡哲的知己之情更让人平衡。

夜深人静读书时，他有想过陈衡哲吗？相比自己夫妻的不和谐，看到任鸿隽夫妻二人相敬如宾时，他是否羡慕吃醋？

陈衡哲呢？婚后虽然丈夫宠爱，家庭幸福，但毕竟没有胡适的相知贴心。无数个夜晚，她想起自己与胡适的点点滴滴，人已远，相思又近。不能相守，但情思难断。

1923 年 4 月 5 日，陈衡哲此时已经结婚三年了，但这一天，她寄给胡适一首白话新诗，题目是《一个女尼的忏悔》：

我不住的添着香，
想隔断那花香的来路；
我急切的敲着木鱼，
想把那庵外的鸟声止住。

但是浓浊的香味，

死呆的声响，

总敌不了那鸟和花，

总阻不了他们来挑拨我的心浪。

我只得急念着佛，

哀求那佛爷的援助；

但心浪涌得太高了，

就是佛也不能压他下去了。

我该忏悔了，

我不该辞了那庵外的明美世界，

来过这庵里的涩暗日月。

我该忏悔，

我应该忏悔。

一朝相爱，一世深情，纵使身入佛门，此心难归清静。诗中的微妙感情，想必只有胡适懂得。但此诗并没收入胡适的任何文集中。今天很少有人能读到了，在此录入，以飨读者。

1924 年，陈衡哲又在《小说月报》发表了短篇小说《洛绮思的问题》。小说描写一个研究生爱上了她的哲学教授，但为了事业放弃爱情，与一位体操教师结婚。小说表现事业与爱情的矛盾，充满诗情画意。

对此，夏志清评说：“我认为影射了陈、胡二人不寻常的关系，至少也透露了陈自己对胡的一番爱慕。”他甚至说：“胡、陈二人可能没有通过情书，但《洛绮思的问题》本身就是一封莎菲表明心迹的情书。”苏雪林认为：“衡哲回国后，撰写了《洛绮思的问题》，是否写她单恋胡氏隐秘的心事，我们不知道。对于人家隐秘心事，乱加附会，是不应该的。”

相思归相思，三个朋友间相安无事。陈衡哲曾用“金坚玉洁”来形容他们的友谊。但毕竟他们是名流，是名流就难免有绯闻缠身。

1934年《十日谈》第26期的《文坛画虎录》专栏上，发表了“象恭”写的《陈衡哲与胡适》一篇短文。文章说陈衡哲要与胡适结成永久伴侣，胡适拒绝了，然后把她介绍给任鸿隽；陈衡哲、任鸿隽婚后感情一直淡淡的。

此文引起轩然大波，让三人颇为难堪。胡适写信给《十日谈》编辑部用事实来加以批驳（此信先获得陈衡哲夫妇过目并同意），并要求杂志向他们三人公开道歉。

当时胡适辟谣道：

在留学时代，我与陈女士虽然只见过一面，但通信是很多的。我对她当然有一种很深的和纯洁的敬爱，使我十分重视我们的友谊。但我们从来没有谈到婚姻的问题。这是因为，第一，我们那时都在青年的理想时代，谁都不把婚姻看作一件重要的事；第二，当时一班朋友都知道陈女士是主张不婚主义的，所以没有一个人敢去碰钉子。她与任君相识最久，相知最深，但他们也没有婚姻之约。直到任君于1919年第二次到美国，陈女士感到他三万里求婚的诚意，方才抛弃了她的不婚主义，和他订婚。

虽然有此澄清，但仍有人猜测。甚至有人拿胡适的女儿“素斐”来“索隐”、“考证”。比如胡适的学生唐德刚就是其一。他说：“素斐者，SOPHIA 也，‘莎菲’也！‘为念绿罗裙，处处怜芳草！’”

后来，素斐夭折，胡适还写作了一首《素斐》的短诗，并且是“一面写，一面哭”。唐德刚说，这是一首“缠绵悱恻的一石双鸟，悼亡、怀旧之诗”。

夏志清也说：“任氏夫妇一直是胡适的至交，也是他事业上最亲信的左右手，他对任太太是不存一丝罗曼蒂克的幻想的。但任、陈婚姻如此美满，胡适自己家里有个病中不准他看书、写诗的老婆——相形之下，他免不了艳羡他们的幸福。他骗过江冬秀，给自己的女儿取名素斐 (SOPHIA)，虽不能说纪念他同陈衡哲那段旧情，至少也希望女儿长得像瓦莎学院优秀生莎菲一样聪明好学，而一点也不像她生母那样的庸俗。德刚道破胡适为爱女取名用心良苦这一点，实在令人心折。”

由此可见，无论胡适如何否认，他和陈衡哲的绯闻终是不能洗尽的。是耶，非也？任由后人说。所谓名士自风流，作为后人，我宁愿相信他们是有故事的。因为，这一点也不伤害他们的美，反而为那段历史增添一道耐人寻味的风景。

精微的母职

20 世纪 30 年代，陈衡哲的写作和学术事业蒸蒸日上，但就在此时，她突然辞去北大教职——回归家庭，做全职妈妈，全心相夫教子，培养三个子女。

她是新文化运动中脱颖而出的新女性，无论是文学才华还是学术前途，都给人很高的期待。她突然抽身而去，实在令人费解。这是为什么呢?

如果联系她的出身和思想，就能理解她此番决定的顺理成章。

陈衡哲出身于旧式封建官僚家庭，虽然她曾积极地反封建，反对包办婚姻，走出大宅门，上学、出国留学，积极“造命”，把自己打造成了站在时代前沿的新女性，她的成功也曾令当时无数女性向往崇拜，但是这是否意味着，她从此与传统道德和传统的女性生活方式说再见了呢?

事实上，她永远不能否认家庭对自己的深刻影响。她从小深受家学熏陶，书香世家使她饱读诗书，家族的私塾教育让她打下扎实的国学功底，母亲的才华和教育影响着她的成长……这些是陈衡哲才华的发源地。她越是走遍世界，饱学西方文化，她越是感觉到祖国传统文化和家族教育的力量。而传统女性的道德操守和生活方式，从某种角度说更适合女人天性，相夫教子，夫妻各有分工，更有助于家庭和谐和子女教育。

她是新女性，但并不否定传统。

那时，在女性解放的潮流下，陈衡哲也写过一本小书。此时，她已婚生子。出乎人们想象的是，她的观点远没有一些女权主义者的激进或偏激。相反，她是温和的。她主张男女平等，但不敌视男人；她主张女性自立自强，但反对动辄从家庭叛逃出走的过激行为，她并不欣赏那些“娜拉”。她说：“倘若连孩子洗澡这样的事情，都要让爸爸放下手中的书，跑去连哄带劝，那么做父亲的也就太累了，做母亲的也就太不称职了。”

陈衡哲提倡妇女解放，实现自己的社会价值，但不能因此丢下家庭的责任和价值，最好二者兼顾。但如有矛盾，女人还是应以家庭价值为重。妇女解放，不该是为了所谓的个人价值，不顾丈夫和家庭，去自求幸福，孤立地对抗家庭和社会。

她认为，女人通过提高自身素质，实现与男人平等相处，给丈夫、子女、家庭乃至社会带来健康、良好的影响，形成多赢，是理想的追求。

她自觉践行自己的观点，自觉承担家庭“重任”：在家里，她完全“主内”，甚至很“独裁”“专断”。而她的丈夫任鸿隽，也十分欣赏并成全她，乐得家中事一概不管，自己专心学问，甘心做一个“惧内”男人。这种女主内男主外的和谐，实在是家庭兴旺发达的基础。

一件事情，直接刺激了陈衡哲，让她彻底决心放弃自己的事业，回家相夫教子。那就是胡适女儿素斐的夭折。

1925年，胡适年仅5岁的爱女素斐不幸夭折。当时胡适忙于事业，无暇顾及家里。而他的妻子江冬秀，也许还在因胡适出轨而生气呢，成天坐在麻将桌边“垒长城”，对孩子们照顾不周，以致女儿亡故。

爱女夭亡，胡适痛心不已。为了慰藉胡适夫妇，陈衡哲夫妇特意带着自己的一个女儿过来，认胡适江冬秀做干爸干妈。但经过此事，陈衡哲更加意识到母亲在家庭中的重要性。不只是抚育，更有家庭教育的责任。所以，她在谈到自己回家的决定时说："我猛然悟到母亲是文化的基础，精微的母职是无人代替的……当家庭职业和社会职业不能得兼时，则宁舍社会而专心于家庭可也。"

家对女人更受用，但家需要女人付出更多，女人对家的作用无可替代。作为妻子和母亲的价值，比作为一个女强人的价值，也许更符合女性自身的要求。

陈衡哲在事业巅峰时回归家庭，用她传统而温婉的姿态，做出既合理又聪明的选择。陈衡哲辞职后，退出社会舞台，全心相夫教子，把三个孩子的家庭教育全部承担了下来。与胡适没有文化的妻子江冬秀相比，陈衡哲饱受中西文化教育，集作家与学者于一身，自然更能在家庭中得心应手，她更有能力做好。为了家庭和孩子牺牲自己的事业，这才是真正的贤妻良母。

事实上，她就是这么做的。1937 年抗战爆发后，47 岁的陈衡哲与其他很多文化人一样，过着难民生活，"流离转徙"于香港及川滇两省。抗战胜利后，除偶尔发表些文章之外，只在 1945 年受美国国会图书馆之邀，去美国担任指导研究员一年半，其余时间都给了老公、孩子。

退身家庭后，陈衡哲与胡适的通信也大大减少，仅有的几封，谈的也是家庭教育。

陈衡哲回家相夫教子，收获丰硕。丈夫任鸿隽成为著名化学家。孩子们学有所成：长女是哈佛大学博士，宾大教授；儿子获美国地理学博士，也在美国大学任教；次女毕业于美国瓦沙女子大学，为照顾双亲回国，任教于上海外国语学院。一门五教授，传承了书香门第。

苏雪林

载将离恨过铜湖

柳堂回首白云孤，
两岸青山送客舻。
莫怪征帆黯无色，
载将离恨过铜湖。

——苏雪林《暑假返里过铜湖寄同学》

回想当年，柳堂前。你像一朵孤云，飘然而去。江水悠悠，青山两岸。一艘客轮，载你远去。只剩下我，兀立。山重水复，征帆迢遥，渐远，眼前迷茫一片……

别怪我，我的路在远方。其实，我心里何尝没有离恨？让湖水，载它走吧。忘却，抑或永埋心底……

苏雪林（1897–1999）

苏雪林此诗，虽是写给友人的，但在我看来，恰似她自己的写照。为了心中久已存在的一个梦想，离开。但这里曾留下她青春和爱的足迹，喜忧皆在此，忘却何其难。人离开，心却留在那里。藕断丝连，纵使梦想开花，也难掩去掉故乡的遗憾。我要回来，回来。

二十世纪二三十年代，苏雪林与冰心、丁玲、冯沅君、凌叔华并称为“中国五大女作家”。这位苏辙后裔，集作家、画家、学者于一身，享年102岁，被誉为“文坛超级老寿星”：一生跨两个世纪，执教50载，创作生涯70年，出版著作40部近两千万言，在《楚辞》研究方面卓然成家，被誉为“学界福尔摩斯”。

世人对苏雪林毁誉参半，她给我的第一感觉也不是很可爱。有个性，但未免太强，不知和谐。爱憎鲜明，但往往走极端：她崇拜胡适，就一生为之歌功颂德；她叫板鲁迅，对其辛辣批评，且一生“反鲁”。有品位知情趣，却不能征服自己的丈夫，对家庭尽责不够。作为女人，总觉得她少点什么。

让人失望的还有：一般才女感情生活丰富多彩，但苏雪林既无轰轰烈烈的爱情，也无幸福圆满的婚姻，甚至连绯闻也没有。是她不解风情，还是幸福之神对她太过吝啬？

苏雪林总说自己少爱情，所以专心事业。但以其个性，在自由的民国，为何不大胆追求真爱，却选择在无聊痛苦的婚姻中涅槃？如此自我压抑，甘守寂寞，是坚守从一而终的婚姻理想，还是对爱失去信心？虽说她以文字和宗教安慰心灵，且乐在其中，成果丰硕，但作为女人，以此为代价失去幸福，未免残酷。

反叛而传统，自由而压抑，激情而偏执，矛盾又复杂，这就是她。倘不深入了解，就不能理解她。

也许他们是有爱的。因了对婚姻的共同操守和坚持，分离但从未厌弃。她说他无趣，但为何耿耿地把自己的情感诉诸文字？想来还是有爱的，至少有喜欢，也渴望得到他的爱。而他呢？未必对她没欣赏，只是少关注。晚年彼此后悔尽责不够，悔不当初。

他们虽然少爱情的基础和共鸣，但并非没能力爱，否则不会彼此忠于婚姻。也许，他们的问题不在个性差异难融合，而在于彼此负气不服，沟通耐心磨合不够，没找到结合点。

真爱难，婚姻更难。漠视婚姻，必将受到婚姻的惩罚。爱是一种感觉，更是一种能力。婚姻比恋爱更需要平衡的智慧。

名满天下，高寿人尊，荣归故里，叶落归根。但人生孤侣，隔海远望，幸福难求。看苏雪林，更觉人生没有圆满的。

孕秀苏家女

1897 年 2 月 24 日，浙江省瑞安县县丞苏锦霞府上，一声婴儿的啼哭打破夜的宁静。佣人报告主人："恭喜老爷，添孙女儿了！"这个女婴，就是苏雪林。原名苏梅，雪林是她的字。

苏雪林祖籍安徽南部太平岭下村，所以他家又称"岭下苏氏"。据家谱，岭下苏氏为宋代大文学家苏辙的后裔，世代多有为官者。苏锦霞幼年时由于遇到太平天国战乱，中途辍学，没能走上科举入仕之路。他从小漂泊，后来因参加李鸿章率领的淮军镇压太平天国，有些军功，加上浙江嘉湖道族人苏居敬、苏式敬兄弟的提携，当上县丞。官虽不大，但收入颇丰。

苏锦霞有七子，长子苏锡爵，就是苏雪林的父亲。苏锡爵虽念了不少书，但科场失意。父亲就给他捐了个道员，到山东候补。苏雪林出生后，祖父苏锦霞便升任兰溪县令，成为真正的"朝廷命官"，几年后又升任海宁知府。但正当他上任之际，辛亥革命爆发，清朝下台。于是，苏锦霞知府梦破灭。

苏锦霞赋闲后，曾带一家老小在上海过了三年“寓公”生活，同时观察时局，以待时机。三年后，看复官无望，于是率全家回到老家岭下村。为了纪念自己未当成海宁知府，苏锦霞在家乡办了一所“海宁学舍”，兴学重教，让子侄晚辈接受教育。

今天，当我们来到青山环抱、溪水中流、白墙黑瓦点缀的岭下村，还能看到一座中西合璧的两层小楼，这就是“海宁学舍”。小楼底层是教室，上面是书房和琴房，房屋紧凑，简洁明亮。一块青石板上，刻有苏锦霞的同学、民国初期安徽省省长马振宪题的“海宁学舍”四个隶书大字。这里还陈列着苏雪林各个时期的作品。

苏雪林自小活泼好动，性格像个男生，喜欢玩枪弄棒，不想在闺房做大家小姐，被人称为“野丫头”。但她自小爱读书，读书的时候则十分安静。

7岁起，苏雪林读了两年私塾，背了些《三字经》《千字文》《女四书》《幼学琼林》等，之后，由于家族不重视女孩子念书，她不得不辍学。没有学上，苏雪林就自己看书，只要能拿来的都看，她看了《西游记》《三国演义》《封神榜》等，还能粗读文言的《聊斋志异》《阅微草堂笔记》之类文言书。后来，在外地上新学的叔叔、哥哥们假期回家，带回当时流行的《天演论》《茶花女遗事》《十字军英雄记》等外国名著，苏雪林都拿来陶醉地阅读……

童年的这些阅读，为苏雪林日后写作和研究打下坚实基础。她自己曾说："我的文学根底不是来自四书五经，而是从旧诗歌和旁搜杂览中得来的。"

苏雪林本就天资聪颖，在读书上悟性很高。只要有书，她就能自学收获。苏氏家族虽是读书人家，但并不支持女孩子上学。所以，小雪林到了上学年纪还是没有学上。她有个叔叔曾留学日本，有新思想，见过些世面，他发现小雪林聪明好学，于是说服了雪林的父亲，让她上学。

但刚上了半年，祖母不让上了。小雪林只能自己继续看闲书。这时期，她读了大量古典诗词，唐诗、宋词、元曲、明清传奇，以及历代名家专集，都有所涉猎。她还读了《小仓山房诗集》《杜诗镜诠》等有注解的诗集，她沉浸其中，陶醉于古典诗词之美。她甚至有了自己作诗的欲望。她古典诗词才能，就此打下基础，未来的作家和学者就此萌芽……

11 岁时，她模仿林琴南的笔调，用文言文写日记，以少女的视角，写家里的琐事，满纸天真童心，充满奇妙幻想，写了厚厚一大本。用苏雪林自己的话说，这"算是开笔"了。

13 岁时，为了测试她有无作诗天分，四叔出了"种花"的题目，要她做一首七绝。不到半小时，她的诗出来了：

林下荒鸡喔喔啼，宵来风雨太凄凄。

荷锄且种海棠去，蝴蝶随人过小池。

四叔看完大赞：“婉丽有风致，孺子可教也！”

又有一次，大哥指着墙上一幅画，一株古松，生在幽涧之底，以“涧松”为题，要小雪林作诗。不到一个时辰，她便写成一首五古。文采斐然，立意新奇。大哥看了大惊，说：“小妹天赋也！”然后拿给父亲看，苏锡爵看完也忍不住赞赏说：“全诗条理分明，结体完密，尤其‘孕秀’二字，亏她想得出。”父亲对这个“野丫头”刮目相看，呼为“我家不栉进士也”。当时，苏雪林不过十三四岁，能写出如此“古朴劲健”的五古，实为难得。

1914年，父亲在安庆谋得一职，她随母亲等人到安庆，进入安庆的一所教会学校——培德女学。不到半年，家里让辍学，她随母亲回到岭下村。次年，安庆女子师范学校招生，苏雪林“哭泣、哀求、吵闹”，甚至以死相逼，祖母才勉强同意她入学。1915年，她一考得中。在这里，苏雪林能诗善画，“才女”之名很快在学校传开。

1917年，苏雪林从第一女师毕业，留女师附小任教。她16岁时祖父已做主把她许配给在上海经商的江西商人张余三之次子张宝龄（字仲康），此时，张家提出完婚，苏雪林抵死拒绝。

这时，她结识了庐隐，两人志同道合，约好到北京上学。为了学习，也为了逃婚，苏雪林提出继续上学，遭到祖母反对，要她完婚。但此时的苏雪林，意气正高，求学志向坚定，一心要做个新女性，至于嫁人，想也没想过呢。面对家人反对，她又以死相逼，大病一场，祖母被吓坏了，才不再逼婚。

1919年，苏雪林结伴庐隐北上，进入北平女子高等师范学校国文系学习。当时，五四运动发生不久，到处是自由解放的空气，苏雪林深受感染。她可以旁听久仰的胡适、周作人等人的课，还有庐隐、冯沅君、石评梅等志同道合的朋友为伴，生活充满阳光。尤其是胡适，他自由独立的精神、丰富的知识、高尚的人格，给她深刻影响。

生于旧式家庭的苏雪林，虽自小生活优越，有母亲的疼爱，但祖母专制，而且重男轻女，总是反对她上学，让她十分不满。如今她终于摆脱了那个家，像出笼小鸟，自由快活地飞翔，好不快乐。苏雪林感觉自己整个人都变了。她激昂地汇入时代洪流，也积极写白话文，抨击时弊。后来她回忆时还兴奋地说："我便全盘接受了这个新文化，而变成一个新人了。"

1921年秋，苏雪林瞒着家里，踏上通往法国的邮轮（同行者有潘玉良），到吴稚晖、李石曾在法国里昂创办的海外中法学院，先学西方文学，后学绘画艺术。只在临行前一晚，才告诉了慈母。

幽梦寄笔端

苏雪林天才颖悟，才具甚高，而且笔耕勤奋，所以成就斐然。她给人的感觉是，只要是创作，她都有兴趣，都做得有板有眼。新旧诗歌、散文、政论文、文艺评论、小说、戏剧、学术论文、书法绘画等等，无不涉猎，显示出多方面的才华。她是真正的集作家、学者和画家于一身。

回望苏雪林的创作生涯，不能不让人感叹，也许她就是一个文曲星下凡。

19岁，苏雪林曾写过一篇文言短篇小说《始恶行》，全文仅三四百字，她念给家人听，婶婶、姐姐等女人都感同身受似地流下眼泪。之后，这篇小说又发表在1919年北京高等女子师范的年刊，受到她的同学冯沅君的赞赏，还把小说寄给在美国读书的哥哥冯友兰。兄妹二人对苏雪林十分欣赏，认为她以后定当成名。

青春是气盛的时光，也是飞扬成长的岁月。在北平上学时，受时风影响，苏雪林的个性完全释放出来，她也尝试以白话文写作，在《时事新报》《国风日报》及《晨报》副刊发表政论文章，评论时事，意气昂扬，初步显示出她激情善辩的一面。

到法国后，由于水土不服，并刚结束了一场浪漫而无果的初恋，加之听说母亲忧劳成病，苏雪林病倒了。很厉害，后来经过在风景优美的日内瓦湖（法国称Lac Lemon，译为莱蒙湖）调养，才在那“拖蓝揉碧，明艳可爱”的湖畔得以康复。

1923年秋天，苏雪林一口气写下43首白话新诗，连载发表于国内《晨报》副刊。这组短诗题名为《村居杂诗》，短小精练，如明清小令，风格清新，莹莹可人。现载其一：

幽梦未成，
夜凉如水，
一片脉脉的清愁，
都混在远近的虫声中了。

朴素、恬静、优美，带着忧伤的离情和乡愁，带着小知识分子的惆怅和迷茫……这是青年苏雪林的情趣，文艺而小资，典型的才女品味和风格。这与当时在法留学生中共产主义者的激昂，形成鲜明对比。所以，苏雪林拒绝加入其中，是可想而知的。

她的这些青春的诗，充满诗情画意，有传统诗词的余韵，也有传统文人的风格和雅趣。在诗里，我们看到一个活力四射的新女性，也看到一个衷情并留恋传统文化的新诗人。

初恋失败，大哥和父亲先后亡故，母亲病重，催她回家完婚。但她与结婚对象张宝龄实在没共鸣没信心。苦闷中，她加入天主教。几个日夜的思想斗争后，苏雪林决定中断在法国的学业——为了母亲，回家完婚，并决定此生致力于文学和学问，以著述为业。于是，在游历了一些文化名胜古迹后，苏雪林于 1925 年夏天的一个傍晚，在马赛登上返国的轮船。28 岁时，苏雪林突然间就这样做了决定，一个决定了她一生事业和婚姻方向的决定。

看她的小诗，那么感性细腻，看她这决定，真是果敢和理性。所以，我总感觉苏雪林终是一个理性大于感性的人。大概也因此，她既能为文学和绘画艺术，也能为学术研究。

曾在一本书上看到一首集句诗：

词家原不觅知音，银烛秋堂独听心。

未免初禅怯花影，欲求缥缈反幽深。

在诗末，苏雪林作注道：余身世将以阙陷终之。然读书写作，以足慰情，何必更有所求哉!

也许，这可作为她决定尘封自己的爱情一生献身文字的注脚。

1928年，苏雪林以“绿漪”为笔名，先后发表散文集《绿天》和自传体小说《棘心》，立即轰动文坛。她后来居上，成为与冰心、凌叔华、冯沅君和丁玲齐名的“五大女作家”。

散文集《绿天》，收录《绿天》《鸽儿的通信》《小小银翅蝴蝶的故事》《我们的秋天》《收获》《小猫》6篇散文，该书自1929年出版到1959年30年间，十多次再版，成为深受读者喜爱的畅销书。书中描写了女主人公的婚后生活，充满浪漫、热烈和甜蜜，表达细腻传神，犹如一幅绝美的生活画卷。其中《鸽儿的通信》一篇，作者以书简的形式，表现了主人公对留学海外的丈夫的思念，热情甜蜜又诗意盎然。

五四后的女作家，写爱情或温婉内敛，如冰心；或热情似火，如丁玲。但苏雪林别具一格：她的细腻叙事有诗情画意，既含蓄又活泼，兼抒情议论。其散文更像随笔小品，文白结合，清新明快，格调高雅，且不失理趣，有学者散文的风范。故评论家阿英称她为“女性作家中最优秀的散文作者”。

自传体小说《棘心》，以苏雪林在法国时的留学生活为背景，反映女主人公的生活和心路历程。苏雪林说写作此篇小说是为了纪念母亲，但同时反映了她的个人经历和心路历程。小说主人公与苏雪林经历相似：受新思想熏陶，走出旧家庭，但面对新旧思潮，内心充满抉择的痛苦、矛盾和迷茫——她喜欢新文学又留恋旧文学，她相信科学但又皈依宗教，她向往自由恋爱但又有传统的从一而终思想，最终她服从家长的包办婚姻……小说反映了那个时代思潮和人心变动，反映了新思想的崛起，旧家庭的败落，底层百姓的困苦，新青年的激情和迷茫，表现了青年知识分子上下求索的心路历程。小说主人公的痛苦，也是作者苏雪林的痛苦。小说反映的是一种心态，启迪了一种思索，所以，一经出版，受到读者热捧。

她写爱情，不具体谈情，更不涉及性。她是新女性，但骨子里她是传统的，婉约的，理性的，能诗能文能治学问的。她是新女性，可以写新体诗文，但坚持不放弃旧文学。

1938 年夏，苏雪林随武大迁往四川乐山。8 年间，她专心于教学和学问研究。生活虽清苦，不时有日机轰炸，但她“那段岁月文思之怒放有笔底生花之概”，迸发出无限创作激情，先后出版有《青鸟集》《屠龙集》《南明忠列传》和《蝉蜕集》等作品。

苏雪林才华横溢，而且能量巨大，一生保持着创作的激情，笔耕不辍。诗歌、散文、小说、古典诗词、绘画等方面，都卓然有成，是一个多面手。加之她突出的个性，所以又被称为“另类才女”。

苏雪林的文字阳光、清澈，充满理想主义色彩，她个性如此，所以激情常在，得以高寿。她表现美丽的大自然，天真无邪的童心，唯美的爱情，仁慈的母爱。虽然她的现实并不完美，但作为作家她执着追求美。她的《绿天》，文辞宛丽，爱情甜蜜，而她的婚姻则完全两样。这种“美丽的诺言”，是她的理想和慰藉。这并非自欺欺人，而是她的追求，也是她的阳光、向上和坚强所在。写实则严酷地反映现实，不是苏雪林的风格，她不为之。

苏雪林留学法国时，学的是文学和绘画，当时她和女画家潘玉良成为好朋友，经常来往。在文字之余，苏雪林也时常作画。上海解放前夕，苏雪林到香港天主教会主办的真理学会编辑《时代学生》。在这里，她经常与同乡画家孙多慈等来往。她对绘画又开始有了兴趣，1950 年她再到巴黎，以圆自己的画家梦。

在巴黎，苏雪林过的是一种自由浪漫又艺术的生活。她游览欧洲，写了大量游记，后续集为《三大圣地的巡礼》于 1957 年在台湾出版，后改名《欧游览胜》。她积极作画，写画评，后来出版了《苏雪林山水画册》和《我与国画》等。她到巴黎大学等高等学府听课，研究世界神话。她与画家朋友潘玉良，以及好友方君璧时常来往。她十分欣赏潘玉良的画，专门写了万余言的画评《看了潘玉良女士绘画展览以后》一文，盛赞潘玉良的画“气魄雄浑，表现力极强，大幅的画，充满了生命的跳动，热烈情绪的奔放，万不像纤弱女子的手笔”。

苏雪林喜欢作山水画，崇山峻岭，云海苍山，洪涛巨流，意象高大，境界高远，疏朗简括，气势宏大，画风古朴，不失传统文人画的以形写神，重神韵和意境。

才华，加上勤奋，加上旺盛的创作力，再加上高寿，苏雪林在百余年的生涯里笔耕不辍，直到生命的最后，为我们留下了各类作品共 50 余部近两千万字的遗产。

学界福尔摩斯

苏雪林奉母命完婚三个月后，母亲病故，她到上海夫家居住。次年（1926 年），经陈钟凡举荐，她到苏州景海女师任国文主任，并在东吴大学兼任诗词课讲师。在工作和写作之余，她对研究古典诗词产生深厚兴趣，并为之欢欣鼓舞。她说："这是一种发现的满足。"并且，她有种感觉和自信，一定能从中有所发现，有所创造。苏雪林在学术研究中找到乐趣。她在《谈写作的乐趣》中说："这一类心灵探险时沿途所拾摄的奇珍异宝，令人精神鼓舞，勇气倍增，觉得为这个研究牺牲一切都是值得的。而且这种写作的乐趣，真是南面王不易也！"

苏雪林好学深思，自学能力强，悟性也高。在东吴大学教授《旧诗选读》时，因教材都是用的原文，她需要找一些前人的注解本来辅助教学。但当她讲到李义山《圣女词》《重过圣女词》和《碧城三首》时，她发现朱鹤龄、冯浩等人所做的笺注和解读有些牵强。她就想：与其用这些资料，不如探究诗歌本身的典故和本事。

就这样，苏雪林对李义山诗歌的考证工作开始了。一般人认为李商隐的无题词是以爱情来寄君臣关系，而且晦涩难懂，朦胧不可确解。但苏雪林经研究发现，事实并非如此。李商隐的这些无题诗，是用隐讳曲折的方式，来表现他与女道士宋华阳和宫嫔飞鸾、轻凤姊妹花的恋爱关系罢了。

1927 年春天，苏雪林发表《李义山恋爱事迹考》，由上海北新书局出版。当时著名的小说家和出版家曾朴读后对苏雪林大加赞誉，称她为“学术界的福尔摩斯”。这次研究的成功，使苏雪林备受鼓舞。总结这次经验时，她说：“我对李义山的诗，素来没有大研究过。偶然读到《圣女词拟意》等篇，疑惑义山有和女道士、宫嫔恋爱的事迹，因此引起我研究他的诗集的兴味。陆续考证，不意竟积成了一本四万余字的小册子。”然后，她又开始研究清代词人纳兰容若和龚自珍的恋爱史，写成《〈饮水词〉与〈红楼梦〉》《〈丁香花〉疑案再辨》，在武汉大学的《文哲季刊》上发表，后发表《清代两大词人恋爱史》。

1930 年秋，苏雪林辞去东吴大学教职，受邀到安徽大学任教。此时的安大，群英荟萃，有陆侃如、冯沅君、朱湘、饶孟侃、刘英士等名流大腕。苏雪林讲授文化史。由于没有讲义，只有大纲，她只好自己查找资料。一次准备讲外国古代文化，涉及两河、希腊的文化与神话，苏雪林把它们与中国的屈原和《楚辞》做对比研究。不想，在广泛的查阅中，她发现屈原及其《九歌》《九问》《楚辞》等大有研究的空间。于是，她开始进入屈赋研究领域，先后发表《〈天问〉里的三个神话》《昆仑之谜》《山鬼与酒神》《〈国殇〉乃无头战神考》、《〈天问〉九重天考》《屈原与九歌》《屈赋新探》等著作。

苏雪林半生研究屈赋，成就卓然，学者称她的屈赋研究竟挖出来“先秦时代外来文化考”的大矿藏来，而这大矿藏竟又连通着“世界文化同源说”，称赞她的研究有惊人的发现，有开拓性贡献。

苏雪林还研究中国古典文学，出版《诗经杂俎》《玉溪诗谜》《唐诗概论》和《中国文学史》《中国现代戏剧小说 1500 种提要》（与法国汉学家善秉仁合编）等有份量的学术著作。

1931年夏，苏雪林经好友袁昌英的举荐，到武汉大学任教。苏雪林“半路出家”没有文凭，只好被聘为“特约讲师”。虽有校长王世杰和文学院院长陈源的欣赏和袒护，但别人难免对她有所不屑。要强的苏雪林不以为意，心下暗暗想：很快我就要你们对我刮目相看。她讲授“中国文学史”、“新文学研究”等课程，需要自己认真写讲义，十分辛苦，但她乐在其中。加之珞珈山优美的环境，让她暂时远离婚姻的不快，忽略同事的斜眼，心情还算愉快。这让她又充满了旺盛的创造力。她在教学之余投入到对古典文学的研究之中，成果丰硕：1933年商务印书馆出版她的《唐诗概论》，1934年商务印书馆又出版她的《辽金文学史》。很快，原来对她不屑一顾的同事们对她另眼相看了。当时的武大有三大才女：袁昌英、凌叔华和苏雪林。三人都是

学者苏雪林

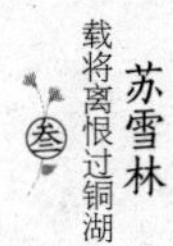

名媛，但性格各异：袁昌英大方，凌叔华雅致，苏雪林偏激。三人关系很好，情同姐妹，被誉为“珞珈三剑客”。

在研究古典文学的同时，苏雪林还把目光拉回现代，对现代文学和作家们进行研究，写了大量评论文章，后来结集为《中国二三十年代作家》出版。客观说，苏雪林对现代作家周作人、冰心、凌叔华、徐志摩、施蛰存、张资平、沈从文等作家及作品的评论，既客观又真诚，而且见解独到，自成一家。

整体看，苏雪林的学术研究有自己独特的视角，而且眼界高，视野开阔，自觉地与世界文化的源流接轨，论证翔实而有力，发人深省。苏雪林的治学，重考据，深研力挖，追根溯源，加之她美丽而有表现力的文辞，让她的学术著作具有独特的价值和魅力。

有人说，因婚姻不幸福，苏雪林才把更多精力用在写作和学问上。但我想，这只是表面的，根源还在于她的志趣和野心。她是才女，心性高，自我期许高，当然不会自弃才华安于平凡。就算她有幸福婚姻，家中有子，以她的个性，也不会放弃事业做全职太太。事业心让她的传统更多体现在文字上。

苏雪林是这样的才女，因为心敏感、细腻、婉约和唯美，所以能做文学，能作画；因为心有理性、思想，爱真理，所以能做学问；因为能言善辩，爱憎分明，喜欢人前逞强，所以能做评论。一个才华多面性格鲜明精力旺盛的才女，而且一生孜孜不倦，年逾百岁而不衰。相当自信，如此强大。实在令人叹服。

木瓜性格

苏雪林从小个性很强，顽皮而叛逆。

小时候，她就表现出叛逆。因为贪玩调皮，不像个闺中小姐的样子，不得祖母喜欢，她也不以为意，并不去讨好老祖宗。母亲贤淑善良，经常在大家庭中受气，她会大胆地站在母亲这一边。祖母不让她上学，长大后逼她结婚，她就耍赖皮，哭闹着甚至以死相逼，不达目的不罢休。让长辈们拿她没办法，只有摇头叹息的份儿。后来她在婚姻上就范，只是出于对母亲的孝心和责任。

苏雪林天资高，自小饱读诗书，十分自负。她的父亲是晚清秀才，也是个读书人，但有时偶尔也会念错一两个字，苏雪林就会不客气地指出来。在私塾上学，她说先生学问平平，根本教不了她。她经常在课上指出先生的错谬，让先生十分难堪。

在安庆上学时，苏雪林早已经表现出诗书画方面的才艺，在学习和生活等各方面也不肯落后，十分争胜好强，处处要拔尖儿。同学中有穿华丽“名牌”服饰的，她回家也吵闹着向母亲要；在安庆女师上学时，为了保持第一名成绩，她和“竞争对手”明争暗斗，甚至为此矛盾激化，两人结怨很深。

由此可见，她从小就不是一个乖女孩儿，少有女生的温柔娴静，也不愿做淑女。她才华横溢，聪明自负，艺高人胆大，而且自命不凡。

在后来的工作和为人处事中，苏雪林也不是一个平易近人、大度和气的人。比如她在沪江大学任教时，因不满于浮华校风，就在壁报上写文章公开批评，得罪学校当局，结果不久被解聘。

她是才女，就会叛逆，难免有些高傲轻狂，经常看不惯人，与人生嫌隙。她口无遮拦，主观固执，不大考虑别人的感受，甚至偏激走极端，意气用事，结果很容易得罪了人。这是她热情的源泉，也是她性格中的缺陷。晚年，苏雪林反思自己的性格“太容易得罪人”“暴露自己的修养缺欠”，真是“木瓜”性格，实在是不谙人情世故。

那么，她在文字上怎么能够那么婉丽柔美呢？为什么表现在外面，却那么有攻击性，容易伤到人？也许，她骨子里是婉约的女儿，但现实总让她失望着急，所以忍不住要发火吧。

苏雪林爱憎分明。对于喜欢崇拜的，她就顶礼膜拜，热情歌颂，不遗余力。比如对胡适、徐志摩和陈源等。尤其对胡适，她一生崇拜，奉若神明。她曾说：“我最尊敬的文化人是胡适。他人格伟大，道德高尚，是有文化贡献的现代圣人。”在学问上沿袭其考据方法，终生以维护他的荣誉为已任。胡适去世，她悲痛万分，亲临吊唁，一个月足不出户，写了好几篇悼念文章。胡适停灵南港，苏雪林每月必去灵堂焚香礼敬，作《南港谒陵记》等，还自掏腰包为胡适塑了个半身铜像，以示永久纪念。1982 年，苏雪林 85 岁高龄了，面对唐德刚对胡适的不敬之词，专门撰文讥讽，捍卫恩师。她 90 岁时读《胡适秘藏书信选》，见封面画像不美，斥画家“将乐观的胡大师，画得像个鸦片鬼！”《眼泪的海》和《犹大之吻》是苏雪林维护、颂扬胡适的两本专著，由此可见她尊师、卫道精神的虔诚和执着。

对于反感或厌恶的，她极力贬抑，无所不用其极，失去理智和风度也在所不惜，比如对郁达夫和鲁迅。她在《郁达夫论》中，抹杀他的艺术成就，说他“喜欢尽表现自身丑恶”，说《沉沦》中主人公的行为是“作者自己神经有病”的表现，说他的《她是一个弱女子》是“集‘卖淫文学’之大成”。从而断定，郁达夫是“一个元气被酒色断尽的作家”。尤其对鲁迅的批判，极其恶劣，甚至可以用恶毒来说。

20世纪30年代，苏雪林不仅是著名作家，也是出色的文艺评论家。她曾几次挑起近代文坛的争议之风。她对很多作家都做过独到大胆的评论。30年代，她就作家李金发的象征派诗，与覃子豪展开讨论，你来我往，笔锋热烈。在戏剧的布景和舞台表演上，她与向培良展开讨论，并写了《演剧问题答向培良先生》。

这些文艺讨论和论争，体现了苏雪林的文艺观点，评论客观、独到，笔锋犀利，在社会上产生很大反响，使之一举成为有名的文艺批评家。此时，苏雪林年富力强，各方面的才华如火山般爆发，激扬文字，意气昂扬，十分可爱。当然，能成为评论家，与她的大胆、叛逆、好胜、善争辩、喜欢讨论的性格不无关系。

这些评论，多在艺术评论的范围内，限于文艺本身，属于学术之争，而且是你来我往的双向争论，性质单纯也有助于文艺发展，无可厚非。但对鲁迅的批评，则超过文艺批评本身，转化为人格和人身攻击了。所以，苏雪林的“反鲁”，给人印象深刻，甚至匪夷所思，不可理解。

表面看，苏雪林批评鲁迅，是在鲁迅死后，尸骨未寒时，自然是单方面的，有往无来；表面看是笔墨形式，但实质已经脱离学术，成为一种政治上的对立。而且，苏雪林反对鲁迅的时间之长，发表文章之多，在历史上也是少见的。

鲁迅以《呐喊》《彷徨》等蜚声文坛，对现代文学做出巨大贡献。在二十世纪二三十年代，鲁迅在文坛上的地位已经举足轻重，是大师级的人物，令人敬仰。而苏雪林，一介女子，却可以毫无顾虑地对鲁迅进行口诛笔伐，胆量实在非凡。

反鲁女斗士

说起来，作为文坛后辈，苏雪林也曾经是鲁迅的铁杆粉丝。她是怎么对自己的偶像“由钦敬到反对”的呢?

苏雪林的散文集《绿天》出版时，她恭敬地送一本给鲁迅，自称学生。

这时，鲁迅是她眼里的大师。她曾公开说鲁迅的文学创作“很合我理想的标准”，对他十分崇拜。

1928 年，成名后的苏雪林，曾在北新书局老板李小峰举行的一次宴会中，与鲁迅有过一面之交。当时李小峰还热情地介绍他们相识。据说鲁迅当时的反应不大热情，致使苏雪林怀恨。我想这个说法有待论证。因为就在次年 5 月，苏雪林还在《写在〈现代作家〉前面》一文中热烈地称鲁迅是“中国最成功的乡土文学家”。

1934年，苏雪林在《国闻周报》上发表《〈阿Q正传〉及鲁迅创作的艺术》一文中，更说“鲁迅是中国最早、最成功的乡土文艺作家，能与世界名著分庭抗礼”。并说：“谁都知道鲁迅是新文学界的老资格，过去十年内曾执过文坛牛耳……”她认为鲁迅的小说创作并不多，已经使他在将来的中国文学史上占到永久的地位了。苏雪林对鲁迅，是发自心底的佩服和尊重。

然而，两年后，苏雪林对鲁迅的态度，却来了个一百八十度的大转弯。

1936年10月19日，鲁迅去世。全国文艺界都处于悲痛之时，苏雪林一反常态，从武大写长信力劝蔡元培、马相伯不要参加鲁迅治丧委员会，并写信给恩师胡适，说明自己“反鲁”动机。

不久，苏雪林发表文章《与蔡孑民先生论鲁迅书》，力陈“鲁迅病态心理将于青年心灵发生不良之影响也”，“鲁迅矛盾之人格不足为国人法也”，说他的杂文“文笔尖酸，无与伦比”“含血喷人，无所不用其极”……

苏雪林自食其言对鲁迅的“鞭尸”行为，近乎失去理智，引起许多人不满，包括她崇拜的恩师胡适。胡适写信批评苏雪林：“我很同情你的愤慨，但我以为不必攻击其私人行为……凡论一人，总须持平。爱而知其恶，恶而知其美，方是持平。鲁迅自有他的长处，如他的早年文学作品，如他的小说史研究，皆是上等工作……”胡适与鲁迅虽不在一个阵营，但极力阻止苏雪林的这种不厚道行为。

但她并没听老师的话，反而把与胡适来往的信件，以《（与胡适）关于当前文化动态的讨论》公开发表，公然挑起“反鲁”大旗。

当全国都在沉痛悼念鲁迅时，苏雪林却在《文艺月刊》上发文说：“上月文坛巨匠鲁迅先生死了，全国报章杂来得热闹而紧张。不但害得一般前进的崇拜鲁迅而其实未读鲁迅一行之书的青年，痛哭流涕，如丧考妣；便是我这样落伍的中年，也给闹得中心摇摇，不可终日……”

关于苏雪林反鲁的原因，有人说因为苏雪林当年支持杨荫榆筹办“二乐学社”（相当于今天的职业教育）。而杨荫榆曾在1926年的女师大风潮中因站在政府立场中惩治学生，鲁迅曾批判她为“寡妇主义”，“二乐学社”的筹办也遭到鲁迅私淑弟子的捣乱而难以为继。出于义气，苏雪林在《几个女教育家的速写》中为杨鸣不平。杨荫榆一直独身，鲁迅的批评未免过分。苏雪林自己的婚姻并不幸福，夫妻长期分居，与独身无异。她与杨虽然相交不深，但可能也有些惺惺相惜同病相怜之情吧，所以从此对鲁迅好感丧失。

再一个，苏雪林批评鲁迅，是因为鲁迅曾经笔伐胡适，而胡适是苏雪林最崇拜的恩师，见有人批评老师，她就气不过要予以攻击。

有人还分析认为，苏雪林如此“变态”地反鲁，与她个人婚姻生活的不幸有关，认为婚姻的不和谐让她产生了偏激和好斗的变态心理。

所有这些不过是揣测罢了，真实的情况可能更加复杂。素无积怨，只有一面之交，而且此时，她已年近不惑，早已过了幼稚冲动的年龄，不至于偏激得失去理智。

苏雪林对鲁迅的批评，早已超越了文艺本身，而转为人身攻击和政治对立了。所以这不仅是文艺观点的问题，更有思想立场的问题了。

对鲁迅的批评，胡适私下里有之，对鲁迅从新文化运动的战士到后来的左倾不以为然。但从来肯定他在新文学的贡献。鲁迅后来对胡适明里暗里有众多贬斥，但温和的胡适却不以牙还牙，总保持君子之风。这种境界，鲁迅的确没有。苏雪林就更难抵达。

在对鲁迅的批评上，梁实秋也批评过鲁迅，说他性格有缺陷，与同事搞不好关系，总是频繁跳槽，认为鲁迅为人偏激，容易感情用事，易被人利用。梁实秋批评鲁迅还留有余地，在批评之外不失一份同情怜惜。而苏雪林对鲁迅的批评，则由文字上升到人格的层面，不乏人身攻击之嫌了。

当然，无论原因多么堂皇，在人家尸骨未寒时，苏雪林如此恶评鲁迅，终有失修养，因此她为人诟病。

爱的交集有多难

苏雪林一生名利双收，得享高寿，唯一遗憾的是婚姻不幸。在她102岁的生命中，与丈夫张宝龄同居的时间仅有4年，她的大部分时间，是与她的姐姐相依为命的。

如此一个才女，在婚姻幸福上如此命薄，实在令人感喟。

苏雪林曾说："我是一个人，是一个很普通的女性，青年时代也颇向往爱情生活，屡受打击，对爱情倒尽胃口，从此再也不想谈这两个字，把爱情升华为文学创作及学术研究的原动力，倒也是意外的收获。"

是啊，人都需要爱情，更何况才女苏雪林呢？那么，她爱过吗？她爱丈夫张宝龄吗？如果不爱，为何一生坚守婚姻？

没有爱过的人生不只是遗憾，而且是不幸的。苏雪林一定爱过，也曾爱过自己的丈夫。只是种种机缘不巧，他们的缘分没能圆满。

据说，苏雪林初到法国时，曾有过一段热烈的初恋。男主角真实姓名无从查考，但在苏雪林的自传体小说《棘心》可找到，他叫秦风。这个人学的是西洋艺术，有过情伤，曾与一位富家小姐爱得死去活来，但因为不是门当户对，最终没能如愿。苏雪林笔下的秦风："身体瘦削，脸容微苍，带着两撇小须，神情安闲，大有学者风度。"

也许苏雪林对他是一见钟情，也许秦风从她那里得到慰藉，有了爱的新生。反正，他们相爱了。可想而知，这俩充满艺术细胞的才子才女一旦相遇，是如何的热烈而浪漫。遥想当年，梧桐树下，绿荫草地，图书馆里，花前月下，一定留下他们缠绵的青春丽影……

但最终他们分道扬镳，没能走到一起。也许因为苏雪林最终不得不选择包办婚姻，也许因为秦风旧情未了。但她还是因此悲痛欲绝。毕竟她虽与张宝龄订有婚约，但此前她从未尝过爱情的滋味。如今，一场如梦爱情戛然而止，怎不令人伤心？

在这段感情中，苏雪林真正燃烧过自己，也不枉青春了。当家庭的压力来临时，她这个顾家的女孩，只能为了家庭，放弃这段感情，亲自埋葬自己的幸福。不能长相厮守，只求曾经拥有。

出身于旧式家庭的苏雪林，在此之前虽一直扮演着一个家庭反叛者的新女性角色，但骨子里很传统，不会做家庭的不孝女。离家几年，心中那个严酷的老祖母形象已变得日益温暖，童年的压抑已经日益淡漠，父母的形象日益高大，对家庭的责任感与日俱增。此时，父母亲情犹如一座丰碑，在她心里高大地树立着，超过了一切。

苏雪林留法后，未婚夫张宝龄也奉父命到美国留学。他的父亲张余三从小吃苦，由小生意发家，对于能与苏家结亲十分满意，更欣赏苏雪林的才气。所以苏雪林出国后，他很快送儿子出国。

张宝龄奉父命，给苏雪林写信。语言简练，书法秀气，令苏雪林心生好感。失恋的心，开始寄希望于张宝龄。

但几次书信来往后，苏雪林感觉张宝龄缺乏热情，不温不火，而且话不投机。她信仰天主教，他却说基督教“博爱有益于人群”，又说“信仰是人的自由”，没有必要也没有理由去反对它。苏雪林写长信辩驳，张宝龄也不接招，坚持自己观点。她与他谈起电影、跳舞等，他却说一概不喜欢。

通信本来交流培养感情，但他如此理性，跟例行公事一样，她感觉无趣。这和刚结束的那场如火如荼的爱情是多么不同！满怀期待找到情感归依，却如此失望，她写诗自怜：

一例春潮漫汗声，天风鸾鹤怨三生。

悲欢离合本如此，万一天填恨海平。

忽向东山感岁华，吟鞭遥指即天涯。

惺惺蝴蝶谁家宿，身世依然是落花。

张宝龄学成即将回国时，苏雪林曾两度邀请他到法国和欧洲一游，都遭到拒绝。所有这些，让苏雪林伤心失望。她的自尊和高傲在他面前一败涂地，羞愤难当。她要提出退婚时，张又解释说因为国内有人介绍了工作，所以急着回国，无心旅行。

客观说，张宝龄的回信和回绝也属正常，虽有些理性但不无道理。但此时的苏雪林是一个典型的文艺青年，成天沉浸在对爱情的美好期待和想象中，所以对于他的这种理性就不理解了。而在学理工的张宝龄看来，苏雪林这么贪玩，迷于虚幻，又爱争辩，不免有些幼稚也不大可爱。

面对张宝龄的冷漠，苏雪林曾怀疑他心中另有别人，但父亲告诉他，张宝龄忠于婚约，在美国时还拒绝别的女生的追求呢，极力赞美未来女婿的人品操守。这正符合了苏雪林的婚姻观，于是她又对张宝龄有了期待。

苏雪林虽是新女性，主张男女平等，但在婚姻上，受传统观念影响很深，遵守从一而终的理念。她曾说："平生取士，最喜的是有贞固不移之操，最恶的是朝三暮四、反复无常的人。"她追求浪漫，但又明白爱情的虚幻，人性的善变，所以主张有婚姻的约束，认为倘若"没有条件，单靠空洞的爱情，婚姻的结果，定然危险”，对女人伤害更大。

她的这种观点，正是基于对自己权益的保护。所以当她听说未婚夫同样忠于婚姻时，她感觉十分满意——纵然明知两人个性不同，缺少共鸣，也不拒绝这个婚约，不再追求所谓的浪漫爱情了。

由于感觉两人在婚姻理念上的一致，感觉婚姻有此做基础必定是有安全感的，所以她对于这份婚姻又开始乐观了。她甚至还对朋友说：“我们的爱情，虽然淡泊，但淡而能永，似比浓而不常的好。”

然而，张宝龄的过于理性和冷漠，以及不解风情似的无趣，让她终感觉到彼此间没有爱情的甜蜜，总感觉话不投机，要么就是无话可说。苏雪林只好将自己的浪漫情思沉湎于18世纪浪漫主义的文学作品中，或者在文字和宗教中寻求安慰。但每当看到成双入对的情侣，她总要顾影自怜一番，她多么希望张宝龄突然出现啊。但是没有，她一直没等到这样的浪漫约会。

有时，她经常一个人呆呆地看张宝龄的照片，相貌英俊，看上去也很风流倜傥的样子，但怎么就这么不解风情呢？是因为不解风情，还是因为无爱情所以感觉不到她的风情？

两个人个性不同，想法也南辕北辙，最初的交流就没有找到结合点，没有交集。一个感性细腻，一个理性冷漠；一个不以为然，一个期望总落空。是真的没有感觉，没有爱吗？苏雪林想：我一直在找感觉，找爱呀，怎么他张宝龄没有感觉吗？怎么如此冷淡？真是没情趣。

她曾想解除婚约，但遭到父亲强烈反对、母亲病中哀求，她只好服从家里的安排。但这一腔热情何以打发？好吧，以著述为业。

甘守一世孽缘

1925年，在家人的催促下，苏雪林未毕业就回国，在岭下村自己的家门口，与张宝龄迅速完婚。

婚礼办得隆重而热闹，是岭下村有史以来最隆重的婚礼了，母亲给她丰厚的嫁妆，她风光出嫁了。多年后，苏雪林以101岁的高龄，重回故里，在当年她和丈夫的婚房——荆乐堂面前，徘徊不忍离去，令人动容。华年已逝，人已无追，感情不尽。

安葬完母亲，苏雪林回到上海夫家。张宝龄就职于江南造船厂，早出晚归。苏雪林终日无所事事，无聊烦闷。

1926年春，经人推荐，苏雪林到苏州景海女子师范学校和东吴大学任教，住在女校。节假日时，张宝龄也偶来探望。新婚小夫妻，还算甜蜜。

后来，东吴大学也聘请张宝龄为理科主任，他因十分喜欢苏州的美丽，欣然而来。学校安排他们住在天赐庄。这里环境优美，气候宜人，很适合做学问。在这样的气氛中，夫妻恩爱，一起做饭，各做各的学问，和谐幸福。

后来，张宝龄看上东吴大学后面的一块地，就买下来，自己设计成船样形状，盖起一座中西合璧的小洋楼。如今，在苏州大学南校门、百步街北口，依然可见到这座小洋楼，虽然破败不堪，但当年这对夫妻的温馨和美好，依稀可以想见……

或许是爱情的甜蜜，苏雪林创作激情迸发，在此写作并发表她的成名作《绿天》和《棘心》，还有学术上的成名作《李义山恋爱事迹考》，由此可见当年她的幸福和激情。

在这里，经过短暂的恩爱后，1929年，苏雪林夫妻离开东吴大学，各奔东西，各自忙自己的事业，各自收养自己的孩子，联系时有时无，断断续续，聚少离多，距离越来越远，感情越来越淡。晚年苏雪林回忆说："苏州天赐庄一年岁月尚算美满，但以后便是维持夫妇名义而已。"

1949年6月，苏雪林去了香港，之后去法国，再之后回到台湾。张宝龄先去了东北，退休后到了北京。

可以说，自苏州小洋楼之别后，两人的婚姻就名存实亡了。

苏雪林夫妻本就少感情基础，一旦分别，时间和空间的距离都会拉远人心，让彼此更加隔膜，及至感情疏淡，彼此更无所谓了，只是保持一份有名无实的婚姻。

试想，再好的夫妻，也搁不住长期分居，各忙各的，彼此必然生分疏远。都不顾家，家中无炊烟，没笑语，没夫妻生活，甚至没有吵架。那么，家还叫家吗？都不恋家，家就不再了。谁不恋家，守不住家，家就会抛弃谁。

说起来，他俩也算门当户对，才子配才女。虽是媒妁之言，但婚后可培养感情，应该也可以成恩爱夫妻的，但可惜他们没有这么幸运。

她感性浪漫，他客观理性；她热情似火，他性情孤冷。她说：“今晚的月亮真圆哟！”他回答：“哪有我用圆规画得圆。”她能说什么？

苏雪林曾因信仰天主教，受到基督教治下学校的同事的仇视，她倍感委屈，希望得到丈夫的安慰，但张宝龄反讥讽她软弱。

她认为他大男子主义，理性冷漠，缺乏情趣，性情偏狭乖戾；他不满于她太过活跃，且总接济娘家人，对家庭不尽心。她是才女，要求平等尊重，不善家务；他是少爷脾气，大男子主义，要求她相夫教子。他传宗接代思想严重，她一直未有生育，他只好收养了一个侄子，她认同学的女儿为干女儿……

我想他们一定努力过，但感觉吃力徒劳，最后终陷于无味，毫无感觉。也许如苏雪林所说，是“一世孽缘”。总是话不投机，不能协调，互不妥协，积怨日多，矛盾日多，感情日淡，加上聚少离多，时空距离拉大，自然越隔越远，终至无情，及至对彼此无所谓了。

但他们并没有离婚，婚姻名分维持一世。

婚后24年间，同居不到4年，想恩爱难有。漫长岁月，该如何度日如年？女人天生要爱的滋养，在无爱的婚姻中，岂不枯萎？在苏雪林宁可移情于创作，也没选择离婚，且创作激情和成就非凡，这该需要多大的耐心和坚强？

换作现代人，早离了。苏雪林夫妇没有选择离婚。他们的婚姻由父母包办，而后各自事业有成，离婚完全可以自立呀，但他们甘愿从一而终，所以忠于婚姻，都没出轨寻找情人，慰藉内心寂寞。

于是，两个人几十年求同存异、互不相扰、相敬如宾地维系着这个家，倒也相安无事，一直持续到最后。张宝龄独身到老，终身未续；苏雪林长期与姐姐一起生活，直到生命最后。

苏雪林是新女性，但不是背离家庭的“娜拉”，她的婚姻自始至终没脱离传统和家庭，我想这是由她的出身决定的。传统理念在她心中根深蒂固，她为此宁愿牺牲自己的幸福也不选择离婚。她曾在自传中说：

我是一方面为一种教条所拘束，一方面为我天生甚为浓厚的洁癖所限制。我总觉离婚二字对于女人而言，总是不雅，况那时我已薄有文名，过去受的屈辱已不少，若自己的名字再刊布报纸，让那些好事的记者把我横涂直抹，实觉不是滋味。但我因这些原因，叫张宝龄孤栖一世，不能享他理想中的家庭幸福，也实觉对不住他！

婚姻与爱情不同，不是两个人的简单组合，而是双方社会关系的组合。苏雪林和张宝龄的婚姻，更是如此。其婚姻，由父辈而定，由来已久，联系着太多人的喜怒哀乐，感情也更复杂，由不得他们随便做主。更何况两人都传统，都是孝子呢？离婚对他们来说，或许比维持痛苦的婚姻还要难。

苏雪林有事业野心。她因《绿天》《棘心》成名，写的是自己的婚姻生活，给人诗情画意的感觉，两部作品一版再版，很受欢迎。如果自己离婚，岂不是自我否定？岂不是打破读者的美丽幻想吗？苏雪林爱惜自己的羽毛。

对她来说，爱情不是全部。她最离不开的情人和伴侣，是她的文学和学问。因为这个志趣，她能把婚姻的痛苦转化为创作的力量，做出非凡业绩。文字，是她情感和灵魂的慰藉。不知这是幸还是不幸？

苏雪林山水画作品

她曾说："我想我今日在文学和学术界薄有成就，正要感谢这不幸的婚姻。假如我婚姻美满，丈夫爱怜，又生育有一窝儿女，我必安于家庭生活，做个贤母良妻，再也不想到社会上去奋斗，则我哪能有今日的成就？"

话里有满足自豪，但作为女人，以幸福为代价获取事业成功和名利，未免太残忍。

岂非没有情

将一份无爱的婚姻维持一生，这在现代人看来无法想象。那么，他们到底有爱过吗？否则如何能一生维持婚姻？努力也枉然，还是努力不够？我宁愿相信他们之间有过爱。

1960 年 2 月，张宝龄因胃病去世。苏雪林得知丈夫死讯时，也无限伤感，自责害得他孤独一生。

据说张宝龄临死前，侄媳妇要为他织一件毛衫，因线不足，从箱子里找到一条颜色相近的羊毛围巾，打算拆开用。他激动地阻止："这是你们二婶的东西，我要留做纪念，线不足可以到街上去买。"并老泪纵横说："我过去对你们二婶是太过分了，现在追悔莫及。"不久过世。后来当张宝龄的侄子将此情景写信告诉苏雪林时，她无限感伤道："一世孽缘，难得临死前还说了几句忏悔的话。"

作为女人，有他这句话，似乎该满足了。斯人已逝，过往恩怨如云烟。我想，苏雪林是爱过丈夫的。当年在法国未谋面时，她就对着他的照片“想入非非”，她写了那么多关于婚姻生活的文字，而且由此成名，不正说明对他有感觉有在乎吗？

婚前，虽少有共同语言，但婚后，他们也曾有恩爱。苏雪林在岭下村照顾病中母亲时，曾作画一幅，寄给在上海的丈夫，并附词一阕《尉迟杯》：

临歧路，日未出，列嶂暖朝雾。四周翠色空濛，影落乱流无数。骊歌乍唱，望去客身已在烟浦。压征鞍无限诗情，纷纷红叶如雨。

婿乡一月羁迟，算慰了十载相思辛苦。玲珑豆子何须种，但勤寄鱼笺雁素。纵今朝惜别伤离，也不作寻常儿女语。只收拾一片秋光，教君珍重携去。

写得真是好。面对如此才女，张宝龄也深深被感染，他兴冲冲买了蜜橘和糕点，给妻子寄去……

苏雪林感到丈夫的温暖，兴致很高，又代母亲致谢，填一阕《临江仙》：

伏枕正悬游子，忽闻佳饵遥颁，婿乡归去喜平安。常传青鸟信，休寄洞庭丹（蜜橘毋庸再寄）。

三起已同禁柳，再眠还是春蚕，药炉茶鼎伴残年。丈人峰上石，原耐雪霜寒。

在苏州时，夫妻俩甜蜜温馨，苏雪林写出感动亿万读者的《绿天》《棘心》。苏雪林自己也说："结婚后，受我热情的烧炙，他那一颗冷如冰雪的心，稍稍为之融化，所以我们在苏州天赐庄那一年的生活，倒也算得甜蜜。"

但曾几何时，他们的感情由于分离，变得日渐生疏，直到彻底分隔两岸……

两人虽聚少离多，但一直保持联系。抗战期间，两人还忙里偷闲小聚。1934 年暑假，夫妻俩还到青岛旅游，庆祝他们的锡婚，日后苏雪林还写了《岛居漫兴》和《苏山二日游》等纪念文章。1937 年 7 月，张宝龄在南昌患病时，苏雪林还前去探望过。新中国成立后，虽隔海而居，但联系更勤，保持沟通。

我想，他们一直感情没断，至少是亲情不断。这些联系，应该不是简单的做做样子给外人看，也不是简单的出于责任和道义。这种联系，是彼此忠于婚姻的表现，客观上持续了这份无爱的婚姻。

苏雪林虽然说丈夫无趣，"秉性乖戾、冷酷无情""专讲实利"，但同时又承认丈夫"人聪明，在他们那一界颇负声望，品行端方，办事负责，性虽木强，偶尔说话亦少有风趣"。她虽然说他"最怕家室之累"，渴望"幕天席地，随意来去"，但同时又感动于他在自己母亲面前的恭敬尽孝，更欣赏他在婚姻上的忠贞不二……

事实上，从一些资料可知，有人采访张宝龄，发现他本人并没那么无趣，并不讨厌热闹，而且很健谈。他的理性经常透出聪明智慧。

抗战时，他居然能够不以事废言，公允地指出日本民族认真、有纪律、守法的诸般好处。还说过“连宗教到中国来都失去作用了，可见这民族没有希望了”这样深刻的话。

也许，不是因为他（她）没有趣味，而是因为彼此没有感觉，彼此不能发散光芒，所以感觉不到他（她）的有趣。

苏雪林曾说：“他只是同我无缘，因他所要求是个三从四德、竭忠尽智、服侍他如王太子一般的女性。可怜我虽会弄弄笔头，家事半点不会。我虽敬仰我母亲的德行和才干，母亲的德行并未遗传给我，才干更没有。我至今还不能入厨煎荷包蛋、做一碗青菜豆腐汤。洗衣只能洗手巾和袜子，又何能做他半女仆、半妻子的伴侣！况我偏向母家，协助姐嫂，更令他嫉妒得像心头有火燃烧，一刻也不能容忍。夫妻感情之坏，以此为根源……”

作为人妻，苏雪林不顾家，不事家务，不服侍丈夫，甚至连自己也照顾不来，不仅有些失职，也有些不食人间烟火了。婚姻观念传统，但不能尽到妻子的责任，只把自己当大小姐看，也未免有失妇道。聪明的她可能忘记了，作为女人，在男人面前不能逞强；作为人妻，家庭责任是第一要务。

晚年苏雪林解剖自己说：“他遇上我这样一个人，也是他的不幸。”虽然她称自己的婚姻是“一世孽缘”，但同时自责：“我对不起张宝龄，对他照顾不到……”

作为一个有事业追求的才女，苏雪林不能放弃事业相夫教子，而丈夫也是个事业型的男人，需要有一个温柔贤惠的太太在家里服务，恰巧苏雪林不是这样的女人。这样就成了矛盾。倘若她多尽一些家庭责任，多一些女人的温柔；倘若他少一些大男子主义的霸道，多一些贴心和情趣，结果或许完全不同。

苏雪林自己说："我是只蝴蝶，恋爱应该是我全部的生命，偏偏我在这个上仅余一页空白。"这一页空白，对一个女人，尤其是才女，是一种缺憾和不幸。

凌叔华

淡施青黛的远山

面前一片黄碧渲烘停匀的旷野，
嵌上空明清澈的溪流，
几座疏林后，
有淡施青黛弯弯的远山黏着。

——凌叔华小说《倪云林》节选

黄碧的旷野上，嵌着一弯清浅溪流，寂寥空阔……一片疏林后，远远地黏连着几座远山，如眉黛般衬着……

浓客相宜，简练淡泊，宁静致远。

凌叔华的画，传承的是传统文人画的技法和意境。不恋笔墨，最讲究留白，让画中的所有元素都有呼吸的自由和空间，以神取胜，创造一种超然脱俗的意境。所以，她的画，没有挤挤挨挨，没有张扬浮躁，总是在疏淡中给人宁静，在寥远中让人高远，这是她的气质和精神。

凌叔华（1900—1990）

她出身望族，家学渊源，是真正的名媛。她养在深闺，不兴张扬，只在家里帮助家人接诗一下泰戈尔，就被赞赏为比林徽因“有过之而无不及”。

她无需怎么努力，只篇诗文，就为她赚得与冰心、冯沅君和丁玲齐名的荣誉。她的诗文，有身份感，像她的家族；有意境，犹如一幅清高淡雅的传统文人画。

她美得不张扬娇纵，像她的画，文静淡雅，但心里有装不下的自由和浪漫，看她“眼睛清澈……带着一点迷离”（苏雪林语），就知她心里藏着多少春光和情趣。她从来不是个理性的人，无论她作画、写作，还是与徐志摩产生绯闻，与异国男人演绎一段婚外恋，皆因为她要做自己，无法接受平庸的生活。

她是大家闺秀，在文化和气质上，她是传统的。而在个性和情感上，她不能忍受传统道德的束缚，甚至为个人幸福不惜出轨——她要做自己，她没办法不是她自己。

她不完美，同样有自己的复杂和矛盾，她从来也没想过一定要做个完美女子。她只是心里装了太多的诗和画。她的丈夫理解她，因为爱她而能原谅，因为她是才女。

无论走到哪里，她还是那个她。纵使半生飘零海外，生活优越，她眼波总不离中国，心里是浓浓的家国情怀。沐过西风之后，她依然留恋着自己老宅的窗棂；盛名之后，她依旧要回来看看那个已经面目全非的家……

凌叔华是传统的，她的追求，她的气质，都是她那诗书之家的影子。而她浪漫的性格，又给她增添现代的自由独立之美。

其文温婉细腻，其画淡雅高洁。她集含蓄与开放于一身，既传统又现代。其人，与其文其画一样，耐人寻味。

家学有渊源

如今的北京史家胡同24号院（现已辟为史家胡同博物馆），清末民初时住过一豪门望族，这里就是民国才女凌叔华的家。

凌叔华生于望族，父亲凌福彭祖籍广东番禺，光绪二十一年(1895年)进士，点翰林，与大名鼎鼎的康有为同榜题名，而且名次比他还靠前。凌福彭历任清朝户部主事兼军机章京、天津知府、保定知府、天津道长芦盐运使、直隶布政使、顺天府府尹（相当于北京市市长）等，可谓官运亨通。1911年后，曾任北洋政界约法会议议员、参政院参政。

凌福彭是袁世凯手下的红人，一直跟随袁世凯左右：袁任直隶总督，他做布政使，是袁的副手；袁曾三次派他去日本考察；袁世凯在天津推行改革时，凌福彭任天津知府；袁世凯发昏当皇帝，他还积极支持。

可想而知，以凌福彭的身份地位，自然是三妻四妾，儿女成群。

凌叔华的母亲是凌福彭的三姨太，也颇通文墨。凌叔华是母亲生的第三个女儿，在父亲众多的孩子中排行第十，被称为“小十”。

凌福彭是典型的文人，精于诗词，喜爱绘画，爱结社雅集，组织诗社画社等，家中往来无白丁。凌福彭带头组织了“北京画会”，齐白石、姚茫父、王云、陈半丁等著名书画家都是他家的常客。文人墨客风流雅集，凌叔华从小就见识了这些文化名流，也在耳濡目染中受到熏沐。

凌福彭重视教育，他在任顺天府（相当于今北京市区）执政时，就兴办学堂，兴利一方。对自家孩子们的教育，当然更加重视。凌家的私塾，除了日常的教授先生，还时常有名流教授来讲课。比如，一代怪杰辜鸿铭，曾来凌家教授孩子们英文和古典诗词。

在重男轻女和复杂的大家族中，母亲带着凌叔华姐妹三人，低调地活着。小十凌叔华，在凌家众多的孩子中，也显得不起眼，看上去总是很安静，也不吵闹。

不知何时起，小叔华喜欢上画画，自己经常在纸上、地上或者墙壁上涂抹……

六岁时，一天，她在自家后花园中，用木炭在白墙上正在画一幅山水画，被当时来她家作客的宫廷画师王竹林看到，赞赏她有绘画天才，当下收她为徒。

父亲看小叔华天资聪慧，自小有文艺才华，于是也开始对她着意培养。后来，他为小叔华请来很多画家，如为慈禧作画的著名女画家缪素筠、女画家郝漱玉等。

七八岁时，凌叔华已是家里的小画家，已能像大画家一样作画，与他们品评画作了。

凌叔华对精通七国语言，被称为“是以讥讽方式批评西方文化和文明的唯一中国人”的辜鸿铭十分佩服，看他拖着小辫子，一本正经的样子，十足一个古板的教书先生，可他说的英文比外国人还好。所以在幼小的凌叔华心里，真是觉得神奇。

辜鸿铭教授凌家的孩子们英文，先从背诵儿歌、《圣经》做起，像先从四书五经背起一样。凌叔华很快掌握了不少英文单词。有一次，这位古怪的老先生让凌叔华到他家去，从他的书架上抽出几本英文诗集来，让凌叔华背诵其中的两首诗。凌叔华很聪慧，不一会儿，就把两首英文诗背得滚瓜烂熟。辜先生很赞赏，又教她几首……

凌叔华跟辜鸿铭学习了一年英文，打下坚实的英文基础，同时培养了文学兴趣。直到暮年，她都十分感谢这位启蒙老师。

良好的家庭教育，使凌叔华自小培养了深厚的传统文化修养，在诗文绘画等方面显示出非凡的才华。

1919 年，凌叔华以优异成绩考入河北省立天津第一师范三年级，进校不久，五四运动爆发。年轻气盛的凌叔华也为时风所染，积极参与其中。由于她出众的文字水平，她被选为学生会秘书，当时学校的很多演讲稿都出自她手。当时她的一篇文章还在《天津日报》发表，她激动得“眼泪也下来了”。

1921 年，凌叔华考入燕京大学预科(与冰心同学一年，转入外文系)。这时，凌叔华的文采显现。她是燕京大学文学会的成员。她曾大胆地给当时大名鼎鼎的周作人写信，请教文学问题。周作人对她的文采也十分欣赏，鼓励她进行文学创作。

此时，凌叔华开始在当时影响较大的《晨报》副刊上发表小说。这时的作品虽还显得幼稚，但文采出众，而且有新女性的昂扬和锐气，引起人们的关注。她的文字温婉细腻，有大家闺秀的气质，充满诗情画意，字里有画，很受师生们追捧。

诗画双绝

1924 年 1 月，凌叔华在《晨报》副刊发表小说处女作《女儿身世太凄凉》。之后，相继发表《资本家之圣诞》《我那件事对不起他》等小说，以及《朝雾中的哈德门大街》《我的理想及实现的泰戈尔先生》等散文。凌叔华崭露头角，引起北平文坛的关注。

1924 年 4 月 23 日，印度大诗人泰戈尔访华，在日坛讲演。诗人由林徽因和徐志摩陪同，时报有载，“林小姐人艳如花，和老诗人挟臂而行，加上长袍白面、郊寒岛瘦的徐志摩，犹如苍松竹梅的一幅三友图”，一时成为美谈。林徽因被人们广泛铭记。

其实，在这次盛会的背后，还有另外一个美女，也曾受到泰戈尔的关注。她就是文学青年——凌叔华。

其时，凌叔华虽还在燕大读书，但学业优秀，文采出众，已成为活跃的文学青年。由于她的文采和家世背景，她被学校指派为欢迎泰戈尔的代表，与徐志摩、陈西滢（时在北大任教）等一起负责泰戈尔的接待工作，三人就此结缘。

当时，凌叔华的父亲凌福彭，画家陈师曾、齐白石等人组织的北京画会已经成立，画会邀请泰戈尔参加，地点选在凌叔华家的书房。徐志摩、陈西滢等人同往（林徽因未参加）。

活动安排到了自己家里，活动由她主持，她高兴极了，这可是发挥自己作用的时候了。她听从母亲的安排，提前订了一百多个新鲜的玫瑰花饼和藤萝花饼，又让家人磨制了杏仁茶。这些茶点很迎合诗人、画家们的趣味。果然，大家吃得开心，聊得投机。

当大家谈到绘画时，有人说凌叔华也擅长绘画，大家都看向这位年轻的女子。

凌叔华娇羞一笑，对着这些长辈和前辈们谦虚地说：“我略通一二罢了。”然后，她大胆地问泰戈尔：“今天是画会，敢问您也会画画吗？”

泰戈尔默然一笑算是肯定。凌叔华调皮地一笑，进一步提要求道：“那我可否请您献艺？”

泰戈尔欣然答应，他站起来，从容不迫地在檀香木片上画了一幅画：莲叶和佛像。大家啧啧赞叹。

凌叔华还是调皮地仰视着他，满意地笑了。泰戈尔听说她能诗文，能作画，对她说：“多逛山水，到自然里去找真、找善、找美，找人生的意义，找宇宙的秘密。不单单黑字白纸才是书，生活就是书，人情就是书，自然就是书。”这一番话，深深地印在了凌叔华的心里，年近八旬时还记忆犹新。

这句话对她是很大的鼓励，对她产生深刻影响。

在这次活动中，凌叔华以她大家闺秀的形象和出众的才华，给众人留下深刻印象。据说，事后泰戈尔曾对徐志摩夸赞凌叔华说：“这个女子比林徽因有过之而无不及。”

凌叔华自己大概也不知道，也是这一次，她已经给两位才子——徐志摩和陈西滢留下美好印象。而陈西滢对她更是一见钟情，十分倾慕。

陈西滢和徐志摩当时是北平的青年才俊。陈是洋博士，1922 年受蔡元培之邀任教北大外文系，并于 1924 年底在北大创办并主编《现代评论》，成为当时北平重要的文学刊物。而徐志摩当时和胡适等人在北京创办了新月社，编戏演戏，逢年过节举办年会、灯会等活动，吟诗作画。

此后，徐志摩和陈西滢经常造访凌府，他们经常参与北京画会的活动，或者只是饮茶聊天。一群文朋诗友，在这里高谈阔论，雅集聚会，成为当时北平一景。凌叔华、徐志摩和陈西滢三人很快相熟，成为好朋友。

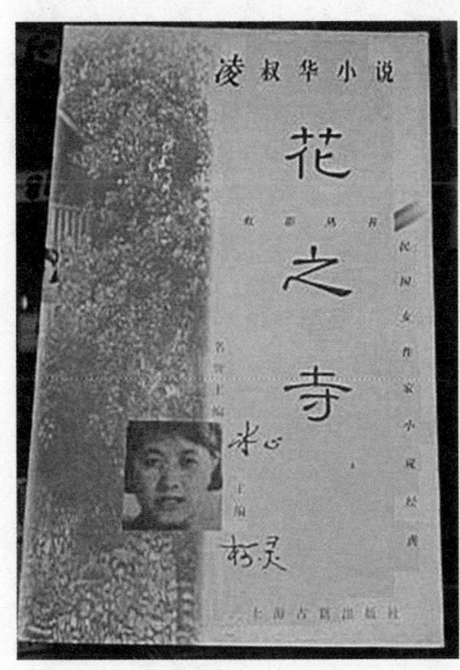

凌叔华小说《花之寺》封面

1925 年，凌叔华在陈西滢《现代评论》周刊发表短篇小说《酒后》，因细腻的心理描写一举成名。她精致的文笔，对气氛的烘托，对情节的驾驭能力，显示出创作上的进一步成熟。小说得到周作人、朱自清、丁西林、沈从文、杨振声等名家的赞赏。日本颇有名气的《改造》杂志，还翻译刊登此小说。

之后，凌叔华接连在《现代评论》上发表了不少小说，被鲁迅称为“发祥于《现代评论》的作家”。此后近十年间，她又在《新月》《小说月报》《北斗》《文学杂志》《文季月刊》《武汉日报》副刊等发表几十篇短篇小说。其中的《绣枕》，描写高门大户中的婉顺女性，笔法细腻秀雅，深得人们喜爱。同时，凌叔华还擅长写童真意趣，如《小哥儿俩》等，传神地刻画了儿童的神态。

凌叔华的文学作品，以描写心理见长，“文字淡雅幽丽，秀韵天成”，风格内敛，其文字被赞是“一股潜行地底的温泉”，加之她温驯雅致的性格，被称为“中国的曼殊斐儿”。

凌叔华在文坛上迅速崛起，成为与冰心、丁玲、冯沅君、苏雪林并列的“中国五大女作家”之一。夏志清曾在他的《现代中国小说史》中直言：“在创造才能上，这些人都比不上凌叔华。”

这个出身望族的才女，诗文、绘画双绝，文中有画，画中有诗，是真正的名媛才女。

1926年，凌叔华以优异成绩从燕大英文系毕业，加入胡适、徐志摩等主持的新月社，她和林徽因，是当时这个著名的文化俱乐部仅有的两位女性。

暧昧的通信员

徐志摩一生与多位女人结缘：张幼仪、陆小曼、林徽因、凌叔华。

前三个，是毫无疑义的老婆或恋人，但后一个凌叔华，到底与徐志摩有没有关系，一直扑朔迷离。

是绯闻女友？抑或是红颜知己？这对才子才女间的桃色新闻，为人们了解他们提供了另一种参考和想象的路径。

凌叔华与徐志摩相识于1924年他们共同接待泰戈尔访华时。当时，正是徐志摩追求林徽因不得而与陆小曼未遇时。应该说，徐志摩当时处于情感的空档期。而凌叔华当时虽是燕大学生，但已经是崭露头角的文学青年，对徐志摩这样的洋博士兼诗人当是十分仰慕的。两人虽相差三岁，但也算同龄人。一个才女，一个才子，相遇在一起，擦出些火花似乎也在情理之中。

自1924年4月他们一起接待泰戈尔相识后，徐志摩、陈西滢和凌叔华三个年轻人，很快成为志趣相投的朋友。

当看到凌叔华时，多情才子徐志摩是否在心里把她与林徽因做过比较？比出身，两人都出身名门，不相上下；比容貌，林徽因虽芳华绝代，但凌叔华也很清丽秀雅；比才华，林徽因的艺术才华多样，灵气活现，但凌叔华诗画双绝，而且已相当专业；比性情，林徽因的率真和直言快语固然可爱，但凌叔华的温婉和顺，不与人争也更让人愉悦……

凌叔华身上的气质，更像是大家闺秀的。我想，多情的徐志摩，一定也曾被她吸引。无论如何，事实是，他很快向她倾诉心声，两人很快成为知心朋友了。1924年秋天，徐志摩给凌叔华写信：

我一辈子只是想找一个理想的“通信员”……最满意最理想的出

路是有一个真能体会、真能容忍，而且真能融化的朋友……

他请凌叔华做他的“通信员”，凌叔华痛快答应。

作为异性，凌叔华的温婉，可能给自由浮躁又不安的徐志摩一种心灵的归栖感，这种感觉是他的同性朋友胡适、陈西滢等无法给予的。既然林徽因已经名花有主，那么，眼前新出现的凌叔华这个才女，至少可成为情感的一个寄托吧。

徐志摩经常给凌叔华写信，两人关系很快升温。他和凌叔华，是否成了恋人？虽不能确定，但看他信中的文字，实在有耐人寻味处。撷取其一：

准有好几天不和你神谈了，我那拉拉扯扯半疯半梦半夜里袅笔头的话，清醒时自己想起来都有点害臊，我真怕厌烦了你，同时又私冀你不至十分的厌烦，X，告诉我，究竟厌烦了没有？平常人听了疯话是要“半掩耳朵半关门”的，但我相信倒是疯话里有“性情之真”……。不瞒你说，近来我的感情脆弱的不成话：如其秋风秋色引起我的悲伤，秋雨简直逼我哭。我真怕。

这些信是1935年凌叔华以《志摩遗札》为题，交给《武汉日报现代文艺》公开发表的，开头的称呼、结尾的署名、落款的日期，以及写信人、收信人的名字，都被凌叔华删去，这里的“叉”，是徐志摩对凌叔华的昵称，字里行间充满徐志摩特有的热情和浪漫，让人感觉二人的亲密关系，甚至让人感觉很肉麻，很不自在。

一个男人，怎么可以这样口无遮拦地这样对一个女人呢？如果是一般关系，这样写不免不仅有些冒犯，也感觉有失男人的矜持，让人不快了。但凌叔华不仅没有反感，而且还很受用，可见两人已经有不一般的亲密。

当时，徐志摩已任教北大，凌叔华还是燕大的学生。凌叔华也许会称他为老师，但两人完全没有师生之感，完全是情意相投、无所不谈的男女恋人的关系。

当然，徐志摩因受西方思想影响，思想自由，个性解放，加之当时民国的开放风气，他把凌叔华视作红颜知己，也可以理解。但这么没有缝隙地倾诉，实在让人感觉关系非同一般。而凌叔华面对他也表现得很是温柔善良，善解人意，甘愿当徐志摩的“通信员”。

这样的通信，会不会最终超越男女知己朋友的关系，进而发酵，最终成为爱情呢?

而且，当时陈西滢已在追求凌叔华，但这好像并没妨碍三个人之间的关系。他们都是当时的新派人物，在友情和爱情上，彼此大概都很自由真诚。

不久，徐志摩与陆小曼结缘，凌叔华与陈西滢恋爱，在同一年结婚。凌叔华与徐志摩交往通信的这段日子，应该说不长，但因为是诗人感情的真空期，所以让人遐想。

或许，当事人不以信上的这些“疯话”有什么，因为他们自由随意真诚，因为徐志摩跟冰心也说过“我的五脏六腑都坏了，要到你那圣洁的地方去忏悔”这样露骨的话。所以，我们大可不必在这个事情上较真。然而，徐志摩死后的“八宝箱”事件，却让凌叔华真正陷入绯闻之中。

徐志摩有只小提箱，装有一些私人信件、文稿、日记，及陆小曼的两本日记。徐叫它为“姻缘箱”，别人叫“八宝箱”。1925 年 8 月，徐志摩与陆小曼的恋情曝光，但遭到亲友反对，徐志摩苦闷中一人重走欧洲避风头。临行前他把小箱子交给凌叔华保管。当时陆小曼处境不佳，且里面有“不宜陆小曼看”的东西（估计是里面有徐写给林徽因的情书），所以交由凌叔华保管。后来据凌叔华证实，里面确有一些陆小曼批评林徽因的文字，也有关于胡适和张歆海的闲话。后来，“八宝箱”里又加入徐志摩 1925 年由欧洲返国、坐西伯利亚铁路途经俄国时写的几篇稿件，还有他两次欧游期间写给陆小曼的情书，这些情书用英文写的，文笔优美。在徐志摩离世前，“八宝箱”一直由凌叔华保管。

1931 年 11 月 19 日，徐志摩因飞机失事丧生，“八宝箱”的秘密也泄露。诗人一生风流，所以对“八宝箱”感兴趣者很多。当然，最想要的是陆小曼和林徽因。林徽因向凌叔华要，说志摩生前说的，把他写的《康桥日记》要送给她。但这一要求遭到凌叔华的拒绝。林徽因十分生气，她在给胡适的信中甚至口出不逊：

我从前不认得她，没有看得起她，后来因她嫁伯通（陈源），进了咱们留学欧美的朋友圈子，又有作品，觉得也许我狗眼看低了人，才大大谦让，真诚地招呼她。万料不到她是这样一个人！真令人寒心。

胡适以出版这些信件，请林徽因整理文字为由，派人向凌叔华要出了“八宝箱”，交给林徽因。凌叔华不情愿地交出，也写信给胡适流露不满：

算了，只当我今年流年不利罢了。我永远未想到北京风是这样刺脸，土是这样迷眼，你不留神，就许害一场病。这样也好，省得总依恋北京。

据说当时胡适答应用完后，就移交给陆小曼，凌叔华才给的。而且当时陆小曼也托胡适要这些信。胡适为什么偏袒林徽因？可能他更信任林的文字编校能力。但结果陆小曼只得到了她自己的两本日记，林徽因得到了康桥日记，其余据说还在凌叔华那里……

胡适写信“催要”，责备她把徐志摩的两册英文日记藏为“私有秘宝”，并指出她的这一做法开了私藏徐志摩书信的先例，会影响到全集的编纂工作。但凌叔华否认，说已全交了。因此，凌叔华与胡适关系恶化。凌叔华不满胡适把日记交给林徽因，她说这样让她对不住徐志摩，也对不起小曼。但陆小曼也不满地说：“其他日记倒还有几本，可惜不在我处，别人不肯拿出来，我也没有办法，不然倒可以比这几本精彩得多。”这里的“别人”，不外乎林徽因和凌叔华两人。

据说，林徽因和凌叔华都否认私藏了部分日记，林徽因的后人也否认。

爱情是自私的。因为“八宝箱”事件，三个女人交恶。如今，当事人都已作古，“八宝箱”事件更成了谜。

正因为“八宝箱”事件，凌叔华被疑私藏徐志摩的日记和信件。

不仅如此，她后来竟公开发表部分信件。她为什么这样？这分明不是在证明自己和徐志摩非同一般的关系吗？

凌叔华本人从不承认自己与徐志摩有男女私情。1925 年初，针对人们对徐志摩与她的绯闻，她写信给胡适：

……志摩常与我写信，半疯半傻地说笑话自娱，从未有不可示人之语……其实我们被人冤的真可气，我自始至今都想，志摩是一个文友，他自今也只当我是一个容受并了解他的苦闷的一个朋友……我与志摩永久是文学上朋友……我对志摩除了相当朋友的同情，并可惜他的被诬外，一些关系都没有，我永远不信他会与我有什么关系……

1983 年，年过八旬的她给《徐志摩传》的编辑陈从周写信说：

说真话，我对志摩向来没有动过感情，我的原因很简单，我已计划同陈西滢结婚，小曼又是我的知己朋友，况且当年我自视甚高……

或许她说的没错，当时她正和陈西滢恋爱中。她和徐志摩的密切交往不过三四个月，然后，陆小曼就出现了。而且他们婚后，彼此交往，更说明朋友关系。据说徐父当年还希望儿子能与凌家结亲，但终究没成功。也许，如果陈西滢和陆小曼不出现，结果也难说。

无论怎样，凌叔华是徐志摩的红颜知己是没有疑问的。

但是，感情的事很复杂，当事人也许并不自知。据说凌叔华一生都在怀念徐志摩，弥留之际还一遍遍问人：“你见过徐志摩吗？”或许，凌叔华的英国情人朱利安和她女儿陈小滢的话，值得信任。朱利安曾说：“凌叔华曾和徐志摩热恋。”陈小滢则说：“母亲曾经追求过徐志摩。”

这样看来，凌叔华似乎又不只是徐志摩的红颜知己了。

是耶？非耶？

才女本风流

凌叔华长得清秀，文字温婉细腻，性格也温婉和顺。这样的女子，给人感觉是传统的贤淑，一定是忠于婚姻从一而终的，但她与异国男子的婚外恋情，让人着实吃了一惊。

看她的照片，说不上漂亮，但绝对有气质，而且，最主要是那双眼睛，清澈而迷离，实在有让人猜不透的丰富和秘密。

这样一个女人，一定是有故事的。

1929 年，陈源赴武汉大学任文学院院长兼外国文学系主任，凌叔华随夫前往，也任教于武大。

凌叔华已是著名作家，主编《武汉文艺》。很快，她和武大另外两位女作家袁昌英和苏雪林成为朋友，三人密切交往，人称“珞珈三杰”。

他们家住在风景如画的珞珈山，此时已生下一女，事业、工作和生活都很稳定，生活富足。但她似乎并不快乐。曾几何时，她开始无奈于夫妻感情的平淡，厌倦家庭生活的琐碎，感慨家庭生活占用了自己的时间，让自己的才华不能尽现。总之，她感觉生活没了色彩，呼唤着一种浪漫和刺激的来临……

按说，她和丈夫也算是自由恋爱。陈西滢是江苏无锡人，16 岁就留学海外学习政治和经济，六年后回国任教北大。他也是现代文学史上一个重要人物，曾和鲁迅展开骂战。梁实秋将他与胡适、周氏兄弟、徐志摩并称为五四以来“五大散文家”之一。

自那次在接待泰戈尔的活动相识后，陈西滢就追求她。当时她还是燕大学生，而陈已是北大的教授，而且创办的《现代评论》也办得有声有色，在文化界颇有盛名。开始他们地下恋爱，两年后，陈才托人向凌老爷子求婚，最终结为良缘。凌叔华的小说处女作也发表在《现代评论》上，陈西滢欣赏她的才华，一篇篇帮她发表，不断写评论文字，予以推荐。于是，凌叔华在文坛脱颖而出，一举成名。

据说陈西滢虽是洋博士，但传统思想根深蒂固，有些大男子主义。虽然他也搞文学，但生活中，理性多于感性，甚至给人冷漠感。他性格上的这些特点，开始可能给人以男性的魅力，但时间久了，就显得理智有余但贴心浪漫不足，以致让凌叔华感觉到寂寞和不满足了。

凌叔华日益感到家庭生活的枯燥无味，据他们的女儿说：

从燕京大学毕业后，母亲曾想过在故宫博物院任职，研究古代绘画，主持文学沙龙，用写作证明女性在这些领域中的价值。但是现实中，她只能陷在妻子和母亲的生活中。他们的婚姻从一开始就暴露出诸多不和谐因素。母亲显然不甘心扮演那种传统的相夫教子的女性角色。时至今日，我也不知道当年他们对于婚姻是否有过一番激烈的挣扎，从结果上看，他们仍旧维系着一个家庭一直到老，但我知道他们过得并不愉快。

自由恋爱的两个人，生活到一起后，居然感觉到彼此不契合，不开心，甚至出现价值观上的矛盾：丈夫希望妻子尽更多家庭责任，但妻子自认是知识女性，不安于家务，不想专事相夫教子。这样，矛盾和不和谐必然产生。

凌叔华是才女，而且“自视甚高”。她很烦做家务，在一封致巴金的信中说：“一个有丈夫的女人真是公仆。”她居然还曾劝说女儿不要嫁人，不要给男人洗袜子。她接受的是传统教育，但个性自由，想法也够大胆叛逆，似乎不愿守妇道。看她的文字，她的画，全是传统的；但看她的生活和观念，全是叛逆的，让人感觉到她的矛盾。

如果说作为新女性和知识女性，不想囿于家务，要实现个人价值，可以理解。但作为妻子，忽视婚姻与丈夫，不理家务，甚至以此教育女儿，未免有失妇道了。

才女们感情丰富，向来难安于现状，精神上的要求既多也高，凌叔华更是如此。凌叔华最终难安于平凡的生活，精神上感觉空虚……

此时，一个英国诗人——朱利安·贝尔闯进她的生活。

朱利安，英国诗人，母亲是画家，他是小说家弗吉尼亚·伍尔夫的侄子。1935 年，朱利安到中国武汉大学任教，教授英语写作、莎士比亚、英国现代主义作家等三门课程，每周 16 个课时。

他刚到武大时，凌叔华夫妇在家中接待了他，帮他买生活用品，帮他布置宿舍。

不久，两人相熟，相似的家庭背景，共同的志趣，很快拉近距离。朱利安经常来她家玩，她经常旁听朱利安的课。

朱利安长相英俊，个性气质属于徐志摩那种，多情浪漫，加之他的绅士风度，幽默风趣，而且喜欢打猎，凌叔华很快被他吸引。

朱利安对凌叔华也心生爱慕，他在给母亲的信中说：

她，叔华，是非常聪颖敏感的天使……请想象一下那么一个人，毫不造作，非常敏感，极其善良极其美好，生性幽默，生活坚定，她真是令人心爱。

相识一个月，他们很快陷入热恋。朱利安给母亲的信中说：

亲爱的瓦内萨，总有一天，您要见见她。她是我所见过的最迷人的尤物，也是我知道的唯一可能成为您儿媳的女人。因为她才真正属于我们的世界，而且是最聪明最善良最敏感最有才华的一个。

这样的信，他多次向母亲“汇报”，足有十多封。大概是他的习惯，也是他幸福的表现。

他在信中还细致描写他和凌叔华的幽会，写了她对他的全身投入：

她走过来，坐在我旁边的沙发上——对我倾诉——我们经常这样——我抓住她的手——我感到她在回应我，几秒钟后，她就被我搂在怀里……

浪漫的诗人如此大胆热烈，他兴奋地体验着这份感情，并拿来与母亲分享。

凌叔华虽难安于婚姻生活的寂寞，但她毕竟出身于传统诗书之家，传统的道德观念在她心里不是没有地位。难道，她真想背叛婚姻，另寻一份真爱吗？或者她只是因为寂寞，因为苦闷，只想找一个出口释放宣泄一下？当时，北平已陷落，她正处于担忧母亲的愁绪中。丈夫永远那么忙，自己一腔愁闷无人倾诉，朱利安的闯入，自然成为一种安慰了。

朱利安不停地向母亲汇报着他的恋爱，最终被凌叔华发现。她羞愤难当，与他大吵一架，扬言要分手。毕竟她自己明白这份感情的不光彩，也不会被人祝福——她终不能脱离传统道德观念，她不是张爱玲。

朱利安正热恋中，他怕了，吓坏了，百般求饶。女人又心软了，于是，爱情继续，两人干柴烈火，一发不可收拾……

凌叔华心里充满矛盾痛苦，但面对这份热烈、浪漫和刺激，她无力抵挡，欲罢不能，完全妥协了。

据说两人还去北平旅行，分头行动，彼此给对方写信，很是浪漫。被爱冲昏了头脑的凌叔华，安排朱利安住在史家胡同她家不远处的一家德国旅馆。故宫、北海、颐和园，以及酒楼茶肆等地，都留下他们浪漫的足迹。朱利安大为开心，着迷于这位东方美女和她带给他的东方情调：

这段疯狂的时间让我脑子一片空白。你能猜到我们是怎样的快乐和愚蠢。K（即凌叔华）找不到回去的路了，而我竟丢掉了随身携带的东西……

凌叔华带朱利安拜访她的朋友，以友人的名义，拜访了齐白石、沈从文、朱自清、闻一多、朱光潜、梁宗岱等人……

回到武汉后他们已经难舍难分。两人合作把凌叔华的小说《无聊》和《疯了的诗人》译成英文，在上海的英文月刊《天下》发表。

凌叔华感到从未体验的美妙和疯狂，但同时又遭到道德和良心的谴责。每每回到家，面对丈夫女儿，她不敢正视，决心放弃恋情回归家庭。但当她看到朱利安时，又禁不住陶醉于他甜蜜的吻中……

她陷于情网，不能自拔了。朱利安依然不停向母亲汇报他的艳遇。

朱利安本性风流，据说当时，他与另外多个女人保持不正当关系。他也不讳言地表示：从没打算与凌叔华结婚。

没有不透风的墙，两人恋情很快曝光，在武大校园传得沸沸扬扬。凌叔华心想，干脆就离婚也罢。但朱利安直言不讳地表示："从未打算与她结婚，恋爱多好！"

也许凌叔华潜意识里也是这么想的，或者她应该也想到对方的这种态度，但真看到这一幕时，她还是伤心欲绝，羞愤交加，真想找个地缝钻进去。她气急败坏，扬言要自杀在朱的宿舍里，吓得朱利安赶紧答应娶她……

陈西滢终于知道了，他给妻子三个方案：一、和凌叔华协议离婚；二、不离婚，但分居；三、彻底断绝朱利安，破镜重圆。三个方案由凌叔华任意选择。

朱利安娶自己是不可能的事，凌叔华自己也知道。朱利安正好脱身，他担不起东方女人这份沉重的爱，看事情不妙，急着退出。凌叔华面对宽厚的丈夫，疯狂的心终于归于理智宁静，她硬着头皮，选择回归家庭。朱利安又有点舍不得她，声言要娶她，但她不可能再回头了。为了丈夫，她也不能了。

因为这件不光彩的事，朱利安自觉尴尬，离开武大。

有情自留恋

朱利安走后，凌叔华似乎还有些恋恋不舍。她后来还与他取得联系，还到广州送他，又到香港见面，约好通信方式，颇有恋恋不舍状。

朱利安答应陈西滢不再见凌叔华，但转身便食言，气得陈西滢骂他："你不是一个君子。"

朱利安回国后参了军。不久，在西班牙阵亡，年仅 29 岁。据说他临死时还喃喃自语：

我一生想的两件事——有个美丽的情妇，上战场。现在我都做到了。

据说武汉大学还为朱利安举办了追悼会，陈西滢大方地参加。

后来，据说凌叔华的女儿陈小滢跟父亲谈起此事时，问父亲当时为何不离婚。陈西滢只是说了一句："她是才女，她有她的才华。"

一场浪漫恋爱，作为体验，也许丰富了凌叔华的内心，但作为事件，不能不说有损于她的完美形象。婚姻不是爱情，向来没有想象得那么完美。事实上，凌叔华想要的生活，当时不会有，今天也不会有。那不过是她作为才女的一个梦。

后来，凌叔华跟朱利安的姑姑——著名小说家弗吉尼亚一直保持着联系。她们在书信中探讨文学，互相寄送作品。

1944 年，陈西滢赴欧洲工作，凌叔华携女随往。到了英国后，凌叔华找到寄给朱利安的姑母、著名小说家弗吉尼亚的自己的小说，以《古韵》为书名在英国出版。

该书出版后，大获成功，成为英国的畅销书，很快引起英国评论界的关注。诗人维特·萨克维尔·韦斯特在该书的英文版序言中说：

她（凌叔华）成功了。她以艺术家的灵魂和诗人的敏感呈现出一个被人遗忘的世界，在这个世界，对美好生活的冥思细想是不言自明的。她的每封信都能反映出她对于美的渴望。她的文笔自然天成，毫无矫饰，却有一点惆怅。因为她毕竟生活在流亡之中，而且那个古老文明的广袤荒凉之地似乎非常遥远。

身居海外的凌叔华，创作热情又起，再次以自己的实际行动证明自己的非凡才华，文名传遍世界。

多年后，有一位旅英女作家虹影，根据一些朱利安的材料，写成一本书，讲述了朱利安在 20 世纪 30 年代来到中国后，与一位女作家及其丈夫的三角恋情故事。

此书于1999年由台湾尔雅出版社出版，又在瑞典、荷兰、法国出版。结果引起凌叔华的女儿陈小滢的不满。她认为此小说丑化、玷污了她故去的父母，给死者和她本人造成了精神伤害，把虹影告上法庭……

一段风流韵事，让凌叔华原本丰富的人生更添一份传奇。但也因此，她原本完美的才女形象也不再完美。当然，也许这是她作为一位不安分的才女不可避免的生活插曲。

墨淡旨意深

作家之外，凌叔华还是一位卓越的女画家。

由于书画世家的影响，凌叔华从小就表现出绘画天赋。加上名师指点，七八岁时她就已经是家里的小画家。

学生时代，青春飞扬，激情四射，她的创作才华首先在文字上体现出来。但是，由于她在绘画方面的功底，她的文字总是充满诗情画意，有工笔画的意境。她的小说《倪云林》的文字，犹如画境：

面前一片黄碧渲烘停匀的旷野，嵌上空明清澈的溪流，几座疏林后有淡施青黛弯弯的远山黏着。

在燕大读书时，她绘画已经形成自己的风格，有“偶一点染，每有物外之趣”的风致。

凌叔华一直有个画家梦，也想从事这方面的研究。燕大毕业后，她进入北京故宫博物院书法绘画部门，有心好好研究一下中国传统绘画。但因为结婚，丈夫南下武汉大学任教，她只好夫唱妇随，忍痛割爱，离开故宫，告别绘画事业，跟丈夫南下到武汉大学。

平时，她从事教学和文学创作，但一直没有间断绘画，坚持学习。她曾逗留日本京都一年，研读日本的文学和艺术。

1946 年，凌叔华随丈夫定居欧洲，开始研究印象派绘画，后半生更是致力于绘画。

先天的禀赋，后天的努力，传统的传承，阅历的丰富，使凌叔华在绘画上的才能日臻淳厚，表现出很高的造诣。她既擅长工笔，又擅长写意。

凌叔华的画充满书卷气，传承的是传统文人画的风格。所谓文人画，就是画家不重写实，而重在写意，以画中事物表现作者的情感、精神和品格，追求一种画之外的意境。文人画给人感觉是诗画结合，画中有诗，充满浓浓的书卷气，传达着一种超然绝俗的境界。这是中国绘画的主要特点。

凌叔华出身于传统的官宦家庭，从小耳濡目染，对中国传统文化自有继承。而她又极聪明，她最知道自己的家学功底和优势所在。所以，虽然她饱读西学，身在海外，但她还是坚持作她的中国画，坚持传统的文人画画风。她的画，既有清新雅致，又有简淡阔远，不论浓淡，自然天成，均体现出高雅脱俗的诗书气质。

在小说《倪云林》中，凌叔华也表达了自己坚持文人画的理念：“秋日山野调色的富丽，益使他坚信山水不能着色。”

对于画法，她还有描述：

王叔明称赞倪云林的画说：“画上萧然并不难，难在萧然而有物外情。”他看了倪云林的画作《万壑秋亭》后，说：“以前你总是写些秋林平远、古木竹石之类。有那萧然淡简的意境，有那惜墨如金的笔致，格调自是高了；不过那是毫无费力的。”但是“从前你是缺一点蕴藉浑厚。现在你是不缺了。”

凌叔华也追求这种“蕴藉浑厚”“气逸神全”的画境，也希望自己的画，能“完全寄托着自己”，是自己精神的写照。

凌叔华的画，笔淡意远，蕴藉丰厚。她画群山下的河流，几笔白描，就勾勒出波涛汹涌；几点淡灰白云，就勾勒出朦胧意境。寥寥几笔，风神即现。

人们看她的画，在那高山、流水、翠竹、鲜花的背后，呈现的是她的思想、情趣、精神和风格。即使是一片留白，同样富有表现力，让人感觉到画外之意境。而且，诗、书、画、印，在她的画里，自成一体并完美结合，浑然一体，共同组成一件完美的艺术品。

看凌叔华的画，你看不出作者的性别。因为她笔意遒劲，朴实干练，功力非凡。寥寥几笔，就可勾勒出一株兰花，浓淡相宜，笔墨分明，笔淡旨远。不了解的人，还以为是哪位男性老艺术家的作品呢。

著名美学家朱光潜曾在他1945年发表的文章《论自然画与人物画》

中对凌叔华在绘画方面的才华和品位欣赏有加：

在这里面我所认识的是一个继元明诸大家的文人画师，在向往古典的规模法度中，流露她所特有的清逸风怀和细致的敏感。她的取材大半是数千年来诗人心灵中荡漾涵咏的自然。一条轻浮天际的流水衬着几座微云半掩的青峰，一片疏林映着几座茅亭水阁，几块苔藓盖着的卵石中露出一丛深绿的芭蕉，或是一弯谧静清莹的湖水旁边，几株水仙在晚风中回舞。这都自成一个世外的世界，令人悠然意远……她的绘画的眼光和手腕影响她的文学的作用……作者写小说像她写画一样，轻描淡写，着墨不多，而传出来的意味很隽永。

凌叔华的绘画成就在她侨居海外 30 多年后，开始达到高峰，获得世界级的声誉。她曾先后在巴黎、伦敦、波士顿等地博物馆和新加坡等地举办个人画展。

1962 年 12 月，凌叔华在巴黎举办中国文人和她自己的画展，轰动巴黎。本次展览的展品，有她 30 多幅画作，还有她收藏的元、明、清三代大画家董其昌、倪瓒、陈老莲、恽南田、傅青主、石涛、李鱓、郑板桥、金冬心、赵之谦等人的名画，还有她收藏的文房四宝、金石等文物。法国主要媒体对此做了专题报道，赞扬凌叔华是“心灵剔透”的才女。

离开祖国多年后，凌叔华以她最具中国画风格的画作，成就了自己的画家之名。

陆小曼

写到湖山总寂寥

肠断人琴感未消，
此心久已寄云峤。
年来更识荒寒味，
写到湖山总寂寥。

——陆小曼《癸酉清明回硖扫墓有感》

暮春旖旎，细雨缠绵，湖山迷蒙成一片，牧歌起，一片诗情，青春无限好，正是踏青时。难忘当年，你侬我侬，温软柔混沌，浪漫无限，陶醉了春天……可如今只剩下侬家，独自在墓边，伤感自怜。

无限寂寥。一片琴声听不尽，但断肠人已经无心消遣。此心已离开扰攘浊世，归向世外云山。年来更觉人世荒凉，人情浇薄，无限悲凉，毫无趣味。百无聊赖，作一幅画吧，但画到湖山，情触于景，一片伤心画不成……

陆小曼（1903—1965）

陆小曼对于徐志摩，不仅深情，更有自悔。人天两隔，春风细雨，此情此景，怎一个愁字了得！不是别人不能原谅她，就是她自己也不能原谅自己。

然而，一切无可挽，悲痛的泪水之后，是孤独寂寥悲凉，然后厌倦，百无聊赖。那个最疼爱自己的人远去了，再不能回来。春光美景，已无人与共。纷纷人世，再没一个同心人，只剩下寂寞人生，独自品味……

失去徐志摩，陆小曼也如烟花一现，绚烂过后，最终归于平淡。她生命中没有徐志摩的搭衬，再难放出自己的美丽与光华。失去了他，她才明白什么叫爱，自己应该怎么过。

她是名门宝贝，娇娇女，美颜兼才华，是曾经火红于京沪两地的社交名媛。娇羞无限，婀娜多姿，美女本色，清莹才气，玲珑气质，陆小曼给人的感觉，是极女人极娇丽的女子。

她有才，但不以此为业——她没有高远之志，她只想做一个女儿，才华不过是她的一个点缀。她不需要以才营生，她只用才华来为自己增添情趣。大概她只想一直做个名媛，而且能够一直做下去。她从没想过有一天，心爱的人会离去，没了情趣；豪门也无法供养她，她需要自食其力。

也许陆小曼才是真正的美女，你不见她，不近前，看不到她的美，而一旦相遇相看，就一定会目光凝滞，被她的姿色迷住。活泼灵动，小巧玲珑，多才多艺，娇羞聪明，高傲又单纯。这样一个女人，没有哪个男人不上心。

也许她和徐志摩只适合恋爱，不适合婚姻，但他们演绎了一出人间最单纯热烈的爱情。世间有几个人，能不问世俗不管不顾地去爱呢？彼此燃烧，粉身碎骨也不惧，纵使最终如镜花水月，也不枉此生，留下最美的记忆和风景，让人间凭吊……

天生尤物

陆小曼的美，不可方物；她的气质和才华，多得赞美。郁达夫誉之为文艺界的“普罗米修斯”，王映霞赞美她是“娇小玲珑的一代佳人”，刘海粟说她的“旧诗清新俏丽，文章蕴藉婉约，绘画颇见宋人院本的常规，是一代才女，旷世佳人”，胡适说她是“一道不可不看的风景”。而她的丈夫徐志摩则说她“一双眼睛也在说话，睛光里荡起，心泉的秘密”。

看陆小曼一张少女时抚案读书的照片，一身素净学生装，齐耳短发上别着一支可爱的小发卡，一手翻着书，一手抚着头，俯首低眉，有一种单纯贞静脱俗之美。

陆小曼的祖上，是常州的望族，世代书香。父亲陆定，是晚清的举人，曾留学日本，是日本首相伊藤博文的得意门生，后来做到民国南京政府财政部司长、参事的位置，是一位学者型官员。小曼的母亲，也是仕宦人家出身，通诗文书画。

小曼是父母的独生女儿。母亲共生育了九个孩子，但只有小曼活了下来，而且体弱多病。所以，小曼就是父母的命，自小被娇生惯养。加之小曼天生一副美人胚子，肤如凝脂，面如满月，可爱娇娃，人见人爱。她不仅是父母的掌上明珠，而且被周围人视为公主。

父母对小曼进行中西两方面的淑女式教育。小曼的母亲颇懂些诗文，尤其擅长绘画，她亲自教女儿画画。小曼从小受到母亲的影响，打下绘画底子。

当然，这样一个好不容易才得到的独女，由于被捧在手心里似地娇养着，小曼自小不免任性娇纵，一有不顺，就耍大小姐脾气。父母百般满足她，就差把星星月亮给她摘下来。

在上海度过童年后，随着父亲调往北平（今北京），小曼 6 岁时，全家搬到北平。

15 岁时，父亲送小曼进入北京的贵族学校——圣心学堂。小曼在学校成绩优异，活泼可爱，很受大家喜爱。父亲还为她专门请了英国女教师学外语。小曼天资聪慧，很快说一口流利的英语和法语。同时，小曼还学习西洋钢琴、油画。当时，她的一幅油画还被一个外国人看中，以 200 法郎的高价买走。

在中西两方面的良好启蒙教育下，小曼真正做到了琴棋诗画无所不通了。聪明美貌，多才多艺，个性活跃，使她很快成为学校里的“校花”。

小曼的父亲陆定，是民国初期的重要政治人物，他与曹汝霖、袁观澜、穆湘瑶是同学。他先是同盟会成员，后来加入国民党，活跃于北洋政府和南京政府中。袁世凯任大总统时，曾下令逮捕他，由于曹汝霖、张一麐等人的营救，得以幸免。后来，陆定在国民政府财政部担任要职，还是中华储蓄银行的主要创办人。

小曼从小看到自己家中经常来往着各色达官贵人，名流显要，门庭若市。生在这样一个家庭，小曼自小也有一种优越感和富家小姐的傲慢。不过，她也继承了父亲的交际能力，自小喜爱热闹的场面，喜欢出风头，喜欢在人群中受到关注的感觉。

小曼既洋气又端庄，美貌与才华兼备，家世又好，一时间，她成为男孩子们追求的对象。很多男生向她献殷勤，但她高傲无比，没有一个看上眼的。不过，她倒很享受这种万众瞩目的感觉。她到剧院看戏，或者到公园游园，身旁总有几十个学生“侍候”，有人拎包，有人拿外套，她则高傲地昂着头，十足贵族小姐的派头。有男生甚至称她为“皇后”，她则不屑一顾地笑笑。

北洋政府的外交部部长顾维钧，要从圣心学堂选一位精通英文、法文又年轻漂亮的女生，参加外国使节的接待工作，陆小曼当选。自此，小曼经常被外交部请去接待外宾，参加舞会，做口语翻译等。

此时，她已经出落得跟花儿一样：面容丰润，温婉娇俏，眼波顾盼生辉，笑容明丽，声音甜美，加之婀娜娇小的身材，高矮肥瘦适中，真是仪态万方，举手投足，一颦一笑，都是风景。男人倾慕，女人嫉妒。小曼既有大小姐的温婉大方，又有现代女性的时尚妩媚，真是芳华出众，人人关注。小曼在交际中大方得体又妩媚聪慧，加之她舞姿曼妙，姿态万千，翩翩若飞，裙摆飞处，明丽动人，神采飞扬，宾客们无不惊为天仙，看得目眩神迷。她的光彩，让人为之倾倒……

不仅如此，小曼还表现出机智的一面。一次，法国的霞飞将军在检阅中国的仪仗队时，看到仪仗队不整齐。于是，他奚落道：“你们中国的练兵方法大概与世界各国都不相同吧？”小曼机智回答：“没什么不同，全因为您是闻名世界的英雄，他们见到您不由得激动，所以动作无法整齐。”

她的回答，既挽救了中国的面子，也让对方乐于接受，获得中外双方的交口称赞。

小曼参加外交部工作三年，她的美丽与机智征服了大家。她由此名动京城，风头无二，成为名流们争相一见的“北京名媛”。

这时，小曼才 18 岁。

今天，我们看她的照片，似乎远没有传说中的美。这是怎么回事呢？据说，小曼是那种不上相的美女。生活中的她，给人印象绝对是惊艳。画家刘海粟曾描述在甲板上伫立的陆小曼：

交际场中的陆小曼

从各个角度来看，只觉得她的风度姿态，无一不合于美的尺度，如作写生画，全是可取更难得的材料，惜乎没有带画具，想来只有“衣薄临醒玉艳寒”七字，可形容一二了。

由此可见陆小曼为人倾倒的一斑。

外交部“客串”三年，让小曼得到很大锻炼。不仅让她见识了世面，还培养了她的交际能力，发掘了她的舞蹈天才。她彰显了自己的才华和聪慧，也满足了自己人前出风头的虚荣心。她从此爱上了跳舞，那种在舞池中漫步、旋转，听着美妙的音乐，展现自己曼妙身姿，听着人们的赞美，接受一个个男士的邀请，令她真是既陶醉又满足。每每跳舞时，她感觉自己的喜悦随着身体流动，飞扬，飞扬……

青春需要飞扬。生活富足、天生丽质的小曼，在青春时让青春飞扬，尽享人生的精彩和快乐。人生由此精彩登场，个性风流的她，自然难安于平淡的生活。

无边寂寞起

陆小曼和徐志摩的爱情，感天动地，是民国三大爱情之一。

徐志摩的生活里，不能没有女人，他说：“没有女人，哪有生活？没有生活，到哪里寻找诗、寻找美？我生来就爱美，美在哪里？在自然。自然中最美的是什么？是女人！”

有感情时，他会全情投入；没感情时，他会主动寻找。而陆小曼，在遇到徐志摩之前，想必她自己也没想过红杏出墙，但两人一旦相遇，干柴烈火，她再不能矜持……

徐志摩与陆小曼，两个已婚男女，超越家庭和世俗的偏见，勇敢走到一起，演绎出一段惊天动地的爱情。

陆小曼 19 岁时，父母包办，把她嫁给北洋陆军部的青年军官王庚。

王庚，江苏无锡人，原本也是官宦人家的子弟，但家道中落。他奋发图强，16 岁考入清华大学，并考上公费留美，在美国密歇根大学、哥伦比亚大学等多所高校学习政治、历史、文学等，后来又在西点军校学习了军事，与美国名将艾森豪威尔系同学。王庚学成归国后，进入北洋军阀陆军部。

这样一位饱受中西方教育的青年才俊，自然前途远大。陆小曼的父亲一眼相中这个小伙子，把自己的宝贝女儿陆小曼许配给他。一对才子才女，一个是仪表堂堂的绅士，一个是温婉聪慧的淑女，正符合当时上流社会的婚姻标准。王庚和陆小曼，给人的感觉是天造地设的一对，是天下的好姻缘，让人羡慕。

由于王庚家经济不够富裕，而陆小曼家财大气粗，于是两人的婚礼都由陆家操办。他们在北平的“海军联欢社”举行盛大婚礼，排场又气派，轰动京城。据说光是女傧相就有 9 个，除曹汝霖的女儿、章宗祥的女儿、叶恭绰的女儿、赵椿年的女儿外，还有几位英国小姐。她们的衣服，也都由陆家定制。婚礼上来的中外宾客好几百人，共同见证了陆小曼的风光出嫁。

此时，陆小曼还没毕业，还在外交部帮忙当差。结婚后，她学业中断，外交部的工作也不做了，专心当起了王太太。毕竟以她的家世，婚后她不宜再抛头露面，对婚后女人来说，相夫教子还是主要工作。当时虽然新思想浪潮汹涌，但豪门巨富家的小姐们，还是要遵从传统的妇道，纵使有才，也不去社会上争风头；而有权势有地位的男人们，也希望妻子在家安心做太太，专伺他一人，受他供养，也受他束缚。

传统观念中，女人生儿育女，安分守己，以家务为重，守女人的本分，才是好太太。若说这种认识符合女人天性，也许不无道理，但社会毕竟不同了。对于婚姻不幸福，或者不安分的女子来说，要求她安于家庭，倒是痛苦的煎熬，也不现实了。

婚后，陆小曼成了王太太。她和丈夫，不是自由恋爱，但郎才女貌，彼此欣赏，生活过得倒也风平浪静。

王庚事业心很强，有些大男子主义，不恋儿女私情，不善于卿卿我我的温存体贴。蜜月之后，他又开始忙工作了，早出晚归，来去匆匆。陆小曼不需要做多少家务，因为有佣人，她的任务主要就是等待丈夫回家。

她过的是典型的官太太生活。看书，画画，弹琴，或者跟其他的官太太或名媛们打牌，看戏。有时，也忍不住叫上三五女伴，去客串一下，唱唱昆曲，跳跳舞。有时，她还会与胡适、刘海粟等文化名流们一起雅集吟咏……

开始，陆小曼理解丈夫公务繁忙无暇顾及她。但时间一长，丈夫依然来去匆匆，对她少些关注体贴，她不免心生怨气。女人终究是弱者，她天生需要男人。每一个女人都希望得到自己男人的呵护、疼爱，希望男人在保护她的同时还能体贴浪漫。如果她得不到，就会感觉寂寞空虚，感觉自己的魅力不足，对丈夫不满意，甚至会怀疑男人对自己的爱。而这些，男人们往往没有觉察，纵察觉也以为女人是在任性，无理取闹。其实，这多半由于男人的粗心，没能洞察女人细腻的感情和需求。男人婚后忙于事业，女人则忙于男人。目标不同了，男人对女人关注越来越少，女人对自己男人关注则越来越多。这样，时间久了，如果彼此理解沟通关心不够，势必生出不和谐和矛盾。觉得彼此变了，感情生分疏远了。其实，也许感情没有变，变的只是需求。女人的要求本来就多，尤其是美女才女们更是如此。

陆小曼觉得丈夫工作按部就班，也就罢了，但在生活中也是刻板没趣，更少温存浪漫，与自己想要的距离很大。她觉得和丈夫没什么说的，说话时也不觉得投机愉快，甚至总是冷场。即使有时说点有趣的事，也不觉得有趣。她经常斜视着丈夫，觉得他长得一表人才，头脑中有不少知识，见识过不少世面，怎么这么没趣呢？……她想不通。有时，她一个人闷时，觉得丈夫不关心她。比如他可以打个电话给家里呀，或者写封信给自己呀，或者下班回家跟自己一起弹琴、画画、唱戏什么的，都可以呀，但是王庚对这些都没兴趣。陆小曼觉得他真没趣。

不是说王庚不关心她，不是说两人没有过甜蜜，但这远远不够——陆小曼需要的不只是物质，更有精神上的满足。至少，她不能寂寞，不能没有男人的体贴和浪漫。婚前，她是父母捧在手心里的宝贝，是社交场中受人追捧的宠儿；婚后，她怎么可以没有了观众呢？

小曼天性多才多艺，她个性活泼，天生丽质，而且过惯了被人捧着受人瞩目的生活；婚后她却独守空房，没处发挥，没了观众，自然觉得无聊。生活如此平淡，寂寂无聊，日子好长，韶华正一天天流逝，苦恼无边……

小曼感觉不到婚姻有什么快乐，她甚至觉得这个婚结得真没劲，还不如单身呢。有时，她寂寞得想要哭出来。

难道就要这样让自己发霉吗？这样的日子，她快挨不下去了……

春色关不住

小曼这样的养尊处优生活，一般女人也许觉得应该满足了。但小曼不能，她是才女，受不了平淡，她也不想做一个花瓶。

她青春的心，渴望着一种浪漫的陶醉。忙碌的王庚没有觉察到自己女人的这个需求，实在不能不说是粗心得可以。

她跟母亲说起自己的寂寞，母亲还劝她要本分。她在日记中写道：

其实我不羡富贵，也不慕荣华，我只要一个安乐的家庭，如心的伴侣，谁知连这一点要求都不能得到，只落得终日里孤单的，有话都没有人能讲，每天只是强自欢笑地在人群里混。

但很快，一个人出现了。他闯入小曼的生活，也闯入小曼的心里。

小曼回忆说：

这样的生活一直到无意间认识了志摩，叫他那双放射神辉的眼睛照彻了我内心的肺腑，认明了我的隐痛，更用真挚的感情劝我不要再

才子佳人

在骗人欺己中偷活，不要自己毁灭前程。他那种倾心相向的真情，才使我的生活转换了方向，而同时也就跌入恋爱了。于是烦恼与痛苦，也跟着一起来。

或许当时一些出走家庭、背叛婚姻的“娜拉们”小曼也时有听闻。她虽然说不上是新女性，但也不想让不幸福的婚姻困死自己。

满园春色关不住，陆小曼风华正好，怎么可能孤芳自赏呢？

当时的徐志摩，为林徽因离婚，但林美人不辞而别，与梁思成订了婚。徐志摩苦追不成，只好作罢。认识陆小曼时，他正在感情的苦闷和饥渴中。

徐志摩认识陆小曼后，经常来她家。他本是王庚的好朋友，所以王庚对徐志摩也不设防。他自知没时间陪太太，还希望徐志摩能代他陪陪夫人。他们都是留洋回国的新派人，很有欧美绅士范儿。大概他对徐志摩的人品也信任，毕竟“朋友妻不能戏”啊，他怎么也不会想到后来完全变了样。

每当徐志摩到家里，王庚总对小曼说：“让志摩陪你去玩吧。”当徐志摩邀请他们夫妻同玩时，王庚总说：“我忙，叫小曼陪你去吧。”

这样，一个多情的诗人，一个美貌的少妇，就经常在一起了。两个人一起谈论文学，逛天桥，游公园……很快由熟悉产生好感。

有时想，他们可能不是一见钟情，但至少是在惺惺相惜中产生了感情。他的痛苦她能理解，她的寂寞他能慰藉。在她眼里，这个男人既不世俗也不冷漠，那么知冷知热，贴心知心，这和王庚是多么不同；在他眼里，她那么纯情娇媚，可爱脱俗，完全没有已婚女人的世故。徐志摩向来善于体察女人心，颇能体贴温柔，这样的男人，对于女人颇有吸引力。对于寂寞的陆小曼，徐志摩更是极尽关心体贴之能事，自然很快俘虏她的芳心。

徐志摩的英俊和才华，让小曼倾慕；小曼的美貌多姿，令徐志摩倾倒。两个人相谈甚欢，有聊不完的话题。小曼觉得徐志摩很真实，很懂自己；志摩觉得小曼娇俏玲珑，不沾一点世俗气，虽是已婚，但看去仍然是一少女。他们深情对视，彼此着迷了……

那种有些晕眩又像触电的感觉，小曼还是初次体会。她为这感觉振奋着：原来这才是爱情啊！失恋之后的徐志摩，也没想到会在小曼身上找到新的爱情和快乐，而且她这么美。和林徽因相比，她娇俏柔弱，小巧玲珑，美得更像女人，更加精致，更加让人心疼。在她面前，他感受到作为男人的力量和尊严。

两个人在对方身上看到自己，找到所需，爱情不期而至。

不久，王庚调任哈尔滨当差，与小曼分离两地。在这个空档期，徐志摩和陆小曼的感情得以迅速升温，难舍难分。

徐志摩真是艳福不浅。他视爱情为生命，爱情也很眷顾他，他拥有几位才女的爱情。但又觉得他爱得太容易，刚失恋，很快又爱上另一个。他爱得容易，但也爱得专，爱得深，爱得有品质。无论和谁，他都能爱得天昏地暗，惊天动地。在他那里，爱不是唯一，但要爱，就爱到纯粹绝俗，爱到极致。其激情真令人佩服。

林徽因之后，徐志摩和陆小曼同样爱得死去活来，惊心动魄。爱上小曼后，徐志摩诗情大发，写了很多情诗。可以这么说，如果说他从这段感情中得到了什么的话，那就是诗歌。他在这个阶段诗歌的大量发表，真正成就了他作为诗人的形象和声名。

我们看其中一首《春的投生》：

昨晚上，
再前一晚也是的，
在雷雨的猖狂中
春投生入残冬的尸体。

不觉得脚下的松软，
耳鬓间的温驯吗？
树枝上浮着青，
潭里的水漾成无限的缠绵；

再有你我肢体上
胸膛间的异样的跳动；
桃花早已开上你的脸，
我在更敏锐的消受
你的媚，吞咽
你的连珠的笑。

你不觉得我的手臂，

更迫切的要求你的腰身？
我的呼吸投射到你的身上，
如同万千的飞萤投向光焰？
这些，还有别的许多说不尽的，
和着鸟雀们的热情的回荡，
都在手携手的赞美着
春的投生。

他为发现春天而惊喜。爱情让他诗情大发，给他无限惊喜。他曾对小曼说："我的诗魂的滋养全得靠你，你得抱着我的诗魂像母亲抱孩子似的，他冷了你得给他穿，他饿了你得喂他食——有你的爱他就不愁饿不怕冷，有你的爱他就有命！"

激情让徐志摩收获了诗歌，他写给小曼的《爱眉小札》（眉即陆小曼），也成为他诗歌创作上的重要成就。所以，他对小曼十分感激，其中有这样的话：

眉，我感谢上苍，因为你已经接受了我；这样我的灵性有了永久的寄托，我的生命有了最光荣的起点，我这一辈子再不能想望关于我自身更大的事情发现。我一天有你的爱，我的命就有根，我就是精神上的大富翁！

徐志摩失去理智的诗歌一次次燃烧着小曼寂寞的心，热情似火，势不可当，小曼毫无防备地情陷于中，不自觉地从婚姻中"越轨"了……

很快，徐志摩求爱了：

我之甘冒世之不韪，及求良心之安顿，人格之独立。在茫茫人海中，访我灵魂之伴侣，得之我幸，不得我命，如此而已！

但毕竟小曼还是王太太，面对求婚，她还是没了主意；面对家庭和爱情，她开始了两难选择，为此纠结矛盾痛苦。

两个人恋爱的消息不胫而走，满城风雨。一个诗人，一个名媛，可想而知，这一定是爆炸性的头条新闻。

亲友们得知后，没有一个祝福的，不是指责，就是反对。徐志摩更是众叛亲离，受到强烈指责。他为此十分苦闷，为避风头，孤身到英国，到他喜爱的康桥去疗伤。

他不是害怕，他只是想一个人静静。他也没有后悔，更没怀疑自己的爱情——临行前，他让小曼等他，等他回来……

真爱无罪

当小曼和徐志摩陷入爱情时，王庚升官了，从东北调任上海，小曼只有随同前往。

对于小曼的"出轨"，母亲大为光火，强烈反对。她是旧式女人，遵从三从四德的妇道尊严，极力反对离婚。但她也知道女儿婚后不开心，对徐志摩真正产生了感情。在小曼茶饭不思的相思病况下，她心疼宝贝女儿，只好服软。

但是，在内心深处，这位母亲终对两人的爱情不抱乐观态度。她后来曾经说：“小曼是因为接触徐志摩这种人和看小说太多才导致离婚的。”作为过来人，她大概明白所谓的爱情，是在一种感觉下形成的。而这种感觉，是徐志摩有意给女儿制造的。他用这种感觉蛊惑了女儿，让她对他死心塌地，脱轨婚姻，最终导致后来的惨淡人生。

但她也不能否认，陆小曼和徐志摩是真心的，彼此相爱了。这种感觉让他们内心得到极大释放和愉悦，也爆发出强大的能量，与反对他们的世俗抗争。难道，这种爱情不值得把握和珍视吗？任谁遇到，也不想放弃。

事实上，关于这段感情，两个当事人当时情迷其中，之后也从未后悔过，这就足够了。至于结局，他们当时没有想过，之后又何必问他们要理智？爱情从来没有理智和道理，更没有应该不应该。

所以，陆小曼说：“真爱不是罪恶，在必需时未尝不可以付出生命的代价来争取，与烈士殉国、教徒殉道，同是一理。”

我想，她的这种信念当时应该就有了，不能说来自于她自己，但至少徐志摩给了她这样的信心和力量，才使她决定与他一起，不管不顾，坚定地冲破世俗的藩篱走到一起。

徐志摩在英国又一次经历着爱情的煎熬，这次不是为了林徽因，而是陆小曼。这真是有意思。康桥，是他产生诗的地方，也是他爱情的疗养地。此刻，美丽的风景里，不时幻化出两张面孔，那是林徽因和陆小曼的。为了林徽因，他抛妻弃子，至大逆不道，也没能追到爱情。

而眼下，他又爱上了另一个已婚女人，同样爱得热烈深沉，但这爱触犯了道德和世俗，注定要经历爱的磨难。此时不只有徐志摩在国外痛苦，小曼在家里也得了相思病，但两个人遥遥相思，心有灵犀。

徐志摩给小曼写信，也为她打气：

有志事竟成，没有错儿。奋勇上前吧，眉，你不用怕，有我整个儿在你旁边站着，谁要动你分毫？有我拼着性命保护你，你还怕什么？

看他如此勇敢，陆小曼自然增加了勇气。

热恋中的人，越阻挠越难分。徐志摩才华横溢，风流潇洒，吸引着小曼，小曼的“林下之风”，让徐志摩有“绝代佳人”之感。在徐志摩眼里，小曼是“一个最美最纯洁最可爱的灵魂”，是“一朵稀有的奇葩”，是不耽于富贵，追求真和爱的女神，让他轻松，最“能做我的伴侣，给我安稳，给我快乐”；在小曼的眼里，徐志摩真实、真诚、正直、率真，志趣不凡，热情永驻，又那么善良、包容，有着伟大的慈悲心。而且，他那么有绅士风度，心胸宽广又柔软，活得又那么自由不拘。与他生活，一定幸福无比。

在思念和期待中，这对玉人把对方神化，也把他们的爱情想象得无比美好……

徐志摩来信说：

弱水三千我只取她那一瓢饮……我有时真想拉你一同情死去。我真的不沾恋这形式的生命，我只求一个同伴。……我如果往虎穴里走，你能不跟着来吗？……

热烈奔放的情感，让陆小曼着迷了，越陷越深。也许这正是她和徐志摩的适合处，两个人热烈地呼应，沉在爱情的海洋中，不能自拔。相比之下，林徽因就显得更加冷静而聪明。也许这正是陆、林两美女的最大不同。一个为爱赴汤蹈火，一个仅限于体验，在理智面前适可而止……

陆小曼的浪漫和勇敢被爱情激发出来后，她和徐志摩已经难舍难分了。两个人决定战胜一切阻碍，坚决走在一起。

徐志摩从英国回来后，他直接找到胡适、刘海粟、梁启超等名流，向他们说明自己遇到的这次爱情，希望得到他们的支持。胡适和刘海粟支持，梁启超则反对，他觉得自己的这个学生太激情，因爱情失去了理智。但他禁不住这个被爱情折磨得狼狈不堪的诗人，只能勉强答应。

在上海“功德林”素菜馆，刘海粟出面请客并主持，请来陆小曼、徐志摩、王庚及小曼的母亲，朋友唐瑛、杨杏佛等人。

酒过三巡，刘海粟说到婚姻话题。他说：“今天我做东请客，是纪念我的一件私事。当年我拒绝包办婚姻，从家里逃出来，后来终于得到幸福。来，大家干一杯！”

大家都知他话里有话，都偷看王庚。王庚不知情，照常与大家敬酒。

刘海粟又说：“中国正处在社会变革时期，新观念层出不穷，但是封建思想却还在禁锢着某些人的脑子。我们都是年轻人，谁不追求渴望幸福呢？所以我的婚姻观是：夫妻双方应建立在人格平等、感情融洽、相互理解的基础上。妻子不是丈夫的点缀品，三从四德的时代已经过去了。我们祝天下的夫妻都拥有幸福！”

王庚听出了苗头，他找了个借口，敬了大家一杯酒，先走人了……

结果，王庚高姿态地退出，成全了徐志摩和陆小曼。但是，他心下并不情愿，因为他也爱着陆小曼，只因忙于事业，对小曼关心体贴不够，加之有些军人的大男子主义，以致让徐志摩有机可乘，最终失去娇妻。离婚后，他一直未再娶，直到 1942 年死于国外，年仅 47 岁。

王庚靠自我奋斗成才成功，头脑不笨但似乎情商不够，在感情上有些迟钝，至少有些疏忽了。在对待女人和处理感情的方式上，也有些欠妥，以至于在感情上败下阵来，实在惋惜。据说当他听说陆小曼出轨后，曾写信给她：

如念夫妻之情，立刻南下团聚。倘若另有所属，决不加以拦阻。

后来，他又追问小曼，她始终不敢承认。他于是掏出手枪逼她，她才如实招供。王庚此时已是五省联军总司令部的参谋长，以他的实力，要想处理情敌徐志摩不成问题，但他最终选择了放弃。因为无法挽回，也因为他的自尊。

王庚表现出的高姿态，同样说明他的理智和大度。与小曼办完离婚后，据说他还送给徐志摩一句话：

我们大家是知识分子，我纵和小曼离了婚，内心并没有什么成见；可是你此后对她务必始终如一，如果你三心两意，给我知道，我定会

以激烈手段相对。

据说，徐志摩、陆小曼结婚时，还邀请王庚参加，王没有去，却准备了一份厚礼。一桩爱情闹剧，最终友好收场。徐、陆有情人终成眷属。

但徐志摩的父亲和陆小曼的母亲，不同意他们的儿女结合。胡适代表徐志摩向陆母提亲，她开出两个条件：梁启超做证婚人；在北海公园图书馆礼堂举行婚礼。徐父这边，本来气愤徐志摩抛下张幼仪，如今又要与陆小曼结婚，简直是大逆不道，有辱门风。他以为陆小曼娇生惯养，又喜爱交际，不会是守妇道的女人，不能给儿子安稳的日子。徐父开出的条件是：除非张幼仪同意。

徐志摩只好去求张幼仪，张也不好反对。但徐父又提出三条件：一、结婚费用自理；二、婚礼由胡适做介绍人，梁启超证婚；三、婚后必须南归，安分守己过日子。

客观说，两位老人的反对不无道理，他们感觉到徐志摩和陆小曼这样的热烈爱情，难以长久。后来的事实果然有了证明。但他们拗不过热恋中的人儿。

1926 年 10 月 3 日，是农历七夕，中国的情人节，徐志摩与陆小曼在北海公园举行婚礼。梁启超证婚，胡适主持，参加婚礼的，多是当时文化界名人。

梁启超在婚礼上说话也不客气，义正词严：

徐志摩，你这个人性情浮躁，所以在学问方面没有成就；你这个人用情不专，以致离婚再娶……陆小曼，你要认真做人，你要尽妇道之职。你今后不可以妨害徐志摩的事业……你们两人都是过来人，离过婚又重新结婚，都是用情不专。以后要痛自悔悟，重新做人！愿你们这是最后一次结婚！

如此证婚词，可谓空前绝后。梁启超本人传统，主张婚姻从一而终，他对徐、陆二人的缺点看得很清楚，所以予以警示。他并不看好这桩婚事，他曾在给林徽因的一封信中流露出对这桩婚事的担忧：

我又看着他找得这样一个人做伴侣，怕他将来痛苦更无限，所以对于那个人当头一棍，盼望他能有觉悟（但恐很难），免得将来把志摩弄死，但恐不过是我极痴的婆心便了。

不想一语成谶。后来的事实发展，基本没出这位老人的意料之外。或许，在徐、陆听来，梁老的证婚词不过听着好玩，如果他们能谨遵，也许就不会出现后来的互相“残害”的悲剧。

当爱已成伤害

也许，爱情和婚姻是两回事。徐志摩和陆小曼这样的才子和尤物，也许他们天生为爱情而活，只适合谈谈恋爱，不适合结婚。他们爱得热烈深沉，但步入婚姻后，这份爱却变了味，演变成互相折磨和伤害。直到徐志摩一飞而去，再没回来，他们的绝美爱情也随之而去。

婚后，徐志摩携陆小曼南下，转道上海，回到他的家乡海宁硖石。

好事多磨，有情人终成眷属。此时，他们感觉是世上最幸福的人了。在徐志摩给张慰慈的一封信中可知：

上海一住就住了一月有余，直到前一星期，我们俩才正式回家，热闹得很哪。小曼简直是重做新娘，比在北京做的花样多得多，单说磕头就不下百次，新房里那闹更不用提。乡下人看新娘子那还了得，呆呆的几十双眼，十个八个钟头都会看过去，看得小曼那窘相，你们见了一定好笑死。闹是闹，闹过了可是静，真静，这两天屋子里连掉一个针的声音都听出来了。我父在上海，家里就只妈，每天九点前后起身，整天就管吃。晚上八点就往床上钻，曼直嚷冷，做老爷的有什么法子，除了乖乖地偎着她，直偎到她身上一团火，老爷身上倒结了冰，你说这是乐呀还是苦？咱们的屋倒还过得去，现在就等炉子生上了火就完全了。

徐父专门为他们新建一栋中西合璧式的小洋楼。燕尔新婚，日日夜夜，如胶似漆，幸福得天翻地覆……

这段蜜月生活，徐志摩称为“浓得化不开”。在幸福的感召下，他诗兴大发，诗情泉涌，写下蜜月日记《眉轩琐语》，完成了小说《家德》，编就了《诗刊》第二期。

但徐志摩的父母，仍看不惯陆小曼。比如，她吃饭，才吃一半，就娇气地当着大家的面对志摩说：“志摩，帮我把这碗饭吃完吧。”徐母看儿子吃那半凉的饭，岂能高兴？饭后上楼时，小曼总要上到一半，就懒洋洋地转过身子，对志摩撒娇说：“志摩，你抱我上楼。”……

如此种种，令二老看得发呆难耐。但看两人你侬我侬，只有摇头叹气。

不久，二老实在不想看下去，然后到北平找张幼仪一起生活了……

这事对陆小曼打击很大。本来她不会讨好公婆，但没想到公婆如此公然与自己作对，她又气又伤心。她个性率真任性，从小没顾念到他人感受，在为人处事上也不够成熟。在她自己认为很自然的举动，但对别人可能就是一种伤害。但婚后社会关系复杂，她终为此感到头痛了。

心情不好，身体也来凑热闹，小曼得了肺病，很久才康复。病后，小曼心情也转好。此时，没了二老的尖锐目光，小夫妻倒自由散漫地过上了他们的甜蜜日子：吟诗作画，互相唱和；种草养花，情趣盎然，日子过得倒也快乐似神仙……

不久，由于北伐战争，他们的快乐生活中断，只好移居上海。徐志摩到光华大学任教，陆小曼在家留守。

开始，小曼静待家中，等丈夫回来。但时间一长，寂寞无聊又产生了。

对她来说，难道就不能一个人清静地待着，耐不住一丝寂寞？婚后爱情必然降温，哪怕是最热烈的爱情，最终也要在婚姻中归于平淡。陆小曼难道不明白吗？为什么不能耐住寂寞？

徐志摩为了养家糊口，不得不忙碌。诗人没有以前那么成天黏着她柔情缱绻了，小曼有些无聊寂寞，似乎等待王庚时的寂寞又回来了。有时她想：志摩不爱我了吗？为什么没了之前的体贴入微？是因为他的为人吗？还是因为自己体弱多病心情不好？还是因为寂寞无聊没事找事？……她不知道，反正她不要这寂寞。

她开始变得慵懒、贪玩。她出入上海社交圈，打牌、跳舞、票戏，风头无两，成为上海滩有名的交际花。徐志摩开始顾念妻子寂寞，很能体谅她。但他毕竟也不想看着妻子成天陷于这种生活，有时想制止，但看到娇弱的妻子楚楚可怜的样子，又心软了。心想，只要她高兴就好。他日益迁就小曼。

小曼光鲜的生活，挥霍钱财，给徐志摩造成巨大的经济压力，也让他心生不快。但小曼耽于其中，不操心家事。有时，她还要强拉他去舞会，他真是无可奈何：

我想在冬至节独自到一个偏僻的教堂去听几折圣诞的和歌，但我却穿上了臃肿的袍服，上台去客串不自在的腐戏。我想在霜浓月淡的冬夜独自写几行从性灵暖处来的诗句，但我却跟着人们到涂蜡的舞厅去艳羡仕女们发金光的鞋袜。

徐父听说后，对小曼更加不满，扬言与他们夫妻一刀两断，在经济上也不给周济。徐志摩断了财路，自己挣得又少，小曼依旧挥霍享受，逼得他只好拼命工作。他除了日常工作，还兼任光华大学、东吴大学、大夏大学三所学校的教职，业余还写诗文赚稿费。这样，他就更忙了，陪小曼更少了，但小曼的奢侈生活却依然继续……

两人的不和谐产生了，彼此看不惯。徐志摩感觉到小曼奢侈无度，而且有些轻浮，在感情上生了微妙的变化。

据说，徐志摩曾向林徽因说起自己婚姻的苦恼，对小曼流露出不满。也许，此时他终于感觉到选择小曼是多么缺乏理智。或者在比较中，他终觉得林徽因更可爱：同样是名门出身，林却没有陆的娇气任性甚至蛮横无理，更没有陆的爱慕虚荣，纸醉金迷。或者他还感到，自己和小曼终不是一路人，自己终是文人，小曼终是富贵风流场中人。小曼那样的人，终是他消受不起的。但林美人，也已做他人妇……

林徽因和陆小曼，都是才女，但确有本质不同：林既能富贵，也能安于清贫，而陆只能享富贵；林珍视自己的才华，心有抱负，有事业心，而陆的才华好像只是她生活的情趣点缀，她不珍视，以享受现世生活为上；林给人一种健康向上的明丽，而陆给人一种颓唐陈旧的富丽；二人都有不可方物的美貌，但味道不同，追求不同，人生境界自然有不同。所以，林徽因终比陆小曼显得健康而智慧。

由于娇生惯养，没受过挫折，小曼对痛苦的免疫力似乎不够。同样生于富贵之家的林徽因，远比她独立，在之后的生活中更是如此——一生张扬着自己的生命之歌，充满智慧和力量。而陆小曼，直到晚年才想到依靠自己……

遗文答君心

徐志摩为了小曼奢侈的生活日夜奔忙，小曼依然故我地沉醉在歌舞厅中，鸦片榻上……

她在挥霍金钱的同时，也在挥霍着自己的青春。当初那个灵气明慧的陆小曼，从此不再。

小曼天生尤物，大概生来是被人爱和呵护的，男人们在她面前都甘守俯命，不知这是幸还是不幸。

此时，小曼认识了晚清遗少翁瑞午。此人是世家子弟，家藏丰富，鼎彝书画，累箧盈橱。两人背景相似，心境相仿，志趣相投，都有一种末世的苍凉感，很快无话不谈。两人一起品评画作，一起唱昆曲。

小曼身体弱，翁瑞午正好会推拿，据说这手艺还是从祖上继承来的。他经常为小曼按摩，手到病除，很得小曼欢心。为了健康，他还建议小曼吸食鸦片，就这样，小曼开始吞云吐雾。

翁本有家室，但对小曼一见钟情，百般讨好。小曼对他虽没有爱情，倒也不讨厌。于是，两人经常在一张榻上吞云吐雾……

徐志摩无意中被戴上了绿帽子，滋味可想而知。开始他不以为意，以为他们只是正常交往。自己不是同时也跟林徽因、凌叔华有交往吗?徐不在意。他的这种容忍，让翁、陆两人的关系越走越近，小曼也越陷越深了。

后来，当徐志摩真有所耳闻想插手时，已经无能为力了。

1930 年秋，徐志摩到北平任教，小曼仍住上海。为了生活徐志摩奔波于京沪两地。据说，光 1931 年上半年，他在两地间奔波八次之多。当时，人均年薪为五块大洋，而徐志摩一年可赚到几百块大洋，算是可观了，但还不够陆小曼花销。

1931年11月19日，为了听林徽因一场建筑方面的演讲，徐志摩乘坐“济南号”飞机由南京飞往北平。飞机因大雾在济南触山，徐志摩不幸遇难。

据说事发前，他家客堂里挂的一张徐志摩像镜框突然落地，声音巨响，吓了陆小曼一跳。她有种不祥之感。不想第二天，就接到此噩耗。她当即昏厥过去。

一声巨响，也让这个沉醉在舞场和鸦片中的女人一时清醒了。事后，她写下挽联：

多少前尘成噩梦，五载哀欢，匆匆永诀，天道复奚论，欲死未能因母老；

万千别恨向谁言，一身愁病，渺渺离魂，人间应不久，遗文编就答君心。

一对神仙爱侣，欢爱不过五年，就此结束。徐志摩解脱了，但剩下这个娇弱的美人，情何以堪？

社会各界为徐志摩的死纷纷叹息，针对陆小曼的唾沫也如潮飞来，她成了“红颜祸水”的现世版。她无言以对，唯有以泪洗面，写下《哭摩》：

苍天给我这一霹雳，真打得我满身麻木。几日的昏沉，直到今天才醒过来，知道你是真的与我永诀了……摩，你为我荒废了你的诗意，

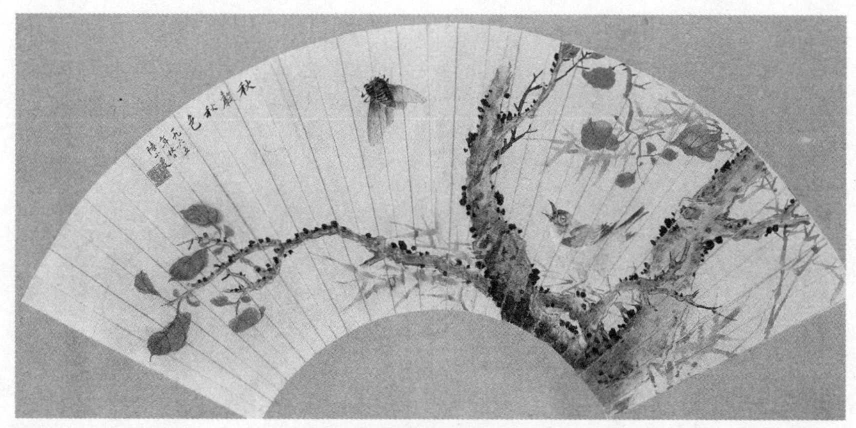

陆小曼扇面画

失却了你的文兴，受着一般人的笑骂，我也只是在旁默然自恨，再没有法子使你像从前的欢笑……

她忏悔，自责对丈夫关心不够，没尽到妻子责任。对于各种非议甚至谩骂，小曼以沉默应对。

有人说，徐志摩是因为林徽因而死的，终是多情不专，他此行不是去给小曼赚钱，而是去听旧情人林徽因的一场演讲。但小曼从不为此辩解，她只是每天呆呆地想她的丈夫，泪水空流……

悲痛中，不知陆小曼是否想到过当年梁启超的证婚词。如果可以回头，她宁愿回头；如果还有来世，她甘愿来世再续前缘，还丈夫一个原来的自己，一个温暖的家。可一切都晚了。难道命中注定？难道当初的爱情本就是个错？陆小曼陷在深深的自责和思索中……

1933 年清明，陆小曼独自一人来到海宁硖石徐志摩墓地，这是她第五次来了，也是最后一次。当年两人的“香巢”仍在，她没有进去，泪水如雨。她写下一首诗：

肠断人琴感未消，此心久已寄云峤。

年来更识荒寒味，写到湖山总寂寥。

徐家对她这个儿媳自然不会是承认的了。小曼从此就与翁瑞午相依为命。但她的心里，一直思念着徐志摩。在以后的几十年间，她用一人之力，编成了《徐志摩全集》。

这个过程，对她是思念和回忆，也是缅怀和赎罪。她尽其所能，做了自己认为该做的事。

此后的陆小曼，虽有翁瑞午的相伴，翁对她也一直百依百顺，呵护有加，但她的真爱，已经让志摩带走了。

晚年，陆小曼以绘画自娱自立。她的画作，山是迷茫孤远的，树也是孤单寂寞的，可照见其心境。繁华已成云烟，眼前只剩下一片孤寂淡泊。

爱情惹的祸

据说，“功德林”宴会后，王庚心知已经难留住陆小曼，但他并不想放弃，一直拖着。

作为徐志摩的朋友，他深知徐的为人，这次，他深深地感到，这

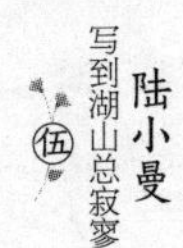

位多情公子又恋爱了。可没想到他会对自己的妻子下手。虽然他承认没给小曼带来多少快乐，但那是个性不合，自己还是很爱小曼的。再说，自己太忙了。

就这么让徐志摩得逞吗？王庚实在不甘心。他真想用自己手中的枪逼着徐志摩放手，但他又不忍。人家徐志摩也很坦诚，知道这事不应该，但已经相爱了，没办法。再说，如果采取激烈的方式，只能让事情更糟。

徐志摩和陆小曼明白自己对王庚带来了伤害，所以离婚之事也一直迟迟不见行动。

一天晚上，王庚实在忍不住了，就叫来小曼说：“小曼，宴会后的这两个月里，我想了很多，我感觉自己还是爱你的，同时也给你一段时间考虑。你觉得自己和志摩真的相配？”

小曼低头不语。

王庚叹口气，说：“看来，你意已定，那么，我也不再阻拦。既然你跟我不快乐，既然我不能给你想要的生活，那么只好分开。”

小曼有点想哭了。她明白丈夫爱自己，也想过他的种种好。所以，真要离开他，伤害他，也一时不忍。

王赓有些心疼，说：“你别哭，我是爱你的，只是我对你关心不够，这是我的性格所决定的。你和志摩意气相投，我祝福你们幸福！”然后又补充说：“手续我会在几天后办好的。”

陆小曼还只是哭。好不容易等到离婚了，心情却复杂起来。

还有更让她为难的——这时，她发现自己有孕了。这个突然来的状况，让她陷入矛盾。如何是好？要这个孩子，还是要幸福？……

她的母亲得知后，本反对她离婚，此时更主张她生下孩子，安于婚姻。但小曼心想：离婚在即，好容易才盼到，胜利在望，这个孩子来得太不是时候。但如果打掉孩子，实在对王庚有些不公平。但是，爱情呢？她分明看见爱情在召唤她……

最终，小曼决定为了爱情，放弃孩子。她决定此事既不告诉王庚，也不告诉徐志摩。于是，她偷偷地带着贴身丫头，找到一个德国医生，做了流产手术，对外则谎称身体不好休养一段时间。

不想手术失败，元气受损不说，还给她留下永远的后遗症——从此不能生育，而且，一过夫妻生活，就十分难受，常昏厥过去。

与徐志摩结婚后，徐一直想要个孩子，小曼心中痛苦，但她一直隐瞒不说，只是回答："你不是有阿欢了吗？"

后来，她认养了一个干女儿。

王庚离婚后一直未娶，陆小曼失去做母亲的能力，徐志摩失去诗情，命丧空中……

因为一场爱情，三个人的命运从此走向毁灭。不知这是他们的命，还是爱情惹下的祸？

林徽因

展开像千瓣的花朵

你展开像个千瓣的花朵！
鲜妍是你的每一瓣，更有芳沁，
那温存袭人的花气，伴着晚凉：
我说花儿，这正是春的捉弄人，
来偷取人们的痴情！

——林徽因《仍然》

黄昏伴着晚凉，晚风送来花香，撩人思绪。那个人，袅娜多姿，笑靥如花。她的美，像那盛开千瓣的花朵。有明丽夺目的鲜妍，更有沁人心脾的芬芳，芳香温软让人醉……

此刻，心底的那个人，他，还好吗？往事如烟如梦，但分明再现。自难忘。难忘那个黄昏，犹如今天，就像此刻。人已远，情仍旧……不，还是忘掉吧！多情自古空余悲，快，快摆脱这春愁的捉弄！

我想，林徽因终难忘徐志摩。至少，在精神上，她从未远离，依然如故。

林徽因生于杭州，长相明丽，清澈率真，气质如兰，如江南的丽景，明媚而温婉，却丝毫没有南方的细雨绵绵的小气，而是大方得体。江南秀水青山养育了她的灵气，家庭渊源和经历熏陶了她的学养，北方的淳朴培养了她的大方。所以，林徽因给我的感觉是，她吸纳了南北女人的美丽精华，加上她的诗书气质，最终成就了一个集合人们理想和万千宠爱于一身的林徽因。

她不是一个简单的以文字娱乐的才女，她不以诗书为业，但能诗能文，灵气超然，别具一格。她也不只是一个简单的学者，在她的建筑世界里，建筑不是传统工艺，不是建造技术，而是与美结合的艺术。她以自己的灵气，创造了不一样的文字和学术。

林徽因的爱情，也不是一般才子佳人的爱情，不是小女人的卿卿我我，黏黏乎乎，而是一种浪漫而不失理性的相遇。就连她的绯闻，也不是艳丽媚俗的，而是充满了不俗的格调和档次，充满了智慧。

这是怎样一个人呢？她是风格独特清新自然的诗人，是最早审美地看待建筑，把建筑科学引到中国的女人，是在抗战的烽火岁月中考察古建筑的唯一女人，是新中国国徽和英雄纪念碑的设计者，是“太太客厅”上侃侃而谈的女主人，是学贯中西，集美丽与才华、优雅与知性于一体的女神。她的周围总是聚集着大批高知男人，徐志摩、梁思成、金岳霖等。梁启超费力把她“抢”来当儿媳，胡适为她乐颠颠服务，还赞叹她为“中国一代才女”，钱穆说她“才学至少在谢冰心辈之上”。

她是集感性与理性为一体的艺术家和学者。优越的家世和良好的教育，天生的美貌和禀赋，浪漫传奇的爱情，豪门婚姻的幸福温馨，儿女双全的家庭，男人们仰视的公主，成功的事业……林徽因心志不

林徽因（1904–1955）

凡，从不沉迷于爱情，也从不缺少爱情；她能享受富贵，也能耐得清贫。她美丽朴素，纯情率真，从不虚情假意，让女人羡慕嫉妒恨，但从不缺少大批的女性拥趸。

一个女人凭何可以活得如此完美，美得就像她笔下的四月天？她生命不长，但充满张力，令世人为之倾倒。林徽因几乎标志了一个时代的颜色，让人叹为观止，惊为天仙。无论当时，还是后世，人们对她津津乐道，不知疲倦。林徽因，已经成为神话。

那么，她的魅力是什么？不只是美丽外表，更有不俗的气质，以及让人心甘情愿臣服的智慧。

一个真正的文艺才女，她的灵气和才华，让艺术都要为她叹服。她一生孜孜不倦追求艺术，而她本人，就是一件绝美的艺术品。

天才林家女

林徽因祖籍福建闽侯，1904 年 6 月 10 日出生于浙江杭州陆官巷的一个诗书之家。祖父林孝恂是光绪己丑科（1889 年）进士，初为知县候选，后历任浙江海宁、石门、仁和各州县。他曾资助青年到日本留学，其中不少人参加过孙中山领导的革命运动。林徽因的堂叔林觉民、林尹民，都是黄花岗革命烈士。

林徽因的父亲林长民（1876 年生）在七兄妹中排行老大。他曾两度留学日本，学习政治和法律。他追求民主，富有政治理想，曾自创政法学堂，参加辛亥革命，后官至段祺瑞政府时司法总长。

在风云变幻的世纪之初，生在这样一个诗书兼革命的家庭，林徽因自小就接受了传统与现代思想的熏陶和激荡。

林徽因是长子长孙女，但却是庶出——在她的母亲何雪媛之前，林长民曾娶过叶氏，叶氏英年早逝，没留下儿女。

母亲何雪媛出身于浙江嘉兴一个小作坊主家庭，家中排行老幺，没受过教育，也不善女红，相貌也一般。她嫁到林家，自然有传宗接代的任务，但不幸生了一男二女，唯有林徽因一人活下来。本来何雪媛在大家闺秀出身的婆母面前就有些气短，这样就更不免低声下气，地位尴尬。

好在林徽因天生美人胚子，聪明可爱，深得祖父母的喜爱。她出生时，祖父林孝恂看是一漂亮女婴，他从诗经《大雅·思齐》里采了“大姒嗣徽音，则百斯男”的句意，给她取名徽音。1934 年，为避免与一些男性作者相混，改名为徽因。

看她三岁时的一张照片，圆润的额头，大而黑的眼睛，萌哒哒地靠在一张大靠背椅子边，很是可爱。

林徽因五岁起跟随祖父母在蔡官巷居住，跟表兄弟表姐妹们一起玩耍，接受大姑母林泽民的发蒙教育。

如今，在杭州河坊街闹市区不远处，隐着一条约二百米的小巷，清幽宁静，罕有人至，老房子所剩无几。当年林徽因居住的老宅，早已无从查找，让人枉然。但迷眼中，似乎正有一位天使般的小姑娘雀跃而来……

六岁时小徽因得了水痘，杭州人称“水珠”。但她不以为苦，反引以为自豪。她后来在一篇散文中写道：“我很喜欢那美丽的名字，忘却它是一种病，因而也觉到一种神秘的骄傲。只要人过我窗口问问出‘水珠’么？我就感到一种荣耀。”别人认为可怕的“水珠”，她却发现了它的晶莹之美，甚至为自己身上有这种“水珠”而自豪，尽情体验。好一颗善于发现美的心灵，自小就表现出非凡的艺术灵气。

她自小乖巧可爱，又喜读书，在表姐妹中很是出挑儿，所以深得父亲喜爱。六七岁时，她已经能写文章。所以，父亲每有信来，祖父都要她代笔。

如今，这些信所存无几，从父亲林长民写给她的一封信中，可知一二。这应该是较早的一封，当时林徽因七岁：

徽儿：

知悉得汝两信，我心甚喜。儿读书进益，又驯良，知道理，我尤爱汝。闻娘娘往嘉兴，现已归否？趾趾（应是胞妹，五岁时夭折）闻甚可爱，尚有闹癖（脾）气否？望告我。

祖父日来安好否？汝要好好讨老人欢喜。兹寄甜真酥糕一筒赏汝。我本期不及作长书，汝可禀告祖父母，我都安好。

父 长民三月廿日

信里，满是父爱，满是对女儿的喜爱、疼爱，充满温情。

林徽因八岁时，南京临时政府成立，林长民为福建代表，任参议院秘书长。当时他住北京，全家由杭州迁居上海虹口区金益里，小徽因边读小学二年级，边照顾祖父。这一年，她和妹妹以及三个表姐合影。林徽因双眸清澈，头略微歪着，很乖巧懂事的样子。这张照片是林长民带她们去拍摄的，他还在照片上题道：

徽音白衫黑绔，左手邀语儿，意若甚暱。实则两子偶黠，往往相争果饵，调停时，费我唇舌也。

细腻的父爱充溢在字里行间。

童年的快乐很快就因为继母的到来变了味。林徽因九岁时，为后继香火，林长民娶了上海女子程桂林为妾。程桂林也没什么文化，但自有上海女人的海上风韵。关键她肚子也争气，一连为林长民生下四男一女，自然深得丈夫宠爱。林长民一高兴居然自号“桂林一枝室主人”，可想何雪媛的感受。此后，林徽因母女就搬到后院的小房子居住了。从此，前院承欢，后院凄清。

在林徽因的记忆中，每每父亲回家，总听到前院欢声笑语，其乐融融，而后院的母亲则自然被冷落。母亲总是郁闷牢骚，抱怨不断，时不时会对着小徽因急躁发作。好在，聪明的小徽因还很讨父亲喜爱，每每父亲回家，也要和她亲昵一番。

然而，母亲连年的忧郁、叹息、抱怨、急躁，以及无声的眼泪，成为林徽因心中抹不去的阴影，她从小对这个家充满复杂感情，也产生懵懂的独立自强意识。人生的笑与悲，苦与泪，世间的人情冷暖，人性的善与恶，徽因自小看在眼里，体会在心。家庭影响她自小坚强独立，而她个性中的急躁和心直口快，想必有母亲的影响。

关于林徽因童年，存世资料很少，她本人也很少提及。这种不快的回忆，她只对费慰梅说过一二，因为后者曾在回忆文章中写道：“她

的早熟可能使家中的亲戚把她当成一个成人而因此骗走了她的童年。”（《梁思成与林徽因》）

作为长女，林徽因自小就学会负责和担当。她要听祖父、父亲的话（祖母在她7岁时过世），要照顾年幼的弟妹们。所有这些都让她早熟，并独立。

她的儿子梁从诫曾这样说：“她爱父亲，却恨他对自己母亲的无情；她爱自己的母亲，却又恨她不争气；她以长姊真挚的感情，爱着几个异母的弟妹。然而，那个半封建家庭中扭曲了的人际关系却在精神上深深地伤害过她。”

1916年，全家人由北平迁居在天津英租界红道路。林长民在京忙于政事，无暇顾及家里，林徽因就成了天津家里的小管家，伺候两位母亲，照应弟妹们。当时，几年间，因政局不定，全家经常在京、津两地间几次搬迁。这时，总是小徽因忙前忙后。此时，她不过一个十二三岁的孩子。因父亲长年在外，家中大小事情，小徽因自小承担。成年后，她在保存的一封父亲给她的信上这么批注：

二娘病不居医院，爹爹在京不放心，嘱吾日以快信报病情。时天苦热，桓病新愈，燕玉及桓（林徽因的同父异母妹妹和弟弟，只相差一岁）则啼哭无常。尝至夜阑，犹不得睡。一夜月明，桓哭久，吾不忍听，起抱之，徘徊廊外一时许，桓始熟睡。乳媪粗心，任病孩久哭，思之可恨。

林徽因是大小姐，但由于保姆照顾不周，半夜哄孩子这样的事，她也要分担。虽然当时她只有十二岁，但却能大方担当，毫无大小姐脾气，这种乖巧懂事，深得全家人喜爱。所以，当我们看她后来的气质，虽生在富贵之家，既有大家小姐的高贵优雅，又有一种独立洒脱；既能享受人生，也能吃苦。林徽因身上毫无大小姐的娇气，想来与她从小的家庭历练有关。

林徽因像个小探春一样，大方地料理家务，解了长年在外的林长民的后顾之忧，让他省心放心不少。随着林徽因长得越来越漂亮灵气，他也越看越喜欢。虽然程桂林给他添了不少孩子，但相比之下，最年长的徽因，显得更加可人，不仅漂亮乖巧，而且聪敏可爱。所以，林长民给林徽因的父爱不仅不少，反而更多。而林徽因呢，虽然也受到母亲阴郁忧怨的感染，但由于她深得父亲和家人的喜爱，倒也感觉到这个大家庭的温暖，所以养成阳光向上的性格。

林长民本人走南闯北，见识丰富，思想开明，没有封建的家长制作风，对儿女的教育也十分开明。他看到女儿的聪明可教，就开始有意识地培养女儿，希望她得到最好的教育。1916 年，林徽因 12 岁时，父亲送她和表姐们一起进入一所英国教会办的贵族学校——培华女子中学读书。这所学校教风谨严，林徽因在此受到良好培育，良好的英语水平在此打下基础。

面对女儿的聪明，林长民曾感叹说："做一个有天才的女儿的父亲，不是容易享的福，你得放低你天伦的辈分，先求做到友谊的了解。"

把女儿当成朋友的父亲，在那时已经很难得了。可见林徽因的聪明才华，让父亲刮目，也说明林长民的开明。林徽因在父亲面前，既可做娇憨女儿状，又可做平等的交流，这是当时很多女孩子没有的幸福。有一张照片，父女相依偎，充满亲爱和幸福。父女俩眉眼相似，也神似。女儿遗传了父亲的清秀，也遗传了聪明灵气。

因为母亲的关系，徽因对父亲或许曾有腹诽，但父亲深沉的爱，足可慰暖她的心。她是何等聪明的人儿，她不像母亲，从不抱怨，而是尽自己的聪明，博取大家的喜欢。她从小就明白自己该做什么，怎么做。她尽长女的责任，也为自己争得尊严。

徽因同情母亲，但又恨她不争气，不善为人。她对母亲的任性、抱怨、狭隘等个性品质，没有认同感。所以，随着成长，她与原地踏步的母亲也越走越远，日益少了共同语言，个性冲突不断，矛盾不断。她对母亲，更多出于女儿的责任和血缘亲情。在精神层面，林徽因与父亲有着天然的接近。

林长民为有徽因这样的女儿而自豪，对女儿充满信心和期待。1920 年春，政坛失意的林长民要到欧洲散心，并考察西方宪制，同时他在国内发起了中国国际联盟同志会，兼任理事，这次赴欧也是为了国联事务。

临行前，他决定带上自己最爱的女公子林徽因，让她增长见识。于是，他写信给徽因：

我此次远游携汝同行。第一要汝多观察诸国事物增长见识。第二要汝近我身边能领悟我的胸次怀抱……第三要汝暂时离去家庭烦琐生活，俾得扩大眼光，养成将来改良社会的见解与能力……

林长民知道，此时的女儿，不仅能说一口流利的英语，而且聪明能干，有她随行，一为自己解闷，二也可作为助手，帮自己打理些琐事。

林徽因接到父亲的信，可想而知有多高兴。因为，她无数次听父亲说起过欧洲，那里的自由和民主，那里的历史、文化和艺术，她早就心向往之，如今有机会前往，怎不高兴？她兴奋得差点失眠了。

4 月的一天，林徽因随父亲从上海出发，踏上前往欧洲的轮船……

这一年，她 16 岁，花季少女，如梦芳华。这一天，是人间的四月天，春光明媚，日暖风和。林徽因已长成亭亭玉立的美女，着一身民国学生装，两根长长的发辫，自由地搭在前面，青春逼人，清纯靓丽。

在最热烈生长的时候，林徽因远游重洋看世界，可想而知，其意义自与在家读万卷书不同。走出家门，走出国门，从此，林徽因人生掀开新的一页……

林长民当年也许只是一念之间的这个决定，却塑造出中国的一位风华绝代的才女出来。倘若他地下有知，一定为自己的这个英明决定而自豪。

伦敦那缕风

民国的爱情故事，恐怕没有哪个比徐志摩和林徽因的爱情更让人瞩目。近一个世纪以来，俩人的爱情故事，真真假假，为人们不断谈论、演绎，版本多样，人们乐此不疲。

我想，林徽因与徐志摩该是一见钟情。一个是浪漫多情的诗人，才华横溢，热情奔放；一个是出水芙蓉般的才女，清丽可人，风姿卓绝。男23岁，女16岁，青春正好，风华正茂，在伦敦唯美浪漫的风中，他们毫无准备地把对方点燃，演绎出一段传奇和风流佳话。他们维系一生的友谊，也成为温暖人间的一抹亮色。

人们都愿意相信他们是有真爱的，因为他们无论从里到外，显得那么般配，符合人们对爱情最美好的想象。

徽因随父到伦敦后，居住在阿门27号一所民居。两个月后，她又跟父亲漫游欧洲，瑞士、比利时、意大利、德国等国家都走了一遍。法国的浪漫，英国的雅致，德国的严谨，意大利的豪华……一个又一个的风景在她眼前闪现，让她目不暇接。林徽因睁大双眼，目不转睛地看着，心中啧啧地赞叹着：啊，这一切与中国的文化是多么不同，原来世界上还有别样风格的文化艺术。整整两个月时间里，林徽因在父亲的引导下，游遍欧洲，饱览了欧洲的文化。林长民本来就喜欢艺术，文采极好，他给女儿生动地讲解欧洲的文化和艺术，徽因贪婪地吸收，大长见识。

我们不能不羡慕她有这样的机会。林徽因何其有幸。当时的很多中国女人，不仅目不识丁，而且生活在封闭的宅院坐井观天。纵使到了今天，像她这个年纪的中国少年，能有机会走遍欧洲，也是一件奢侈的事情。

9月回到伦敦后，徽因以优异的成绩，考入英国圣玛丽学院学习。

林长民按照当时的名媛标准教育女儿，专门为她请了英文和钢琴老师。徽因也很好学，很快能用英文写文章，能弹出优美的乐章。

林长民交游广，家里总是来往很多客人，他们来自政界、文学艺术界，都是当时的名流。比如张奚若、陈西滢、金岳霖、张君劢等，还有史学家威尔斯、小说家哈代、新派理论家福斯特等，个个精英，真是往来无白丁。

林徽因作为父亲的助手，负责接待这些客人。当时，她虽未成年，但已经亭亭玉立，落落大方，待人接物体现出名媛风范，加上她性格活泼，灵气逼人，给客人们留下深刻印象。她像个天使，灵动地穿行在客人们中间，青春靓丽，巧笑嫣然，笑声如银铃，每每为聚会锦上添花。想必，金岳霖就是这时对林小姐一见钟情的，也未可知。

当然，由于父亲忙于各种事物，大部分的时间，她还是守在家里，等待父亲回家。每每此时，寂寞就像爬山虎一样爬上她的心头。是想家吗，还是想出现一段崭新的生活？后来（1937 年）她曾在给沈从文的一封信中回忆道：

我独自坐在一间顶大的书房里看雨，那是英国的不断的雨。我爸爸到瑞士国联开会去，我能在楼上嗅到顶下层楼下厨房里炸牛腰子同洋咸肉，到晚上又是在顶大的饭厅里(点着一盏顶暗的灯)独自坐着，垂着两条不着地的腿同刚刚垂肩的发辫，一个人吃饭一面咬着手指头哭——闷到实在不能不哭！理想的我老希望着生活有点浪漫的发生，或是有个人叩下门走进来坐在我对面同我谈话，或是同我同坐在楼上炉边给我讲故事，最要紧的还是有个人要来爱我。我做着所有女孩做的梦。而实际上却只是天天落雨又落雨，我从不认识一个男朋友，从没有一个浪漫的人走来同我玩——实际生活所认识的人从没有一个像我所想象的浪漫人物，却还加上一大堆人事上的纷纠……

每个少女都是诗，文艺才女林徽因更是如此。她在伦敦的这寂寞不只是想家，想亲人、朋友、同学，更是在莫名地想一个从未见过的人——那个梦中的人，知己或者恋人。

从小熏沐江南细雨，本自细腻丰富，加之读了不少书，看了不少风景，少女林徽因的梦必然不少。此前，她一直囿于家庭琐事的牵绊，做着父亲懂事的女儿，却从未有过自己的生活——她还没个知己朋友，还没有结交一个男朋友——她长大了，无论生理还是心理，她都在酝酿一个浪漫的梦，等待一场爱情的来临……

在寂寞中，在伦敦如梦如霰的细雨中，少女林徽因做着一个如诗如画的梦，这个梦，怀揣在她心里，潜藏着，不断发酵，发酵，一天天长大，跃跃而动，呼之欲出……这个梦，正急待一个男人的发现、开掘和圆满……

“有时候，我想问一个陌生人，问他可不可以带我走，我心里始终有这种隐藏的动机。”女人爱做梦，尤其是文艺才女们，从来难安于现状，心里做着各种浪漫的梦。

这个人出现了，他就是浪漫主义诗人徐志摩。

徐志摩，生于浙江海宁一富商家庭，家里开着电灯厂、蚕丝厂、钱庄等，是标准的“富二代”。而且他是这个家族第 13 世唯一的男丁，从小长得英俊可爱，像贾宝玉一样，被捧养着。徐志摩天资聪颖，好读书，多幻想，但满脑子的思想不合现实，不大经济，这一点也像贾宝玉。他在诗文才艺上的聪明也确实令家人承服。

徐志摩从小饱读四书五经，在新思潮的影响下，很快显示出自己在文艺上的才能。中学时就在校刊发表文章，颇显少年徐志摩的思想和抱负。同时，他也能写出一些清新别致的白话小诗。他总是充满热情和想象力，由于长相英俊，也能说会道，确实讨人喜欢，大家对于他也充满期待。

1915年徐志摩中学毕业后，父母做主，安排他与15岁的张幼仪（张君劢妹妹）结婚。婚后，徐志摩与许多有志青年一样，四处求学，先后在沪江大学、北大学习，并拜梁启超为师。1918年，他的儿子出生。同年，徐志摩怀着他伟大的游学之志，自费赴美留学，在克拉克大学学习历史，结识梅光迪、赵元任、胡适等人。后来，他又入哥伦比亚大学学习经济，获硕士学位。

由于崇拜罗素，1920年9月，徐志摩又由美国来到英伦，想进入剑桥大学，拜罗素为师。不巧罗素已经离开剑桥大学去中国讲学了。于是徐志摩决定在英国游学，到处听听课。10月，他进入伦敦大学政治学院攻读博士学位。在伦敦，他结识了陈西滢（凌叔华的丈夫），并通过他结识了英国作家威尔斯。徐志摩原有的文学兴趣重新点燃。

徐志摩与林长民早就认识，此时，听说他在伦敦，徐志摩就前去拜访。通过林长民，徐志摩又认识了英国作家狄更生。后来，经狄更生推荐，徐志摩以特别生的身份进入剑桥大学皇家学院学习。

此时，徐志摩结识了英国文化界名流，并受到雪莱、拜伦等浪漫唯美主义诗人的影响，思想发生一个大转变：他开始厌恶并“远离堕落的文明”，追求“自然的单纯”，追求自由、真和美，决定做一个“不可教育的个人主义者”和“理想主义者”。他的文学梦想和天赋如火山一样迸发，诗情如泉水，汩汩而出。应该说，英国生活，让徐志摩那个远大的抱负有了针对性——不再漫无边际学习法律、政治、经济、历史等等，他开始把主要精力放到文学上，尤其是新诗的创作上。从此，徐志摩开始以一个诗人的形象出现了。

梦想与青春，激情与热情，让正在华年的徐志摩看起来更像个青年学生，丝毫看不出他已有家小。

爱情与诗像连体姐妹，形影相随，有诗的地方就有爱情。爱情可遇不可求，总是不期而至。

大概徐志摩自己也没想到，就在他敲开林家大门的一刹那，他和另一个女人的缘分开始了。门开处，一位少女甩着两根长辫，亭亭玉立，美若天仙，又翩然而去，惊鸿一瞥，疑为天仙，徐志摩眼大睁着，不禁有些晕眩……

或许，就在这四目相对的瞬间，两个人一见钟情了。但无论是与不是，事实是，徐志摩来林家的次数越来越多了。醉翁之意不在酒，他分明是来见林美人儿。

徐志摩不是个有食色癖的花花公子，以他的怀抱和品位，他不会单以貌取人。吸引他的，当是林徽因身上那种他从未见过的超凡气质：

林徽因与徐志摩陪同泰戈尔访华。

美貌如仙，面如满月，明眸皓齿，更有那蓓蕾般的娇俏、纯真、灵气。而这，不正是自己追求的自由、自然、真和美吗？这分明就是一首最美的诗！徐志摩为之震撼倾倒，不能自持。

爱情没有道理，没有理性，它只是一种感觉。这种从未有过的感觉，把徐志摩和林徽因都击倒了，为此迷醉。这感觉让他们有种发现的惊喜：啊，原来我要找的梦就是这个，要找的人就是他（她）。这感觉让他们一时失聪，忘记了现实。徐志摩忘记了自己还有妻小，而妻子张幼仪此时已经来到英国与他团聚，而且还在孕中……

一个是怀春的少女，一个是奔放的诗人，两个合适的人，在合适的时候和地方相遇，彼此的心灵需求在对方身上很快得到满足。“蓦然回首，那人却在灯火阑珊处”，爱情，在期待却毫无准备中，不期而遇。

或许因为寂寞和浪漫想象，或许因为对文艺的共同爱好，或许因为彼此相貌和个性的吸引……说不清，道不明，反正是相识恨晚，无话不谈。两个人都有他乡遇故知之感，感情的火花迅速燃起。

冬去春来，两个人很快陷入热恋。这一年，是1921年。

他们一起探讨文学、艺术、美术、建筑……徐志摩渊博的知识，风雅的谈吐，俊朗的外表，他的才华和善解风情，让少女林徽因仰视佩服；林徽因美丽的容颜，不俗的文化修养，口齿伶俐和妙语连珠，尤其她对文学和艺术的独到见解，让徐志摩惊叹欣赏。他们志趣相投，无话不谈，感到从未有过的开心，忘记身在他乡，今夕何夕，岁月因之凝滞……

这种缘分，不是每个人都有；一旦拥有，总是铭刻终生。后来徐志摩曾在1926年5月发表一首《偶然》，据说是回忆他的伦敦之恋：

我是天空里的一片云，
偶尔投影在你的波心——
　　你不必惊异，
　　更无须欢喜——
在转瞬间消灭了踪影。

你我相逢在黑夜的海上，
你有你的，我有我的，方向。
　　你记得也好，
　　最好你忘掉，
在这交会时互放的光亮。

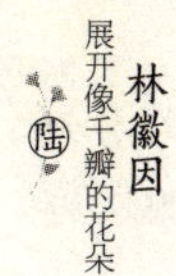

目送你归去

爱情来时，内心有诗情画意，也有惊心动魄；有幸福的浪潮，也有纠结的烦恼。徐志摩虽是已婚，但面对真爱也不免内心汹涌澎湃，但他表现在外则是异常大胆奔放，毫无矜持，大有为爱放弃一切的冲动。而林徽因，此时还是情窦初开的少女，面对初恋，虽是全情投入，但终不免女孩子的害羞和矜持。

毕竟徐志摩已婚，林徽因为此十分纠结。1921 年 8 月，她到英国南部避暑。为了爱情，徐志摩决定放弃婚姻家庭。到秋天时，他送妻子到德国柏林。

忙着恋爱，忙着离婚，还要忙着学习，徐志摩马不停蹄。年底，他终于认识了罗素。

1922 年 3 月，在金岳霖和吴德生的见证下，徐志摩与张幼仪离婚。此前，早在 2 月 24 日，他的次子刚刚在柏林出生。此前的 1921 年 10 月 14 日，徽因已经随父由英赴法，乘“波罗加”号轮船回国……

就在他离婚时，林徽因和梁思成的婚事在双方家长的安排下，“已有成言”。这样看来，徐志摩的爱情追求原本就是一个虚妄的梦。

但徐志摩还没醒过来，甚至百思不得其解，又心焦如麻。在剑桥皇家学院学习了不到半年，拜见了他崇拜的英国女作家曼殊斐儿后，徐志摩于 8 月 10 日急匆匆地踏上回国邮轮，去追随他心中的女神——林徽因。

热恋如夏季的风，很快过去，转瞬生凉。我想，一定是英国南边的海风，把沉睡在热恋中的林徽因吹醒的。否则，避暑回来后，她怎么没去继续她的初恋？而且在两个月后，选择不辞而别随父回国呢？

当然，也许，当时她的父亲已经和梁启超订下她和梁思成的婚姻，只是她自己也许并不知情，而且作为她，也只有遵从父母之命。

林徽因终不是爱到痴迷的小女子，最终理智战胜感情，她选择不告而退。这是她的理智所在，也是聪明之处。或许，清醒时，她明白爱情不过是一种感觉，也正因为它是感觉，所以不能持久。徐志摩的追求完全任凭这种感觉，自己也沉醉于这种感觉。但这种感觉迟早会过去。而人总不能活在感觉中，还有不得不正视的现实。徐志摩不仅有家室，而且自己的婚姻也不能由自己做主。更何况，自己也不是爱情至上的人，爱情之外，还有家庭责任，还有自己的事业追求……

庶出的林徽因，早就明白，自己不能走母亲的老路，更不会当“小三”，她终不肯去伤害一个无辜的女人，更何况这个女人已经怀孕在身呢！爱情虽美，但不能由着性子，伤及道德和责任。她是要强的，她更是高傲的，徐志摩这样不够成熟的男人，让她没有足够的信心。

大概，林徽因已经发现徐志摩热情有余、成熟不足的一面。他为爱痴狂，让她感动，但也让她害怕。怜香惜玉、谈情说爱、吟风弄月，徐志摩自然拿手，但面对复杂严酷的现实，他似乎总少点可靠和安全感。而且他思维那么灵活善变，纵使今天他对你海誓山盟，捧你在手心里，异日呢？谁可保证他的爱情坚贞如一呢？毕竟她才 17 岁，他已 24 岁。

林徽因自小是懂事的女儿，婚事上自然遵从父亲的安排。自己与徐志摩的爱情，一定不会得到家人的祝福。无论从感情上还是从家世背景上，都不可能有结果。与其如此，何必继续？长痛不如短痛，相守不如相离。而且，她已经朦胧感觉到，自己未来的夫君，就是梁启超家的大公子梁思成。两家是世交，梁启超与林长民交情甚深，她 14 岁时刚到北京不久，就认识了梁思成。想必在长辈心里，早就不约而同地许下了这一对金童玉女的婚事。所以，当林徽因父女在海上颠簸了两个月到达上海时，梁启超早已安排了人，把林美人接回北京（林长民留在上海办事）。所以，徐志摩的热恋很自然地演变为一场没有结果的“单恋”，他随后而来的穷追不舍，也必然是徒劳无功的勉强了。

这个戏剧般的变化，徐志摩全然未有觉察。大概以他的个性也不管那么多，只专心恋爱，疯狂追求他的所爱。他哪里想到，除了他信誓旦旦的爱，他根本就已经没有机会也没有后路了呢？

徐志摩为了爱情离婚，丢了老婆孩子，追求的爱情却竹篮打水一场空，不免可笑可悲。当他被这个聪明的少女不告而别“抛弃”后，心中定生过怨恨，想必他会对着镜子狠狠自嘲，甚至捣胸大哭……

据说徐志摩离婚时，妻子张幼仪并没纠缠哭闹，明智退出，体现出大家闺秀的风度。此后，这个女人独立自强，成为上海滩著名的女企业家，徐家老小的生计全由她管。夫妻俩后来也相敬如宾，只是再无回头路。晚年的张幼仪还自信地说：“如果照顾徐志摩和他家人叫作爱的话，那我大概爱他吧。在他一生当中遇到的几个女人里面，说不定我最爱他。”她还评价林徽因说：“她是一个思想更复杂、长相更漂亮、双脚完全自由的女士。”

看来，还是女人更了解女人。林徽因的确更复杂，更难以捉摸，她感性但更理性，绝不是一个为爱而生的女子。她不会轻易被哪个男人操纵——她的天地正在变得越来越广，她的路还长，她的未来在更远的远方……徐志摩此时不可能进入她世界的中央。

而聪明的徐志摩，却一点没看出少女林徽因心里微妙的变化，不能不说是爱情冲昏了他的头脑。

林徽因回到北京后，仍进培华女中读书。

林徽因不辞而别，给了徐志摩一个突然的打击，但他不想放弃——他的爱还在胸中熊熊燃烧着，纵使为此粉身碎骨，也在所不辞了——他也已经没有后路，只有前行——他不远万里，风尘仆仆地追来……

他不相信林美人对自己如此无情，如此决绝。他和林徽因大吵一架，不欢而散。然后，他还不死心，找各种理由和借口接近林徽因，即使对着梁思成也无所顾忌，直面进攻。面对徐志摩的“骚扰”，梁、林二人无奈，只好用英语在门上贴了张纸条：恋人想单独在一起。

徐志摩看到这个，还能说什么。人家已成定局，自己完全出局。满腔热情而来，换来的是失意绝望。但他是梁启超的学生、梁思成的好友，事已至此，他只好把泪水往自己肚里咽。

为了这份爱情，他付出了太多代价，而且不乏周遭的讥笑。暗恋林徽因一生的金岳霖，曾如此评价徐志摩的不自知和不知轻重：“徐志摩是我的老朋友，但我总感到他滑油，油油油，滑滑滑……当然不是说他滑头……林徽因被他父亲带回国后，徐志摩又追到北京。临离伦敦时他说了两句话，前面那句忘了，后面是‘销魂今日进燕京’。看，他满脑子林徽因，我觉得他不自量啊。林徽因和梁思成早就认识，他们是两小无猜，两小无猜啊。两家又是世交，连政治上也算世交。两人父亲都是研究系的。徐志摩总是跟着要钻进去，钻也没用！徐志摩不知趣，我很可惜徐志摩这个朋友。”

两个爱着林徽因的男人，一个是诗人，热情似火，不管不顾；一个是哲学家，理智冷静，深藏不露。徐志摩的脚步终生追随她，直到丧生空中；金岳霖的眼睛始终不离她，撵着做邻居，不再看别的女人一眼，一生单身。他们都没有得到林美人，只有另外一个温和厚道、大智若愚的男人——梁思成，他不争不抢，却得到了她。他只微笑着，站在她身后，在平时的共同学习和进步中，在嘘寒问暖间，给她女人最需要的踏实和安全。梁思成的胜利，不只因为父辈的成全，更因了他的厚道不争，因了他与林徽因在共同的学习和工作中结下的那份离不开的相知互补、相濡以沫。家庭和事业，以及志同道合，让林徽因最终选择和梁思成相伴一生。

金岳霖也觉得梁、林结合得好，他说：“比较起来，林徽因思想活跃，主意多，但构思画图，梁思成是高手，他画线，不看尺度，一分一毫不差，林徽因没那本事。他们俩的结合，结合得好，这也是不容易的啊！”他夸赞夫妻俩为“梁下君子，林下美人”，话里有聪明的自知，也有心悦诚服的羡慕和祝福。

徐志摩因为追求林美人得不偿失，但他无怨无悔。做不成夫妻，可做朋友。此后，他一直与林徽因保持真诚的友谊。他常自言："于茫茫人海中访我唯一灵魂之伴侣。"让人想到林徽因。在他眼里，她就是他的灵魂伴侣。找到了，得不到，但曾经拥有，也可聊以自慰、以此为幸吧。而林徽因的世界，徐志摩未必懂。林的儿子梁从诫有句话比较贴切："徐志摩的精神追求，林徽因完全理解；但反过来，林徽因所追求的，徐志摩未必理解。"

而林徽因呢，到底爱徐志摩有多少？有多深？爱是没有疑问，但由于理性，她需要热烈的爱，更需要细水长流的温馨，所以最终选择退避……

后来，林徽因曾说："徐志摩当初爱的并不是真正的我，而是他用诗人的浪漫情绪想象出来的林徽因。"满是解释的意味。

徐志摩死后，她在 1932 年农历正月初一日致胡适的一信里写道：

我的教育是旧的，我变不出什么新的人来，我只要对得起人——爹娘、丈夫（一个爱我的人，待我极好的人）、儿子、家族等等。后来更要对得起另一个爱我的人，我自己有时的心，我的性情便弄得十分为难……这几天思念他思念得很，但是他如果活着，恐怕我待他仍不能改的。事实上太不可能。也许那就是我不够爱他的缘故，也就是我爱我现在的家在一切之上的确证。徐志摩也承认过这话。

林徽因的儿子梁从诫也说："林徽因对徐志摩更多地是待之以文学上的师友，其实这才是他们之间的真实关系。"

是耶？非耶？想必只有当事人知道。因为事实是，徐志摩确实为她离了婚，人们也无法忘记他们一道陪泰戈尔访华，一起演诗剧《齐德拉》。人们无法忘记徐志摩是在赶听林徽因的一场演讲中乘飞机失事的，更无法忘记林徽因的床头一直挂着的飞机残片……

在文学和艺术上，当年那个在伦敦的少女林徽因，一定受过徐志摩的重要影响，在艺术和精神层面，他们更接近。至少在精神上，林徽因是恋过徐志摩的。

人们注意到张幼仪在自传中提到1947年她与林徽因的一次会面：

一个朋友来对我说，林徽因在医院里，刚熬过肺结核大手术，大概活不久了。连她丈夫梁思成也从他正教书的耶鲁大学被叫了回来。做啥林徽因要见我？我要带着阿欢和孙辈去。她虚弱得不能说话，只看着我们，头摆来摆去，好像打量我，我不晓得她想看什么。大概是我不好看，也绷着脸……我想，她此刻要见我一面，是因为她爱徐志摩，也想看一眼他的孩子。她即使嫁给了梁思成，也一直爱徐志摩。

语气里还有酸味，能说徐、林没有感情吗？

今天的男女感情，很难走到他们这么理想的境地，就宣告结束了。但他们可以，他们的感情，与他们的文字、人品一样，熠熠闪光，成为人间一景。

徐志摩走了，那首写于1931年的《我去》，还回响在人间：

你去，我也走，我们在此分手；
你上那一条大路，你放心走，

看那街灯一直亮到天边，
你只消跟从这光明的直线！
你先走，我站在此地望着你：
放轻些脚步，别教灰土扬起，
我要认清你远去的身影，
直到距离使我认你不分明。
再不然，我就叫响你的名字，
不断的提醒你，有我在这里，
为消解荒街与深晚的荒凉，
目送你归去。

曾经沧海，一往情深。在他心里，林徽因是永远圣洁的白莲，纵不能拥有，也要用一生来凝望……多么圣洁的感情！

上天嫉人，扼杀世间多少惊世骇俗的爱情。真爱沧桑，才刚欢娱，转瞬相思成泪。自古多情空余悲，人间情痴多伤憾。林、徐之爱纯情浪漫，但终成镜花水月。只是，爱不灭情未绝，仍有无数痴情男女前仆后继而来，从他们的爱情中获得无限想象和力量。

笑成一串风铃

民国才女中，林徽因的魅力最为世人称道。她的美丽、高贵、才华和智慧，几乎无可挑剔，成为完美的化身。她生得美，令众花失色；她能诗文，善艺术，灵气透脱，自然天成；她还是建筑家，她让自己

的美和艺术灵气延展到建筑，使建筑艺术化、诗化，从而给沧桑寂寞的中国古建筑以从未有过的生命和尊严。

与很多才女相比，林徽因的才华显得更加全面大气，更加灵动自然。她的美，是自然的绽放；她的才华，不给人努力积累的感觉，而是自然天成。在她不长的岁月里，只不过信手拈来几下，她就创作出气质非凡的诗文和建筑文字。所以，连胡适也忍不住称其为“一代才女”。

建筑，在中国一直不被重视，被认为是雕虫小技，更没有形成现代意义上的学科。今天，当我们提到这个已成为热门的学科时，总会想起两个人——梁思成和林徽因。他们以前瞻的世界眼光，为中国带来建筑科学。前者以其严谨创造了理论体系，后者以其敏锐的艺术才华赋予建筑美的内涵。他们夫唱妇随，相互配合，共同开拓了中国的建筑科学这一崭新领域。

林徽因家学渊源，学贯中西，集小说、诗歌、散文、戏剧、绘画、哲学、美学、音乐等各种艺术才华于一身，而且她打通这些领域，自由行走，游刃有余，其才情，绝非一般才女可比。她把自己的知识和艺术修养，运用到建筑上，让建筑成为艺术，呈现出诗一般流动的美丽。

建筑，在林徽因眼里就是诗。她的关于建筑的文字，理性中充满灵动和诗意，在理性思辨中给人美感。

在她和丈夫梁思成合著的《平郊建筑杂录》中，她这样阐释中国的古建筑和自己的“建筑意”思想：

顽石会不会点头，我们不敢有所争辩。那问题怕要牵涉到物理学者，但经过大匠之手泽，年代之磋磨，有一些石头的确是会蕴含生气的。天然的材料经人的聪明建造，再受时间的洗礼，成美术与历史地理之和，使它不能不引起鉴赏者一种特殊的灵性的融合，神志的感触……

无论哪一个巍峨的古城楼，或一角倾颓的殿基的灵魂里，无形中都在诉说，乃至歌唱；时间上漫不可信的变迁，由温雅的儿女佳话，到流血成渠的杀戮。他们所给的“意”的确是“诗”与“画”的……

形以散文的笔法，分析到位，用词精准且灵气跃动，富于情感和想象。

她这样描写汾阳的龙王庙：

庙内空无一人，蔓草晚照，伴着殿庑石级，静穆神秘，如在画中。

她这样写山西孝义城外的东岳庙：

小殿向着东门，在田野中间镇座，好像乡间新娘，满头花钿，正要回门的神气。

把建筑诗意化了，文字是真的好。

而在她的诗中，也可见建筑的影子，如她的《深笑》：

是谁笑得那样甜，那样深，
那样圆转？一串一串明珠
大小闪着光亮，迸出天真！
清泉底浮动，泛流到水面上，
灿烂，
分散！

是谁笑得好象花儿开了一朵?
那样轻盈，不惊起谁。
细香无意中，随着风过，
拂在短墙，丝丝在斜阳前
挂着
留恋。

是谁笑成这百层塔高耸，
让不知名鸟雀来盘旋?
是谁笑成这万千个风铃的转动，
从每一层琉璃的檐边
摇上
云天?

笑声，如风起处古塔上铎铃的叮当作响，一串串向上延伸、延伸……比喻生动贴切，又别致空灵，实在是妙。

这样的文字，他的丈夫梁思成写不出。她的感性和灵动，正好与丈夫的严谨逻辑相结合，达成事业上的互补共进。他负责技艺，她负责美化，夫妻二人夫唱妇随，相得益彰，把建筑学搞得既科学又艺术，实为难得的绝配。

说起来，林徽因对建筑的兴趣，源于少女时代。林徽因在伦敦时，房东是一位女建筑师，耳濡目染中，她了解到建筑并非凝固没有生命的物体，而是蕴涵历史、文化和艺术的，历史赋予它生命和流动感，文化和艺术赋予它美感。建筑就是凝固的音乐，其中更体现了人类的才华智慧。在欧洲旅行一圈后，她对建筑更多了一份认识。希腊的神庙，中国的故宫，巴黎的铁塔，中国的古塔……风格不同但各具魅力。

林徽因本是文艺青年，本身有丰富的文化和艺术修养，在对建筑的认识中，她很自然地把建筑和自己的文艺爱好相结合。建筑的确是一门学问啊，人家都有了这门科学，而中国却正处于内忧外患之中，古代的伟大建筑正遭受前所未有的破坏……

建筑，正契合了她的禀赋和爱好：既喜欢文艺的灵性浪漫，又喜欢科学的深厚严谨。少女林徽因心中也产生了一个建筑师的梦。她的这种兴趣，后来影响到梁思成，也与梁启超先生的远见不谋而合，从而成就了她和梁思成共同的建筑事业。

林徽因的聪明，就在于她的方向感极强，明白自己喜欢什么，要做什么。她把自己的天性和才华，与自己想做的事业完美结合，充分释放自己，创造出自己最大的价值。也因此，成就了她文学家兼建筑家的双重角色，把自己两方面的才华发挥得淋漓尽致，臻于完美。

1924 年 6 月，已经订婚的林徽因、梁思成同往美国学习建筑和美术。他们利用暑期在康奈尔大学学习。林徽因学习户外写生和高等代数，梁思成学习水彩静物画、户外写生和三角。两个月后结束学习，两人进入宾夕法尼亚大学。两人都想学建筑，但因当时宾大建筑系不招女生，林徽因进入美术系学习，由于她功底好，一入学就进入三年级。好在美术系和建筑系都属于美术学院，林徽因得以旁听建筑系的课程。

此间，林徽因就显示出出众的美术和设计才华。在一次学校圣诞卡设计比赛中，她用点彩技法画了一幅圣母像，因为有中世纪欧洲圣母的庄重风格而获奖。这件作品如今已经作为文物收藏在学校档案馆。

在美求学期间，梁思成失去母亲，林徽因失去父亲。父亲去世，本是半官费留学的林徽因一时断了经济来源，要强的她要半工半读，但被梁启超制止，在梁家的帮助下林徽因最终完成学业。

1927 年 7 月，梁思成建筑专业毕业，并获建筑师资格。林徽因美术专业毕业，因为建筑设计上的才华，被聘为建筑系教师助教。

在梁启超的引导下，梁思成又进入哈佛大学学习，研究西方人对中国古建筑的了解。徽因则进入耶鲁大学学习了半年舞台设计。

1928 年 3 月 21 日，两人在加拿大梁思成大姐家完婚。之所以选择这一天，是为了纪念中国的首位建筑师——宋代建筑家李诫，可见他们立志中国建筑事业的决心。当时，婚纱是林徽因自己设计的。

之后，梁启超又安排了他们的欧洲蜜月之旅，参观考察欧洲的建筑。回国后，应聘于东北大学建筑系。林徽因还为东北大学设计了“白山黑水”校徽。

不能不说，有梁启超这样的父亲，他们是幸运的。梁启超政治失意后专心学术，也希望孩子们以学问立世。他在国学研究中发现《营造法式》（北宋京城宫殿建筑的营造手册，为宋徽宗时工部侍郎李诫所著），兴奋地写信给宾大的梁思成：“一千年前有此杰作，可为吾族文化之光宠也。”寄给思成该书重印本，建议他由此入门研究中国古建，并了解国外对中国古建的了解情况，从而发现一条自己的学术之路。他有意识地指引儿子、儿媳走上建筑之路，以弥补中国的这块空白。他的远见卓识，正好契合了林徽因夫妇的志趣。《营造法式》一书，为梁、林研究中国古建筑打开一扇大门。

1931 年 9 月受聘于朱启钤开创的中国营造学社后，他们生活工作得以安定，加上一双儿女的诞生，林徽因的创作激情迸发，发表《你是人间四月天》等大量诗歌、散文及小说作品，并开始有意识地向国外推荐中国的古建筑艺术。

1932 年夏天，林徽因夫妇对北京郊区的卧佛寺、八大处等地进行了实地考察，发表了著名的《平郊建筑杂录》。这次行动的成功开启，给他们无限的信心。此后，夫妻二人比翼双飞，夫唱妇随，开始了走遍大半个中国的古建考察之路……

佛前丽影

林徽因、梁思成夫妇，在抗战的战火纷飞中，对中国古建筑进行野外调查和研究工作，发现、研究、抢救和保护了一大批有历史和文化价值的古代建筑。同时，他们写成《中国建筑史》一书，用现代方法创立了中国的建筑科学体系。

林徽因出身名门，从未到过乡间荒野之地，而且她体弱多病，但她没有娇气；她是当时已经炙手可热的诗人、小说家，但她不恋书房，不留恋自己养尊处优的尊贵生活。为了建筑事业，她拖着病体，毅然跟随丈夫梁思成走上了野外考察古建筑的道路。以下是他们夫妇的野外考察履历：

1933年9月，去山西大同考察云冈石窟。10月去河北正定考察古建筑。

1934年1月，梁思成著《清式营造则例》一书，林徽因写了绪论。同年夏，同费正清夫妇、汉莫去山西汾阳、洪洞等地考察古建筑。10月，应浙江建设厅邀请，到杭州商讨六和塔重修计划，之后又去浙南武义宣平镇和金华天宁寺做古建筑考察。

1935年3月，夫妻合著《晋汾古建筑预查纪略》一文。

1936年5月28日，去河南洛阳龙门石窟、开封及山东历城、章丘、泰安、济宁等处做古建筑考察。

1937年，应顾祝同邀请，到西安做小雁塔的维修计划，同时还到西安、长安、临潼、户县、耀县等地做古建筑考察。7月，赴五台山考察古建筑，林徽因意外地发现榆次宋代的雨花宫及唐代佛光寺的建筑年代。7月12日到代县，得知发生“卢沟桥事变”，于是匆匆返回北平。

在抗日战争爆发前夕的四年时间里，为了寻找并调查中国古建筑，林徽因夫妇的足迹涉及山西、河北、浙江、河南、陕西等地，拍摄大量古建图片，测量并绘制大量古建图片，积累大量资料，写作完成《清式营造则例》一书和《晋汾古建筑预查纪略》一文，对中国的古建筑在抗战前进行了抢救式的调查研究。

当时，乱世纷争，国内各利益阶层间争权夺利，内战不止，民不聊生，各色知识分子都投靠于某个利益集团，林徽因夫妇却坚守独立知识分子的职业和道德操守，独立不倚，不偏向任何党派学派，而是心系国家，专心自己的学问。为了探索古建的营造法式，他们坐着骡车，一路住鸡毛小店，穿行在时有强盗出没的荒郊野外、穷乡僻壤，一路颠簸不平，一路辛苦地前行……

要知道，他们两个，不仅生于富贵之家，而且身体并不强壮。梁思成年轻时因车祸留下腰椎残疾，林徽因因肺病几度被医生判为重症。但他们为了建筑事业，长途跋涉，不辞辛苦。每当看到一处古建，他们兴奋异常，不顾上面积年的尘埃，爬上爬下，丈量、测绘、拍照等等，忙得不亦乐乎。而且这些古建因年久失修，很多梁柱多已腐朽，时有倒塌的可能，而且时常有蜘蛛、蝙蝠等出没，实在让人心惊。但林徽因不仅不怕，每每还要爬上去……

大佛前的丽影

无数个晨曦里、夕照下，骡车上出现一个身影，瘦削而妩媚，逶迤穿行在山间荒野……她就是这个古建筑野外考察队的唯一女性——林徽因。他与男人们一起，风尘仆仆。此时，她不是太太客厅那个养尊处优的贵妇，而是一位浑身闪烁着朴素光芒的智慧女神。

这就是林徽因与张爱玲、陆小曼等名门才女最大的不同和可爱之处。林徽因不会满足于自己既有的富足和风雅，她与丈夫一道，一头钻进古建筑考察中，开创自己更有意义的事业。

他们不以此为苦，在林徽因夫妇看来，这个过程，就是他们寻找和发现的过程，这是他们的事业也是乐趣，所以能以苦为乐，乐在其中。风吹日晒，登高爬下，林徽因从没一点顾虑和惧怕。今天，看林徽因的一些古建筑考察期间的照片，无论是坐在马车、檐顶、梁间，还是倚在城墙边，站在佛前，都是一脸笑意，一脸凝重的思考。不施脂粉，不着华衣，但感觉那么美丽、蕴藉。而那些在风尘中寂寞了千年的古建筑，也因她顿时有了生气，显得更加优雅端庄。在相得益彰中，二者获得最丰满的美丽。

林徽因夫妇叹服于那些高耸入云的古塔，那些或庑殿式或歇山顶式的大屋顶，他们驻足留恋，为中国有这样巧夺天工与有着极高科学和艺术价值的古建筑而赞叹不已……

当时，日本对中国古建筑的研究已经很多，日本建筑界声称中国的唐代木构建筑在日本，中国已经无存。对此，林徽因夫妇十分焦心，他们不能让日本人在这个研究上占了先风。当他们千辛万苦到达五台山后，林徽因惊喜地发现了佛光寺，它不正是一座典型的唐代木制建筑吗？这个发现让日本人也竖起了大拇指……

在4年多的时间里，他们走了全国近200个县，调查了1800多座古代殿堂房舍，实地勘探的唐朝、宋朝、辽代、金代等木结构建筑就达40多处，对年代稍近的明、清代建筑，更是多有涉猎。梁思成在后来所做的野外调查小结中，曾写道：

截至1941年，梁思成所主持的营造学社已经踏访了十五个省份里的两百个县，实地精细地研究了两千座古建筑，其中很大一部分徽因大概都参加了。

由此可见林徽因在古建筑考察上所付出的热情和努力。

城墙边的痛哭

发现佛光寺的喜悦还未退去，1937年，抗日战争爆发了，林徽因夫妇匆匆赶回北平。与当时的很多知识分子一样，他们带着孩子，一路颠簸南下，冒着生命危险，才到达大后方昆明。因日机轰炸，1940年，他们又带领营造学社随中研所到四川。此间，他们对云南、四川、陕西等地的古建筑进行了考察，林徽因为云南大学设计了女生宿舍。

不久，他们住进四川李庄。林徽因肺病复发，卧病四年。这是林徽因生命中最困苦的日子，疾病缠身，瞬间夺去她的美丽，她骨瘦如柴，衰老早至，成天躺在床上。原来那个风华绝代的林徽因，从此一去不返。这一度使爱美又自负的她十分丧气绝望，好在有丈夫梁思成的细心关爱，有一对儿女的床前承欢，有金岳霖、费慰梅夫妇等人的关慰，她感觉很安慰。更重要的，还有她喜爱的文学艺术和建筑为伴，她决定坚强地活着。

病榻上，林徽因读了大量的书，从中国的古典诗歌到英国的雪莱、济慈，从古代的墓室建筑到明清的宫殿，她无不涉猎。她阅读了二十四史和各种典籍，编辑校对并润色了丈夫的《中国建筑史》，并做了必要的补充，其中辽、宋代部分由她写作完成。

知识让病中的林徽因充满能量，不减光芒，而且她比任何时候都更坚强有力。

抗战胜利后，1946 年 2 月，林徽因乘机到昆明拜会西南联大校长梅贻琦，建立了清华建筑系。1948 年 11 月，国民党当局要求北平的高校南迁，林徽因反对迁校。当时，张奚若带两名解放军到她家，请林徽因夫妇划出保护古建筑的目标，他们感到新政权的信任，于是决定留下。他们想：任凭什么新政府，总要进行建设吧，那么他们的建筑事业就会有用武之地。林徽因被聘为清华大学建筑系一级教授。1949 年 2 月，人民解放军百万大军挥师南下，林徽因夫妇等人编印《全国重要文物建筑简目》，即后来的《全国文物保护目录》，成为日后文物保护中发挥巨大作用的基础性文献。

再之后，林徽因参与了新中国国徽和人民英雄纪念碑的设计……

那段时间，夫妇两人很快乐地忙碌着，为新中国的建设殚精竭虑。

对于古建筑，林徽因夫妇倾注了大量的精力，也最有感情。因为他们发现了中国古建筑无可替代的美和价值所在。所以，他们用一生来捍卫。

林徽因曾在《营造学社汇刊》第2卷1期上发表《论中国建筑之几个特征》一文，阐述古建之美和价值。

这是中国最早写古建的理论文章。林徽因指出了中国古建筑的科学和艺术所在，显示出她在中外建筑上的丰富知识和真知灼见。所以，说她是中国建筑科学的先行者和奠基者，也毫不为过。

她的建筑眼光是世界的，艺术的，闪烁着人性的光芒。正因对中国古建的了解和热爱，新中国成立后，她率先提出保护民宅。据他们夫妇的学生——古建筑专家罗哲文先生回忆：1953年在北京召开的“关于首都文物建筑保护问题座谈会”上，林徽因提出保护民宅。她说：“北京市保护旧文物建筑多半属于宫殿、庙宇，对民间建筑便没有注意。艺术从来有两个系统，一个是宫殿艺术，一个是民间艺术，后者包括一些住宅和店面，有些手法非常好，如何保存这些是非常重要的。”

她的发言得到重视，民宅从此被纳入保护范围。

然而，进入50年代，由于提倡新建筑不妨采用传统的大屋顶形式，以及主张保护北京古城，梁思成遭到多次批判。

当看到古老的明清古城墙遭到拆毁时，梁思成和林徽因抚砖痛哭，那痛，是撕心裂肺的。遍观当时的整个中国，处在大搞新建设的一片山呼中，乱糟糟一片，谁又能理解这对夫妻对中国古建筑的一片深情呢？

1953年5月，北京市开始酝酿拆除牌楼，北京的古建筑面临被拆除的危险。时任北京市副市长的吴晗担起此任。为了挽救四朝古都仅存的完整牌楼街，梁思成与吴晗发生激烈的争论，梁思成被气得当场失声痛哭。

不久，在文化部欧美同学聚餐会上，林徽因又与吴晗发生冲突。她情绪激动，冲动地指着吴晗的鼻子说："你们真把古董给拆了，将来要后悔的！即使再把它恢复起来，充其量也只是假古董！"

同济大学教授陈从周回忆道："林徽因指着吴晗的鼻子，大声谴责。虽然那时她肺病已重，喉音失嗓，然而在她的神情与气氛中，真是句句是深情。"

本来身子都弱，加上心情恶劣，林徽因夫妇都病倒了。梁思成去看邻房的妻子，夫妻二人对面相视，无言而泣……

或许因为伤心绝望，林徽因拒绝吃药，病情很快恶化，最终于1955年4月1日病逝于同仁医院。一代才女，就此香消玉殒。

太太客厅

20世纪30年代，是林徽因夫妇最好的时光。名门兼高知，事业稳定，儿女双全，生活优越，已为人妇人母的少妇林徽因，美丽之外更增几分丰韵。

他们的家——北总布胡同3号，一个花木扶疏、环境优雅的四合院里，经常是高朋满座，往来无白丁。胡适、沈从文、金岳霖、费慰梅夫妇等，经常造访。他们品茗论诗，古今中外，高谈阔论，成为北平的一大景观。在抗战前夕，这些志趣相投的知识分子，在暂时的安闲中，自发地聚在一起，形成一个精英文化沙龙。由于林徽因是沙龙的女主人，也是灵魂人物，因此这个沙龙被冠以“太太客厅”的美誉。

林徽因的女儿梁再冰回忆说：“从‘九一八’事变（1931 年）之后到‘七七事变’（1937 年）之前，我们全家在北总布胡同 3 号住了六年，这是我们家生活相对稳定富裕的一段时间，是夹在两场大风雨中的一个短暂的阶段……这是母亲一生中最好的时期。”

此时的她，正是三十余岁的年纪，退去少女的稚气，添了女人的温柔和丰韵。既有女人的温婉，又有知识女性的知性干练。她生活幸福，精力旺盛，光彩照人，正是人生最饱满的时期，浑身散发着迷人的魅力。

对于自己的美，她也很有自知，也善于欣赏。她喜欢拍照，是自我欣赏，也是作为生活情趣。今天，看她这个时期的照片，抱着幼儿，充满母爱；与家人合影，尽享天伦之乐；骑马归来，英姿飒爽，时尚前卫；一个人在花前或窗前读书或思考，充满才女智慧魅力……

林徽因夫妇本来名门出身，加之又是文化精英，自然来往于他们家里的，都是精英知识分子。胡适、徐志摩、金岳霖、李健吾、沈从文、费正清夫妇、萧乾……都是她家的常客。他们很乐于走进这个家，不仅因为他们的家庭和文化背景相似，志趣相投，更由于这里有一位美丽而智慧的女主人——林徽因。

林徽因夫妇也乐于接待这些文化人。她自小见惯了各种形式的文化聚会，这对她是最熟悉不过的了，所以以女主人的身份招待他们自是轻车熟路。

尽管来的人多是男人，而且都是学富五车的高级知识分子，但林徽因一点都不犯怵，一来因为这些都是她夫妇二人的朋友，二来自己与这些男人相比，毫不逊色。他们说什么话题，自己不仅能听懂，而且还能插进去，参与交流讨论。

作为沙龙的东道主，或者说主持人，林徽因不仅负责招待朋友们，而且经常与他们侃侃而谈，口吐莲花，妙语连珠，大放光芒，令在场的男士们瞠目结舌，啧啧称叹，纷纷拜倒在她的石榴裙下。

林徽因不仅天生美丽，而且天生伶牙俐齿，能言善辩。她说起话来，语速很快，别人很难插得上嘴。加上她学贯中西，有丰富的知识，说话时很善于旁征博引，谈古论今，而且干净利落，妙语连珠，出口成章，就更令人只有倾听的份儿了。

她健谈，但听她的话，绝不给人冗长啰唆感，当然更不是那种话痨“三八”婆。她的滔滔不绝和口若悬河里，可见她的天赋，她的才思，她的思想和智慧。

她的话里，很少家长里短的琐碎无聊，总是充满知识和智慧之美。比如一个话题，她可以从文学说到哲学和美学，从建筑说到历史和艺术，从绘画谈到自然和个性……一套接着一套，妙语连珠，往往语惊四座。她总能把话题引向深入，引起大家进一步的讨论思考。这是多么聪明的沙龙女主人啊，谁不愿意下次再来呢？

林徽因美丽的容颜，优雅的姿态，开阔而敏锐的思路，丰富的知识，深刻的识见，口吐莲花般的玲珑表达，甚至常常是中英文结合，令人惊叹，这分明是在听她歌唱。听者插不进话也不想插话，只想这么饶有兴味地听下去……

这些精英男士，本来情趣高雅，此情此景，他们乐于欣赏，以此为享受。他们才不肯打断她呢！他们愿意静静地欣赏，甘愿做她的陪衬。这就是林徽因的魅力。

此刻，家是她的，舞台也是她的，男人们都成了她的俘虏，她被这些别的女人只能心向往之的男士精英们包围着，宠爱着——她成为沙龙的灵魂，也成为当时北平最美的女人，最美的风景。于是，林徽因很自然成为这个文化沙龙的核心人物，沙龙被称为“太太客厅”。

曾参加沙龙活动的费正清在回忆录中写道：

她是一个具有丰富的审美能力和广博智力活动兴趣的女人，而且她交际起来又洋溢着迷人的魅力。在这个家，或者她所在的任何场合，所有在场的人总是全都围绕着她转。

林徽因如此出众，她的丈夫梁思成，会不会显得相形见绌？或者，作为丈夫，妻子在家里在外人面前成了主角，自己会不会难堪？做林徽因的丈夫，想来是不好当的。

大概，梁思成也有过不舒服。据说夫妻俩也吵架，中英文结合，但他往往不是妻子的对手，总是先偃旗息鼓下去。偶尔，他也会笑着顶妻子一句："你说起话来谁还能插得进去呢……"

但他终归是欣赏妻子的，当然以有这样的妻子为自豪。因为他深爱她，因为她忠于他。他们青梅竹马，两小无猜，彼此忠诚，相濡以沫。梁思成丝毫不介意妻子在公众面前风头盖过自己。他出身名门，当然不需要自我宣传；他个性敦厚，不善言辞，为人低调。他与其他男人一样，只愿意欣赏妻子。

梁思成用自己的聪明和方式，爱着妻子。他是自信的，自信妻子对自己的爱。他也知道，妻子美丽智慧，自然容易"命犯桃花"。徐志摩和金岳霖对妻子的爱，他怎么不知道呢？但他知道妻子是传统而坚贞的女人，对她是放心的，所以她无论怎么当众出风头，他丝毫不介意。再说，上他家来的，都是他们夫妻真诚相交信得过的朋友。他们是文化精英，又是君子。他们明白，林徽因这样的女人，只可欣赏不可亵玩焉。所以，大家都保持着深厚的友谊。这是他们最让我们佩服的所在。

我想，妻子被这么多男人围绕并欣赏，作为丈夫，梁思成一定也十分受用，内心的虚荣也得到了极大的满足吧。

当然，他自己也很享受有这样的妻子。在别人面前，他总说："我那迷人的妻子……"比如，在四川李庄时，林徽因卧病期间，仍保持求知的热情。她大量阅读典籍，研究汉代历史。梁思成对此十分欣赏，在写给友人的信中，他这样写道：

她一提起汉代人，简直像在谈论隔壁家要好的朋友！这不打紧，她把他们的习惯、服装、建筑甚至性情都牵连成一线。若按现在的速度做下去，她迟早会成为汉朝研究的专家。

字里行间满是对妻子的欣赏。

今天，当说到林徽因，人们欣赏的，不只是她的美貌和才华，更有她对男人的那种吸引力。林徽因一生都在吸引着各色男人。小时候，她是父亲的掌上明珠；少女时，他是梁启超一眼盯上的未来儿媳；在伦敦，她是让大才子徐志摩一见倾心穷追不舍的女人；已为人妇，她是哲学家金岳霖一生相恋一生为她单身的女人；在交际场中，她是才女，更是征服无数精英男人的女神……

这些男人们，甘愿为她服务，做她身边的配角：父亲甘愿收起威严，做她“天才女儿的朋友”；梁启超目光不离处心积虑精心设计，终于让她做成自己的儿媳；梁思成待她如公主，形影相随，温柔照顾她一生；徐志摩为她离婚弃子，一生追随，直到为她在空中粉身碎骨；金岳霖为她默默恋一生，终身不娶……

他们众星捧月一般的“拱卫”着林徽因，为她肝脑涂地，在所不辞，心甘情愿地拜倒在她的石榴裙下。而林徽因，在他们面前，也更加眼波流转，光彩照人。

林徽因像一位天使，虽然在人间只是倏然一现，但她的美丽已经照亮人间。她已经走远，但似乎从未离开。她那灿然的微笑，早已融入不灭的历史长空，久久地照着人间——今天的北总布胡同，总有一些人徘徊瞻顾，追寻着“太太客厅”的风流雅事……

女人的仇敌

林徽因有家世有才貌有爱情有家庭有儿女有事业，活得太完美，太炫人，冠盖群芳，其他才女尚且难望其项背，更何况一般女子了，只有叹息的份儿。

妒忌是女人的天性。林徽因这样的女人，往往更容易招来女人的妒忌。再加上她的率真和心直口快，不仅容易得罪人，也总是引起女人的仇视。

对于她的美，男士们会毫不吝惜地赞美，女人们心里即使认同，却难把赞美说出口。对于她的率真个性和心直口快，欣赏的会说是真性情，难得可爱；但对于妒忌她的女人，这些都成了刺伤人的缺点。

林徽因与冰心的一桩轶事，可说明两位才女的微妙关系和个性。

她们结识于美国留学时期，双方男友也是好朋友，四人经常一起野外聚餐。但后来，两人生了嫌隙，从此形同陌路。

1933年，冰心在《大公报》发表小说《我们太太的客厅》，其中有这样的文字：

我们的太太自己是个女性，但并不喜欢女人……在我们太太那软艳的客厅里，除了玉树临风的太太，还有一个被改为英文名的中国佣人和女儿彬彬（让人想到林的女儿梁再冰），另外则云集着科学家陶先生、哲学教授（让人想到金岳霖）、文学教授，一个所谓艺术家名叫柯露西西的美国女人（让人想到费慰梅），还有一位“白袷临风，天然瘦削”的诗人（让人想到徐志摩）。此诗人头发光溜溜地两边平分着，白净的脸，高高的鼻子，薄薄的嘴唇，态度潇洒，顾盼含情，是天生一个“女人的男子”……

小说引起北平文化圈热议。只要是有所了解的人，这里影射的是林徽因。因为其中人物都有现实的影子。虽然冰心自己从不承认，但似乎难以自圆其说。

当时，远在山西考察古建筑的林徽因听到议论，十分气恼，以她的个性，她怎么会善罢甘休？在自尊的她看来，这无异于对自己人格的羞辱。她在山西买了一坛子老陈醋，回到北京后，就托人给冰心送去。冰心收到后，心里自然明白。林徽因对此十分得意，对朋友们论及，可想冰心听到是何感受。两人从此生隙，断绝来往。

李健吾曾回忆说：

我记起她亲口讲起一个得意的趣事。冰心写了一篇小说《太太的客厅》（？）讽刺她，因为每星期六下午，便有若干朋友以她为中心谈论种种现象和问题。她恰好由山西调查庙宇回到北平，带了一坛又陈又香的山西醋，立即叫人送给冰心吃用。她们是朋友，同时又是仇敌。

凭心而论，我很理解林徽因的感受。毕竟，冰心的做法，不仅暴露出她的嫉妒，而且有失厚道。林徽因能够吸引那些精英文化名人到她家中做客，凭的是个人才华和人格魅力，不仅光明磊落，纵有绯闻，也轮不到冰心来这么对号入座地影射吧？自己没有那个本事，心里酸，忍忍也就罢了，又何必如此？实在有失体面风度。所以她至死不肯承认，大概也自觉不妥吧。

知性魅力林徽因

一点小事，即可见两个女人间的较量。因为嫉妒，风度尽失。冰心作为女人，她的嫉妒也许不可避免，但终究有失大体；林徽因的自我保护虽有必要，但终给人不服输的任性。

当然，毕竟她们都是女人，是女人，就难免有时任性，甚至不讲道理。她们虽是万人仰慕的才女，但毕竟不是完人，有这样的小性格，也属正常，更显真实可爱。

林徽因不肯服输，但这不能说她缺少女人的善良温柔。她的气质，首先是女人的，其次才是知识智慧的。或许可以这么说，因她鲜明的个性，在欣赏者面前，她是完全本真的、优雅的，她因此吸引人；在冒犯者面前，她不带一丝世俗的妥协，她因此得罪人。我想，这正是她的可爱脱俗之处，也是男人们为之痴狂、女人们嫉妒她之所在。

围在林徽因身边的，多是男人。而林本人，也极少接触平庸的女人。更何况，林徽因也从不会讨好迎合哪个女人，她不屑于圆滑，她只想做她自己。这样，她就让很多女人不舒服了。

在现有的资料中，林徽因的女性朋友，除了国际友人费慰梅，似乎很少女朋友。不仅如此，据说她在女人圈中没人缘。

原因可想而知，有女人的天性妒忌，也有林徽因的高傲好强，个性率真，心直口快。

林徽因的个性确实很强，这一方面由于天性好强，二来也源于母亲的影响。幼年时，她虽然受到长辈的宠爱，但同时作为长女也承担很多，而她和母亲被冷落的境遇曾深深刺伤过她。这让她更加要强，个性上也不免急躁。大概她与丈夫梁思成也没少吵架，只是梁思成脾气好，也不与她计较。虽然他爱林徽因，但她强烈的个性，也总让他为难。林过世后，61 岁的梁思成不顾儿女反对，坚决续弦林洙，并对林洙说："我不否认和林徽因在一起有时很累。"由此可见，林徽因曾给梁思成不小压力。他们的儿子梁从诫曾这样说起母亲：

她后来的一生中很少表现出三从四德式的温顺，却不断地在追求人格上的独立和自由……母亲有时脾气是急躁的……父亲喜欢动手，擅长绘画和木工，又酷爱音乐和体育，他生性幽默，做事却喜欢按部就班，有条不紊；母亲富有文学家式的热情，灵感一来，兴之所至，

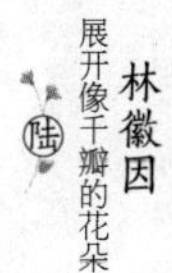

常常可以不顾其他，有时不免受情绪的支配。

不肯妥协，抛弃女人传统的温柔顺从，急躁易怒，情绪化，这些在林徽因身上都有体现。因为她太了解旧时女人在家庭中隐忍的苦楚，所以她不想做依附于男人的女人；因为她才高八斗，自然自负高傲，不肯做一般的家庭妇女。这样，她就会少一些温顺。

林徽因天资聪明早慧，自许很高，要强要胜，于是对己对人期待高，责己责人都不免严苛，不免理想主义。但是现实难免不理想不满意，这样她就着急上火，脾气发作。加之名门出身，才貌双全，总被捧着围着，难免任性而骄。

所有这些，都拉开她与人的距离。她太完美了，又有刺儿，她不轻易近人也不容易让人接近；她看不上一般人，一般人也难以在她那里找到快乐。这样，一般人只好对她敬而远之。

据说，林徽因与自己母亲关系也并不融洽。她成家后，母亲一直跟她住。但据说母女俩经常吵架。从文化层次上讲，她们是两个世界的人，彼此没有共同语言；从个性来说，两人都有个性，彼此难容，于是经常起摩擦。她对母亲，有亲爱没有喜欢。作为女儿，她也许尽到了责任，但不能说是一个让老人舒坦的乖女儿。

据说，梁思成的母亲李蕙仙，也并不喜欢林徽因，在他们的婚事上曾大加阻止。这又是为何？

1923 年 5 月 7 日，梁思成因车祸住院。林徽因得到消息后，只身跑到医院去探视、照顾。虽然他俩早已订婚，但在老观念的李夫人看来，男女授受不亲，一个大家小姐，更不该如此唐突。再说，梁思成是梁家大少爷，用得着她着急吗？所以她看不惯林徽因这做派。

这位老夫人在梁家威信高，由于她的阻挠，林徽因和梁思成迟迟没有订婚。直到这位老夫人去世后，情况才有所好转。但这位老夫人的长女，梁思成的姐姐梁思顺，跟母亲一样，也反对林徽因进梁家。据说她与林徽因多次发生口角冲突，几乎决裂。梁思顺也是位聪慧多才的女子，是梁启超最宠爱的“大宝贝”。两个才女相见，本来互不服气，加之林徽因不会讨好的性格，自然矛盾产生。

后来，在梁启超和梁思永（梁思成的弟弟）的美言下，林徽因的这位大姑姐才与之和好，最终同意在加拿大为他们办婚事。从 1925 年 7 月 10 日梁启超的一封信中可知：

思顺对于徽因感情完全恢复，我听见高兴极了。这是思成一生幸福关键所在，我几个月很怕思成因此生出精神异动，毁掉了这孩子，现在我完全放心了。

或许可以这么说，倘若没有梁启超的支持，没有梁思顺的最终答应，林徽因说不定进不了梁家。

林徽因个性率真，内心自由，追求真理，很适合从事艺术和学问，她也从中得到极大释放和价值体现。但同时她心直口快，好强气盛，少了女性的含蓄娴静之美，加上情绪化不大顾别人感受，让人不快。她虽天资聪明，但不谙人情世故，不善察言观色，不会曲意奉迎，不做无谓的人情交际，她不关心也不屑于此，这样就给人自我和骄傲的印象，无意中得罪人，尤其容易得罪女人。

按说这是多么好的品质啊，但社会人心复杂，难免有人不买帐。如果说男人面对她可做到原谅，那么原本对她心怀嫉妒的女人就不可能做到了。

梁思成的外甥女吴荔明在《梁启超和他的儿女们》一书中，透露了林徽因和家里众多女性关系不睦，只与梁思庄没有芥蒂。可见，林徽因确实不善处理与女人的关系。

可见，她并非人们想象中的完美，也有个性上的缺点。

李健吾曾这样评价林徽因：

林徽因的聪明和高傲隔绝了她和一般人的距离……绝顶聪明，又是一副赤热的心肠，口快，性子直，好强，几乎妇女全把她当作仇敌。

那么，林徽因为什么没有女人缘？李健吾曾分析说：

她缺乏妇女的幽娴的品德。她对于任何问题都感到兴趣，特别是文学和艺术，具有本能的直接的感悟。生长富贵，命运坎坷，修养让她把热情藏在里面，热情却是她生活的支柱。喜好与人辩论——因为她热爱真理，但是孤独、寂寞、抑郁，永远用诗句表达她的哀愁……

这里有批评，但更多的是赞赏，一个男人的理解和赞赏。

林徽因曾说：“在这个世界上，所有真性情的人，想法总是与众不同。”她是性情中人，纯粹的人，不同流俗，有着常人不能理解的孤独和傲慢。她个性独立自由，但同时认真尖锐；她善良纯真，但在涉及原则和尊严问题上，她倔强不屈，不会掩饰，不会拐弯，不会委曲求全，不会屈尊低头。她的可爱在此，孤独亦在此。

或许，聪明的林徽因明白，自己的才貌女人不愿看到不想承认，但男人们正好相反，而且其才华远远高过一般女人，所以她更愿意与精英男士交往，把自己的光彩绽放在最适合的人面前。而且，男人们不多嘴不传言，只会成就并放大她的美丽。

因为冠盖群芳，所以傲然独立；因为高标独立，所以风流任凭人说去。

林徽因生前没有女人缘。有意思的是，在她身后，无论当时后世，对她最多关注称羡的，还是一代代的女人们。她没有活在当时的女人圈中，却活在后世无数女人的心中。

林徽因美丽智慧，但终是不完美的，也不可能有人们想象的完美。但这并不妨碍人们把她当作偶像来供奉，一遍遍毫不厌烦地演绎并神化……

张爱玲

从尘埃里开出花来

见了他，
她变得很低很低，
低到尘埃里。
但她心里是欢喜的，
从尘埃里开出花来。

——张爱玲

见到他，心中的高傲瞬间崩塌；见到他，心甘情愿把自己放低放小，低到尘埃里，小到纤毫中。爱，让她心甘情愿地匍匐在他脚下，头向上仰视，看他。不觉得累，心里却是满心喜欢，欢喜得要开出花儿来……

孤高的张爱玲，遇到胡兰成，毫无防备地缴械投降了，心甘情愿，死心塌地。真应了那句话：一物降一物。

世间的缘分，也许真是上天注定了的，完全由不得自己。大概张爱玲也没想到，自己会爱上一个可以做自己父亲且不能被原谅的男人，而且爱得那么深，那么彻底，爱到完全失去自己，飞蛾扑火，全情投入，直到把自己的美丽和才华耗尽。虽然她最终选择放手和坚强，但却无法欺骗自己——爱到了尽头，从此这颗心再无能力爱。

胡兰成，是她的爱，也是她的命。爱不成，生命之花也凋谢了。

她出身名门，是真正的贵族，也是最后的贵族。华丽而沧桑的家族背景，赋予她天生的高贵高傲，传奇之恋滋养又断送了她的青春与才华。她勇敢告别旧世界，以成名自立演绎了坚强人生；她又倔强地留恋那个旧家庭，不停地用文字演绎着曾经的故事……

张爱玲是新的，赶着大上海的时潮走；张爱玲又是旧的，牵着人们回望过去。也许，这是她无法逃避的宿命。她就像旧世界的最后一颗流星，绚丽地划过天际，转瞬即逝，但光耀炫目，难忘至今。

生活中，她是现世的时尚的，浓妆艳服，她享受张扬着；文字里，

张爱玲（1920–1995）

她是老旧的传统的，看透世态人情，悲欢皆沧桑，她回忆咀嚼着；性情中，她是性情的忠于自我的，敢爱敢恨敢担当，她我行我素着。既华丽又苍凉，身在海外心在中国……看似矛盾，但一样的超然绝俗，大俗又大雅，皆能淋漓尽致地表达。胡兰成说张爱玲是"民国世界的临水照花人"，可谓一语中的。

这就是张爱玲，一个耐人寻味的女人。

总觉得，张爱玲是有家族情结的。她自己没有完整的家，却一生写家中的悲欢离合、爱恨情仇，晚年更是倾十年之力研究《红楼梦》，研究这个中国大家庭的人性与人生。她摆脱不了也不想摆脱，自恋自乐于其中。或许，那对她就是一个古老而迷人的梦。

她孤高地站在人生边上，冷眼旁观，遗世独立，道出人间万千风景。

她眼里，艺术就是生活，生活就是享受；她眼里，生活化成艺术，笔到之处皆为艺术。她把文字玩到天马行空、游刃有余的境地，文字在她那里获得全新的生命。人们读她的文字，就像体会自己的生活，或挽留或向往。

在此之前，从来没有哪个像她的文字那么深刻，那么冷酷，无论忧伤和快乐，直透人心。如她的小说集《传奇》一样，张爱玲本身，就是一个传奇。

最后的夕照

总是相信，一个人的思想和个性，源于其祖上和家庭。一个家族的命脉，总是代代相传，有迹可循。而一个人的个性，以及成长足迹，总能找到他家族或家庭的渊源。张爱玲给我的这种感觉尤其强烈。

今天，当我们在谈论她时，不能不追溯到她的祖辈和家庭，她祖上的荣华和沧桑，这种气质在张爱玲身上有着鲜明的体现。说到祖上，连张爱玲自己也说：“他们只静静地躺在我的血液里，等我死的时候再死一次。”话里有自豪，也有无奈。

祖上的显赫张爱玲本人并没有分享，她倒是凭着一点祖上遗传的高贵基因和不凡才气，为已经死寂的祖上平添几许末日的光华，让这个家族重新浮现在世人眼前……

张爱玲出生之前，她祖上的风光已近没落，如最后一抹夕阳，无限慵懒又无可奈何地放着自己最后的光彩。

张爱玲身世显赫，祖父张佩纶，同治进士，光绪年间侍讲大学士，官至署左副都御史，拜李鸿章门下。祖母李菊耦，李鸿章的女儿。张爱玲的母亲黄逸梵，其祖父是清朝首任长江水师提督黄翼升，为李鸿章初建淮军时的副手。张爱玲的继母孙用蕃，其父孙宝琦，曾任袁世凯内阁国务总理。

这样的家庭出身，势必会直接或间接地影响到张爱玲。

张佩纶是“清流党”的主角，文章一流，风流名士。李鸿章爱其才，就把自己养在家中一直没舍得出嫁的女儿李菊耦许配给了他。张爱玲曾说：“我祖母也是 23 岁才定亲，照当时的标准都是迟婚。”张佩纶比李菊耦足大 18 岁，典型的老夫少妻。

看李菊耦的一张照片，清秀纤柔，落落大方，手捧书卷，典型的大家闺秀气质。如此璧人嫁给一位大叔，心中当不会乐意，但作为李鸿章的女儿，她只有从命。据说婚礼办得隆重，李鸿章给了丰厚嫁妆，既有金银细软，又有豪宅等不动产。两个豪族之间的联姻，成为当时的特大新闻。据说《孽海花》就是以此为背景写成。

李菊耦出嫁后，没几年，父亲李鸿章（1901 年去世）和丈夫张佩纶（1903 年去世）先后去世。她 39 岁守了寡。（当时，张爱玲的父亲张廷重 7 岁，姑姑张茂渊 5 岁）

很快，权贵之家瞬间败落。落差之大，让李菊耦惊心动魄，内心受到强烈刺激。家国变故也让她的性格变得敏感暴躁，乖戾孤僻。张爱玲形容一张奶奶中年时的照片“阴郁严冷”。末世的悲凉和挣扎，在她身上纠结着，犹如雨后的老屋，无限落寞阴冷……

曾经的尊崇，夫家的未申之志，世道人心的浇薄，家族内部的纷争……所有这些，都让这位世家小姐的“翻身心理”十分强烈。她望子成龙，望女成凤，至少要守住这个诗书之家。她督促儿子背书，背不出就打。张廷重从小饱读诗书。

但时代毕竟不同了——1905 年，清廷废除了科举考试，张廷重纵有满腹诗书，也派不上用场了。1916 年，李菊耦在忧郁中去世（享年 50 岁），给张廷重沉重打击。于是，母亲的悲凉、无奈、沮丧，在他身上得到继续。少了管束，他开始放浪形骸，凭丰厚的遗产过花花公子的生活……

1919 年，张廷重与黄逸梵结婚。一个一表人才，风流倜傥；一个深目高鼻，体态轻盈。又是门当户对，当是一份良缘。

1920 年 9 月 30 日，张爱玲出生于上海麦根路的一座花园洋房，家人为她取名张瑛。因为大房没女孩，张爱玲名义上过继到大房，称母亲黄逸梵为“二婶”。次年，弟弟张子静出生。

张爱玲两岁时，张廷重经堂兄介绍到津浦铁路局当英文秘书，全家搬到天津英租界 32 号路 61 号一所英租界的花园洋房。由于夫妻二人名下都有不少遗产，生活倒还富足。

但张廷重的工作是个闲差，本就觉得怀才不遇，这下更有英雄无用武之地之慨。于是他日益颓丧，玩世不恭，放浪形骸。他要么在外声色犬马、花天酒地，玩汽车，吸大烟，要么就是在家摇头晃脑地吟咏旧诗词。张爱玲记忆中，父亲一吃完饭就起身踱步，一面大踱一面朗诵，老女佣称之为“走趟子”（据说李鸿章在家中和军中也经常这样“走趟子”）：

终日绕室吟哦，背诵如流，滔滔不绝，一气到底末了拖长腔，一唱三叹地作结，沉默着走了没有一两丈远，又开始背另外一篇。听不出是古诗，还是奏折，但是似乎没有重复的。别人听着也觉得心酸，因为毫无用处……

这种不合时宜，是他的尴尬，或许是不屈，给幼年张爱玲留下深刻印象。

颇有新思想正思振作的黄逸梵，对丈夫的堕落十分不满，每每干涉。张廷重又大男子主义，夫妻矛盾产生。吵架日多，感情日淡。后来，张廷重竟纳了一房姨太太进门。

黄逸梵忍无可忍，1925年与新派小姑张茂渊出走家庭，漂洋过海，到法国留学去了。富家媳妇小姐，说是留学，她们怎会真正学习？不过是顺应新思潮，厌烦了旧家庭的生活，到外面呼吸一下新鲜空气。当时，母亲28岁，张爱玲5岁。黄逸梵成了最早的“娜拉”，这在当时，在她这样的身份，实属罕见。不管人们说她“不守妇道”，还是“新派思想”，她都不介意，她在家实在待不下去了，非走不可。

张爱玲姐弟俩被留在了家里。从此，家对她温暖不再。她每天要看姨太太凶恶的脸色，还要照顾弟弟，生活过得小心翼翼。唯有母亲从海外寄来的玩具，可安慰一下她的童年。两年后，张爱玲 7 岁，母亲黄逸梵回国。全家搬至上海陕西路宝隆花园的一幢西式洋房。对此，张爱玲的弟弟张子静回忆：

由于张廷重的堂兄张志潭被免去交通部总长之职，父亲失去靠山，只好离职。他丢了这个平生唯一的小小官差，心里当然深受刺激，这才痛下决心，赶走了姨太太，写信求我母亲回国。我们于是在 1927 年春搬回上海，因为我舅舅一家都住在上海。

黄逸梵回来了，但夫妻还是经常吵架，为张爱玲的教育问题吵架。张爱玲 10 岁时，夫妻感情终于走到边缘，于是协议离婚。四年后，张廷重再婚，在国际饭店与孙用蕃举行隆重婚礼。黄逸梵这下完全自由了，从此开始了一个人浪迹天涯的人生……

张廷重终究是世家子弟，有大把的遗产供养，有没有职业，都不影响他过着优越的生活。据张子静回忆：

在父亲挥霍了那么多年后的 1935 年，父亲还有张佩纶的财产：上海虹口区 8 幢洋房，大批的古董，银行不知多少现款，所有这些都是李菊耦陪嫁带来的……张廷重的同父异母的哥哥还是很公允的，属于李菊耦带来的陪嫁都给了张廷重。（李菊耦病重时，拜托过他这位二哥管理她的财产，照顾张廷重兄妹二人）

1943 年张爱玲成名时，张廷重才卖掉最后一部汽车，告别洋房，搬到一个三室一厅的公寓。1948 年，张廷重卖掉上海最后一处房产，所得美元和黄金换成金圆券，结果贬成一堆废纸。最后，他搬到一间只有 14 平方米的小屋，直至去世。封建“遗少”的挥霍生活，就是他的人生。

张廷重心里定然有沉重的痛苦。出身名门，饱读诗书，接受过最好的中西教育，心中能没抱负？家道败落，能不思振作？但他一直怀才不遇，挣扎一生，想独立自强又不肯放弃过去，只好躺在祖产上挥霍生活，直至郁郁而终。这是他的悲哀，也许是他作为末世贵族逃不过的命运。他身上有太多不合时宜的清高和不肯妥协的“遗少”腐气，这让他没办法开始新生活。祖上的辉煌，成为他的荣耀，也成为他的桎梏。

同样，黄逸梵虽是新女性，勇敢走出家庭去沐浴西风，努力追求想要的生活，但最终也没能自立，直到最后还在依靠嫁妆生活。走遍世界，见识不少，恋爱了不少，仍然没能找到自己的幸福，结果孤独客死异国他乡。这个“娜拉”非但不成功，还让人看着心酸……这个最早追求自由独立的女人，她新派生活的背后，全靠她那老而旧的嫁妆换取，不能不说是她的悲哀。

也许，这是张爱玲父母的宿命。或许，一个时代的结束，总要有一部分人为它送行。无数张廷重和黄逸梵们，出身显赫，文化不低，但上天并不眷顾他们，偏要让他们经受新旧思想的挣扎和痛苦，在痛苦中把祖产耗尽，然后作为陪葬品，同那个时代一起烟消云散……

生于这样一个家庭，张爱玲的思想和精神气质，就不可避免地有祖上和父辈的牵连。但她与父母不同的是，她没有祖产可依，最终却勇敢地摆脱旧家庭，获得真正意义上的独立。

在那一抹夕阳沉落之后，张爱玲如次日的一缕晨光，光芒万丈地从她没落的家族中脱颖而出……

我本天才女

张爱玲是自信的，大概从来相信自己是才女。她曾说："我是一个古怪的女孩，从小被目为天才，除了发展我的天才外别无生存的目标……"

张爱玲天赋极高。她继承了父母的优秀基因，既传统又时尚。父亲给她厚重的古典诗词修养，母亲给她西方淑女的教育。

但张爱玲终是她自己的，她从小就有自己的想法。周岁抓周时，她竟抓了钱，这也许说明她是一个比父亲和母亲都现实的人。

7岁之前，小爱玲跟着父亲背唐诗，听家里佣人讲《三国演义》《水浒传》等英雄故事，后来又到私塾学四书五经。

从小，弟弟比自己受重视，带弟弟的佣人比带自己的佣人有地位，让小爱玲敏感的心很受伤。她恨恨地想：我一定要超过弟弟，让你们都不敢小瞧我！

虽然张爱玲对父亲十分失望，但幼年时期父亲摇头晃脑吟哦诗词，还是给她潜移默化的影响，让她对传统文化有一种天然的亲近。有一次，她在一位清朝遗老的面前朗声背出 "商女不知亡国恨，隔江犹唱后庭花”，那位遗老差点要从藤椅上惊起来，随后眼泪簌簌而下……

七八岁时，小爱玲已经能看懂《红楼梦》《三国演义》《西游记》，她陶醉于那个文字世界。后来，她竟然自己写了一篇小说，一个家庭悲剧小故事。她写得很认真，遇到不会写的字，就跑去问佣人。还尝试写过一篇历史小说，开头是：“话说隋末唐初的时候”，但写了一页纸，就没再写了。写了一张纸就不写了，是因为她实在知识还不够呢。

尽管如此，家人已经看出她对文字的敏感。当时黄逸梵刚回国，看到女儿竟然会写小说，十分惊喜，但她又为小爱玲小小年纪写悲剧故事有些担心。她叫来女儿，问她：“你怎么写这么悲情的故事呢？”

小爱玲说：“随便想到罢了。”

母亲对她的小说评论说：“你这个故事里的小女孩自杀了。可是我以为她决不会从上海坐着火车专门跑到西湖去自溺。”

但小爱玲却认为自己这样处理没什么不妥，她认为这样更有诗意，更浪漫。于是，她固执地保留这个结尾。

小爱玲不仅喜欢文字，还喜欢绘画和音乐。她一度想当个画家，但后来看了一部穷画家的电影后，伤心地哭了一场，决定做个钢琴家。

张爱玲在艺术上表现的敏感和灵气，黄逸梵看在眼里。此时，她开始有意识地按照她的西方淑女标准教育女儿。她教爱玲画画，弹钢琴，说英文；把她的小卧室刷成粉红色，把书房刷成海蓝色，还给她买了很多洋娃娃。张爱玲后来喜欢鲜明的色彩，大概也源于母亲的这种启蒙教育。

在她幼小的心里，原以为母亲抛下她和弟弟不管了。可是事隔三年，母亲又回家了，她和弟弟又有母亲的疼爱了，她当然欢喜。

此时，作为小少女的她，看着母亲，是那么美：身材修长，深目高鼻，烫着卷发，打扮入时，气质优雅而时尚。母亲照镜子时，小爱玲常常无声地站在后面，呆呆地看着，像欣赏一幅风景。母亲喝咖啡、红酒，吃甜点、沙拉，她“西化”的生活方式也让小爱玲觉得无比新鲜有趣，经常学着母亲的样子，做得有板有眼……

一个是固执恪守传统的父亲，一个是西洋化的母亲，张爱玲就生活在这种中西结合的家庭中。

10岁时，黄逸梵坚持送爱玲上学，张廷重强烈反对，夫妻为此大吵一场。黄逸梵气极之下直接把爱玲送到黄氏小学读书。

不久，夫妻协议离婚，黄逸梵争取到张爱玲教育的决策权。应该说，在张爱玲教育的关键时期，这位曾撇下她姐弟不管的母亲，此时义不容辞地承担起一个母亲的责任。可见，黄逸梵还是相当有见识的。她大概看到女儿的天才，所以坚决地让女儿上学，摆脱那个行将没落的旧家庭的消极影响。

或许可以这么说，张父给爱玲一种旧文学的情调，而张母则让她开始学会独立自强。这些都对她的成长和日后的写作产生直接影响。

对于父母的离婚，张爱玲后来说：“乱世的人，得过且过，没有真的家。”想来，她心里时有惆怅，但并不反对。因为，那红的蓝的家无法维持下去了。

随后，爱玲进入一所教会办的贵族学校——圣玛利亚女校。张爱玲在学校住读，每周回家一次，由父亲的司机开车接送。

母亲再次出国，临行前去学校看她，但爱玲还一如既往，照旧不大爱说话，面无表情。黄逸梵大概有点失望，心想：末世的人心，也都变狠了……然后，默然离去。

这个时期，张爱玲在文字和绘画方面表现出超常的才华。

节假日时，她没事喜欢剪纸、绘图，或者制作圣诞卡和新年卡片，选出最满意的，交给姑姑张茂渊寄给母亲。

她还喜欢自己编辑报纸。有一次，她仿照报纸副刊的形式，自己写了文章，并剪裁了纸张，编了一张以家事为主要内容的副刊，还配上她自己手绘的插图。张廷重为女儿的天才表现而高兴，还自豪地拿给亲戚朋友看。

此时，她的阅读量提高，还迷上了《海上花列传》，记住了前面写序言的胡适的大名。1932 年，她在校刊《凤藻》总第 12 期发表了小说处女作《不幸的她》。不久，又在校刊发表散文《迟暮》。她还做古体诗，其中《夏雨》一首中有句："声如羯鼓催花发，带雨莲开第一枝"，很得老师的赞赏。

她的一张漫画在《大美晚报》上发表，她收到五块钱稿费，写信给母亲，母亲也很高兴，建议她将钞票留着做个纪念，或者买本书。但爱玲跑到商场买了一支口红，让母亲十分惊异。她却说，钱是用来花的。

张爱玲还模仿着新文艺腔，写了一篇《理想中的理想村》的作文，让老师惊异于她超常的文字表达能力。因为《红楼梦》的影响，她还自己写了鸳鸯蝴蝶派性质的章回小说，叫《摩登红楼梦》。张廷重对此十分欣赏，还代她拟了回目，共6回，如“沧桑变幻宝黛住层楼，鸡犬升仙贾琏膺景命”“弭讼端覆雨翻云，赛时装嗔莺叱燕”……

这个时期，张爱玲课余还要学绘画、学钢琴，父亲还为她和弟弟请了私塾老先生，教授他们读古文。可以说，这个时期，张爱玲感觉到来自父母家庭和学校种种温暖，生活是很快乐的，成长也很迅速。她曾回忆说：“在学校里我得到自由发展，我的自信心日益坚强。”

在关键的少女时期，张爱玲在文学、音乐以及绘画上受到了最好的教育，为她打下了良好的基础。天才的禀赋，加上良好的教育，让张爱玲在之后的人生道路上飞跃发展，很快脱颖而出。

古怪的天才

1934年，由于成绩优秀，张爱玲升入高中一年级。14岁的她，此时已在为自己设定人生理想：她想学画卡通影片，毕业后到英国去，把中国画介绍到国外。她自信地夸口：“要比林语堂还出风头，穿最别致的衣服，周游世界，在上海有自己的房子，过一种干脆利落的生活。”

不久，家里来了继母孙用蕃。父亲照旧不理家事，后母吸食鸦片，脾气暴躁，爱玲看她不顺眼，只与她保持必要的礼节。她很少回家，不是住校，就是到舅舅家或姑姑家住，只在周末或假期回家。

一次，爱玲回家，家中发生这样一幕：

那天，为着子静在一张作废的支票上练习签名，孙用蕃笑着倚向张廷重耳边说了句什么，张廷重跳起来就重重掴了儿子一个嘴巴，打得又脆又利落，十分熟络。子静一僵，原本苍白的脸色更为苍白，接着泛起一丝红晕，然而他什么也没说，只是低着头继续扒饭。坐在一旁的张爱玲却猛然震动，只觉那一巴掌打在自己脸上似的，心里针扎一般，拿饭碗挡着脸，忍不住流了泪。孙用蕃不以为然地讪笑："又不是说你，哭什么？"

爱玲猛地抬头，不可置信地看着后母——她穿着黑色旧旗袍的样子显得单薄伶俐，头发溜光的梳向后面，在扁平的后脑勺上挽个低而扁的髻，大大的长方眼满是笑意。爱玲再也忍不住了，丢下碗冲到隔壁的浴室里，对着镜子哭了许久。她哭父亲的凉薄，哭后母的苛刻，哭弟弟的孱弱与麻木，也哭自己的无可奈何。

弟弟张子静的变化深深刺伤了爱玲，他长得高而瘦，穿着不大干净的蓝布罩衫，不爱学习了，经常逃学，叛逆，看一些庸艳的连环画小书。她突然感到弟弟很可怜，没有生母照顾，自己住校也很少回家……张爱玲心里一阵酸楚。又想到自己的变化，虽然成绩总得A，但没有原来开心了，变得敏感孤僻、冷漠忧郁，不爱与人交际，宁愿一个人发呆……每每此时，她就恨这个家庭。

大概因为寂寞，她开始喜欢一个人胡思乱想，用文字构建自己的理想国。这时，她的创作欲望被激发，先后发表了小说《牛》《霸王别姬》《读书报告叁则》《若馨评》，以及《论卡通画之前途》。

1937 年夏，张爱玲从圣玛利亚女校毕业。

此时，母亲归国。她经常跑到母亲家里玩，给她看自己的作文、业余发表的作品。她更喜欢听母亲讲伦敦的雨季，巴黎的香榭丽舍大街，听母亲优雅而兴味十足地讲着，不由对国外也充满向往。父亲知道后，十分生气，骂她没良心。张爱玲母亲托人与父亲谈她的留学事宜，父亲避而不见。张爱玲只好自己说，但遭到父亲和后母的责骂。

夏天时，张爱玲因躲避日军炮火跑到母亲家，因之前没跟后母打招呼，遭到她一记耳光，还被后母恶人先告状。结果她遭到父亲一顿毒打后，被关进一间屋子……

快过大年时，爱玲逃出家门，跑到母亲家。从此，她自由了，再没回到父亲家。那个家，虽然是她熟悉的，是李鸿章给女儿的嫁妆之一，但张爱玲从来不喜欢。她后来曾经说："房屋里有我们家太多的回忆，像重重叠叠复印的照片，整个的空气有点模糊，有太阳的地方使人瞌睡，阴暗的地方有古堡的清凉。"到她这一代，受的是西式的教育，自然看不上那所老宅，也已经厌倦了祖辈留下的那种老旧的空气了。

此时，母亲对她充满吸引力，不仅新派、美丽、时尚，如今更成了她的救命稻草。爱玲在母亲家复习，准备参加伦敦大学远东区的考试，到英国留学。但她数学不好，于是母亲请外国老师为她补课，每小时补习费 5 美元。

母亲对女儿在文艺上的天才虽然欣赏，但对爱玲在日常生活和待人接物方面的幼稚十分担忧。毕竟张爱玲是大小姐，生下来没自立过，

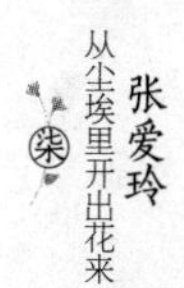

哪里会照顾自己呢？于是，她告诉爱玲学会照顾自己，教她煮饭、洗衣；告诉她如何礼貌地待人接物，教她走路的姿势，照镜子研究面部表情，学会看人的眼色，倘没有幽默就别说笑话等；告诉她如何优雅精致地生活：点灯后记得拉上窗帘，吃饭时注意什么等等。

她按照西方的淑女标准培养女儿，但结果成效甚微。张爱玲自己说学不会，她说："不会削苹果，经过努力才学会补袜子，怕上理发店，怕见客，怕给裁缝试衣裳。许多人尝试过教我织绒线，可是没有一个成功。在一间房里住了两年，问我电铃在哪儿我还茫然。我天天乘黄包车上医院去打针，接连三个月，仍然不认识那条路。总而言之，在现实的社会里，我等于一个废物。……在待人接物的常识方面，我显露惊人的愚笨……除了使我的思想失去均衡外，我母亲的沉痛警告没有给我任何的影响。"

对于女儿的"笨"，黄逸梵很失望，但爱玲不以为然。她有她自己的兴趣和聪明，她以自己的方式生活。此时，她已经体现出作为艺术家的敏感，她自得其乐，乐在其中。正如她自己所说："我懂得怎么看《七月巧云》，听苏格兰兵吹 bagpipe（风笛），享受微风中的藤椅，吃盐水花生，欣赏雨夜的霓虹灯，从双层公共汽车上伸出手摘树顶的绿叶。在没有人与人交接的场合，我充满了生命的欢悦……"

一般人认为的"古怪"，也许正是一个天才的自然表现；一般人认为的"幼稚"，也许正是一个艺术家的特有天赋。母亲引着张爱玲学习，但此时的张爱玲，文学和绘画方面的才华已经显现，有自己的主张，对自己的事业和人生，已经有了相当的自信。试想，如果她在日常生活和待人接物上很成熟很世故，还能成为张爱玲吗？

但母亲终因有她这个负担而表现出不耐烦了。一天，她直接对爱玲说："你仔细想一想，跟父亲，自然是有钱的；跟了我，可是一个钱都没有。你要吃得了这个苦，没有反悔的。"张爱玲被父亲打怕了，不想回家。

母亲又对她说："要么嫁人，用钱打扮自己；要么用钱来读书。"

爱玲没想过嫁人，但读书的兴趣正浓。她要出国留学。

1939年夏天，张爱玲从圣玛利亚女校毕业了。在毕业调查表中"最恨"一栏，她写的是："一个有天才的女子突然结了婚。"

天才的她，此时正年轻气盛，自信又狂妄。不仅因为有才华，她的梦还在远方，更因了家的阴影还在心中留着，她害怕。

毕业后，爱玲顺利考取了伦敦大学，但因战事于次年转入香港大学文学专业。在港大，为了减少母亲的负担，她努力学习，是奖学金大户。她曾自豪地说："港大文科二年级有两个奖学金被我一人独得，学费膳宿费全免。"

但有一次，母亲竟在麻将桌上输掉了她的800元奖学金，令她十分伤心不满……

1940年，张爱玲发表《我的天才梦》，在《西风》月刊三周年征文比赛中获第13名，标志着她文学上的一个新飞跃。

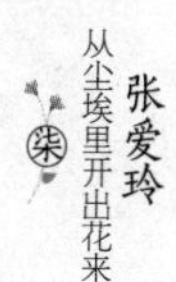

出名要趁早

张爱玲有句名言："成名要趁早呀！"名门之后张爱玲，在父辈沦落后，成名和翻身心理想必也十分强烈。

家族的败落，父亲的堕落，母亲的出走，继母的冷眼，成为张爱玲心中抹不去的阴影。没有了依靠，只有自己去努力。她不能像父亲那样碌碌无为，更不能像母亲那样自由自私，她需要创造自己全新的生活……

在逃出父亲家，断绝了经济来源后，在母亲日益抱怨的压力下，

张爱玲插画作品

张爱玲不想嫁人，那么，她只好自食其力养活自己。可自己能干什么？只有发展自己的天才——写作，或者画画，成名自立。

1942 年，香港沦陷，香港大学停课，张爱玲还差半年就毕业的港大学习只好结束。此时母亲在国外，张爱玲只好回到上海，住在赫德路 192 号爱丁顿公寓 65 室 (即常德公寓) 姑姑家里。她计划在圣约翰大学修完四年级，以拿到文凭。因学费问题，她只好走进父亲的家（这是张爱玲最后一次走进家门，也是最后一次见到父亲）。还好，父亲答应了下来，让弟弟给她送去学费。但最终，由于她不想总是因学费问题求父亲，入学两个月，她即选择辍学，决定卖文为生，养活自己。这样，文学从爱好一下子变为求生手段。生活带张爱玲从此走上艰辛的创作之路。

由于英文刊物的稿费高于中文刊物，她开始用英文写作影评与散文，迈出走向文坛第一步。她先后在英文月刊《二十世纪》上发表 9 篇文章，大多数是影评。由此可见，从一开始，张爱玲就表现出对于大众文学的浓厚兴趣，而作为相对容易发表的内容和文体，也正适合她此时的身份。其中，《中国人的生活与服装》一篇，近一万字，并且附有自绘的 12 幅插图，文图并茂，张爱玲被主编克劳斯 · 梅涅特誉为“极有前途的青年天才”。后来她把此文译为中文，即她的散文名篇《更衣记》。

1943 年春的一天，张爱玲的亲戚黄岳渊，领着她去拜访了鸳鸯蝴蝶派刊物《紫罗兰》的主编周瘦鹃，把张爱玲的两篇小说《沉香屑：

第一炉香》《沉香屑：第二炉香》给他看。周瘦鹃看后觉得还不错，说风格有《红楼梦》的影子。

5月，《沉香屑：第一炉香》在《紫罗兰》发表。不想一炮打响，张爱玲一举成名。这年，她23岁。

据说，当年主编周瘦鹃还在“编辑例言”中郑重推荐说：“如今我郑重地发表了这篇《沉香屑》，读者共同来欣赏张女士一种特殊情调的作品，而对于当年所谓上等华人那种骄奢淫逸的生活，也可得到一个深刻的印象。”

张爱玲还曾邀请周瘦鹃到家中，与姑姑张茂渊一起设西式茶会表示答谢。

紧接着，《沉香屑：第二炉香》发表，照样很火。同年，张爱玲又发表《心经》《茉莉香片》《到底是上海人》《倾城之恋》《金锁记》《琉璃瓦》《散戏》《封锁》《公寓生活记趣》《古今》《洋人看京戏及其他》《更衣记》等，都反响强烈。

张爱玲的名字，轰动上海滩。1943年这一年，堪称“张爱玲年”。她的奇才引起柯灵、郑振铎、傅雷、苏青等文坛前辈和评论家的关注。

1944年，张爱玲第一本短篇小说集《传奇》出版，之后又出版了《连环套》《红玫瑰与白玫瑰》等，都大受追捧。

张爱玲的文字，让文坛眼前一亮。她对爱情的生动描摹，对心理的深刻剖析，她传统兼现代的文风，她古典而悲剧的情味，给时人以极大的心理共鸣和震撼。她笔下的男女感情和世态人情，正是现实的写照，写出了人们内心的悲凉，也写出时代的一个心声。她年纪不大，但思想成熟，看透人生，阅透人情。

她不同于丁玲、苏雪林等新派女作家，她的文字直击人心，让人欢喜让人忧。人们读到了华丽，也读到了苍凉；读到了世态人心，也读到了爱情亲情。人们惊异于张爱玲对人心的深刻观察和对文字的高超驾驭能力。这分明是一个天才呀！

张爱玲很快出名了，自己虽没想到，但正应了自己那句“成名要趁早”。23岁，青春正好，她一举成名，横空出世，一飞冲天，跃起于大上海。

她的成名，像一个传奇，而这个传奇，并非昙花一现。多年后，在大陆被尘封几十年后，张爱玲热在20世纪80年代卷土重来。人们纷纷阅读她，研究她，甚至把她搬上荧屏……可见她以及她的作品的魅力。

低到尘埃里

二十出头的青春，本身就如梦如诗。哪个少年没有梦？哪个女子不怀春？出名的张爱玲，青春飞扬，人生得意，那么梦想一定更加美丽璀璨。

她圆了作家梦，而且这么早，才23岁。她不像有些穷作家一样，每天活得清苦无奈。她从小衣食无忧，享尽富贵，可过不了穷日子苦日子。她生于富贵，爱繁华岁月，享受现世生活，这与她的父辈是一样的。如今，自己名利双收，而且完全是靠自己，不必像父母那样靠祖产过活。张爱玲每想到此，就不免得意。

然而，青春已到。除了享受生活，还需要享受爱情。物质不愁，情感也要完满。从小，无论是在家里，还是在书里，她看惯家族里的悲欢离合、爱恨情仇，自己以为也看透了男女感情。

但那毕竟不是自己的生活。自己的生活，还是单纯单调，内心一片空白。或许她在自己的世界里无数次幻想着一份感情，但它还没到来，她从未真实地体验。能让自己交出心的那个人，什么时候出现呢?

1943 年 10 月，在南京一家办公室里，一位年近四十、气质儒雅的男人，慵懒地靠在椅子上，漫不经心地翻看一本叫《天地》的月刊杂志。这个男人就是胡兰成，时任汪伪政权行政院法制局长。

胡兰成随便地翻着杂志，突然，其中一篇叫《封锁》的小说，吸引了他的目光。他一下子坐了起来，认真看下去，一遍看完，他又看了第二遍……

胡兰成，出生于浙江嵊县（今嵊州）一清寒农家，在家中排行老六。他长相俊美，从小好学，颇有些文采，还写得一手好字，少年时就有“乡间才子”之称。这样一个人，当然不会安于农村当一介农夫。

他先是当教书先生，但这当然不能让他安于现状。由于他头脑灵活，能言善辩，又善于应酬，为人老道，很快获得华丽转身——成为香港《南华日报》和《中华日报》的主笔，最终进了汪精卫集团。

从此他成了政府要员，过上了上层生活。但他仍喜欢舞文弄墨，追求风雅，骨子里还是个文人。他像贾宝玉，长相俊美，个性又风流，善于揣摩女人心理，体贴入微，很有女人缘。自古美人爱才子，谁见了他这个体贴温柔的才子，不动心呢?

胡兰成的生活作风，也确实风流。20 岁时，他娶了村女唐玉凤为发妻。29 岁时住同学斯颂德家，和一个叫雅珊的女孩搞出暧昧关系。玉凤死后，他继娶了全慧文为妻。

1937 年胡兰成被聘为《中华日报》主笔后，全家搬到上海。有了条件，有了环境，他更是经常流连于上海滩上的名媛贵妇、红楼歌女们之间。他油光粉面，文采风流，又善于周旋应酬，在风月场上留下不少风流轶事。据说，在张爱玲之前，他和舞女英娣好过。

可见，胡兰成的生活中，从不缺少女人，但这些女人，他真爱哪个？似乎还没有哪个女人让他刻骨铭心地爱过。如果说有过爱，可能只有他的发妻唐玉凤，她曾与他共患难，陪他度过人生最贫穷黯淡的岁月。但这种感情，我想多半出于感激。

或许他自己也没想到，随手翻看的一篇小说，促成了他和一位天才女子的奇遇和旷世之恋，这本身也够传奇的。

胡兰成再也坐不住了，他突然特别想了解这篇小说的作者。于是，他打电话给主编苏青，打听作者。苏青说：“作者是位女性，天分很高。”胡兰成当时没再追问。

或许是缘分。不久，他又在办公室收到苏青寄来新一期《天地》杂志。这次，他不仅发现了张爱玲的文章，还看到了她的照片。看那照片，是一个年轻清秀的女子，脖子长长的，气质很典雅，他产生了认识张爱玲的想法。

从南京回到上海后，他找到苏青，提出要以一个热心读者的身份去拜见张爱玲。苏青说："张爱玲从不轻易见人。"他说："我定要见到她。"于是向苏青要了地址。

第二天，胡兰成登门拜访，正好他美丽园的家与张爱玲的家也不远。但当他赶到时，张爱玲果然不见生客。他留下一张名片，上面写有拜访原因、家庭住址、电话。

张爱玲个性喜静，素不喜热闹，本不想见他。但考虑到胡兰成的身份，而且久闻其文名，且人家又如此真诚，最终决定见一面。但她并不想让人进自己家，于是决定自己主动拜访他。

次日，她电话预约胡兰成。其实，此前，她曾陪苏青到周佛海家，为胡兰成说过情（当时胡因开罪汪精卫而被关押）。对张爱玲来说，胡兰成不仅有才名，而且身份高，所以自己主动拜访，也算是晚辈的一种礼貌。毕竟，一个前辈如此喜欢自己的文字，高傲的她，心里也感觉到一种虚荣心的满足。

果然，两人一见如故，相见恨晚，很快熟识起来，海阔天空，相谈甚欢。甚至，胡兰成还问起张爱玲的生活和稿费收入，但张爱玲并不觉得唐突，大概是"因为相知，所以懂得"吧。两个年龄悬殊的人，没一点隔离的代沟感，一聊就是大半天时间。张爱玲离开时，两人已有知交之感。

胡兰成送张爱玲，两个人并肩走。他忽然说："你的身材这样高，这怎么可以……"张爱玲一惊，有些莫名其妙，先是一恼，但继而心里一动。再看胡兰成，四目对视，时光突然凝滞，胡兰成眼里满含温柔，深情凝视着她。她羞涩地放下眼皮，一股前所未有的暖流涌遍全身，她晕眩了……

这个与自己毫无关系的男人，一句"怎么可以"，立即把两人距离拉近。我想胡兰成应该也是情之所至不能自已，否则怎么会有如此唐突的一问？这一问，分明透露出自己是这么在乎她，这么想管她的事！也许他自己也没想到。有人觉得胡兰成也许以此有意勾引张爱玲，但我觉得他应该出于无心。我相信这一刻，彼此之间突然来了默契和感觉，所以自然地来了亲近。

如此美好的相逢，让他们感觉到缘分的不可思议。对张爱玲自然是前所未有，对胡兰成呢？虽他不缺少体验爱情的机会，但或许在此之前，他并没有体验过真爱的滋味，或者至少这种感觉对他已是久违。而今，他突然又遇到这种感觉，这么美妙，让他热血沸腾，感觉回到年轻岁月。太美妙了，怎能不珍惜，怎能不赶紧抓住呢？才子本风流，胡兰成尤其如此。

在此之前，张爱玲没爱过，也没人进入过她的生活，她高傲又孤独。她心里也许设计过自己的白马王子，但现在这已经不重要了。重要的是，眼前这个人，突然出现了，颠覆了她对爱情的所有想象。她猝不及防，毫无准备地就被击倒了，但感觉是这么美妙，她几乎想也没想，就心甘情愿地想要投降了……

爱情本没有理由也没有道理，对一个 23 岁没有恋爱经验的女子来说，尤其如此。她没爱过，当爱来时，她必然惊心动魄，难以自持。在爱情面前，有几个人不会被击倒呢？高傲的张爱玲也不能避免。

张爱玲身材是高些（据说有 1.70 米），也符合古典美女的标准：身长玉立，长颈细腰，再加上她鲜明色彩的奇装异服，完全是优雅高贵的气质。一般女人不敢穿的大红大绿，穿在她身上，却别具一格，给人古典又时尚的炫目之美。在人群中，她总显出鹤立鸡群，傲然独立。

这天是 1944 年 2 月 4 日。

次日，胡兰成回访张爱玲。张爱玲让他进入自己的“闺房”。她穿了一条宝蓝绸袄裤，还戴了嫩黄边框的眼镜，新颖别致，这打扮先让他一惊。再看屋里，中西合璧，豪华眩目，让胡兰成有些不自在了。他没想到，自上而下文人以清寒脱俗为美，可在张爱玲这里，既不贫寒，也不脱俗，相反，富丽而大俗。这个小女子，年龄不大，但看去十分成熟，而且那么有才华，真是奇女子啊！他看着张爱玲，虽身着绮丽，但没有一点俗气，而且是让人不可轻易接近的高傲高贵。

多年后，胡兰成对这一幕记忆犹新，他回忆自己“像三国时的刘备进入孙夫人的房间”，眼花缭乱，而她的豪华中似又带一些兵气，向他挑战着什么，把他那颗“花心”撩拨得浮想联翩，恍然间竟感觉身处仙境，撞遇仙人了——胡兰成完全被征服了。

张爱玲向来喜欢标新立异，着装大胆，喜欢在张扬中彰显自己的个性和魅力，她追求的就是“特别”。她像母亲一样爱打扮，又像父亲一样爱古典。她尊重自己的家庭，所以传统；她又知出奇制胜的作用，所以时尚。胡兰成这个男人，自己颇有些好感，所以她自然精心打扮一番，为的就是给他个深刻印象。

爱情的到来总是有一种心理预感的，或者说感觉。或许，在张爱玲的想象和感觉里，这个男人此番到来，一定预示着什么，一定会发生什么……想到这些，她有点怕，但更多是激动、兴奋和美好的憧憬……她做到了，跟自己想象得没什么区别。她为这浪漫的奇遇幸福得心跳不已……

出身清寒的胡兰成，虽见过些世面，但在张爱玲面前，还是出乎意料地惊到了，惊到如坠神池。她高贵的出身，她不俗的才华，已让他叹为观止。再加上她居然这么雍容华贵，浓妆艳抹，色彩华丽，这和一般清素的才女是多么不同，而这又是多么符合她的家世啊！胡兰成为张爱玲叫绝，立即有一种高山仰止、如遇神仙之感。

接下来，他每天都来看她，两人的关系迅速由文字之交转为男女之情。胡兰成对张爱玲越看越爱，他迫不及待想进入这个女人的生活。一天，他对爱玲说：“我那天看到《天地》上你的照片后，就知道自己不能不见你了。”爱玲莞尔一笑，说：“那就送你一张吧。”她拿出一张照片，在后面题字：

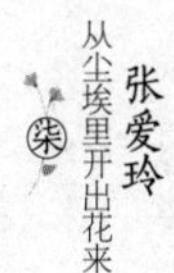

见了他，她变得很低很低，低到尘埃里。但她心里是欢喜的，从尘埃里开出花来。

在见到胡兰成之前，张爱玲高傲得眼里容不进一个男人。但遇到胡兰成之后，她所有的尊严和强悍，都轰然倒塌，自觉恢复女人小鸟依人的本性，扑到胡兰成的怀抱，甘心向他低头，心悦诚服地被他征服，向他妥协。她感觉他就是自己的男人，于是她像仰视大山一样仰视他，怀着满心的幸福。

她 24 岁，他 38 岁，他们热恋了。

现世难安稳

胡兰成本在南京上班，但因为爱情，他每月回一次上海，不是回自己的家，而是直奔赫德路张爱玲的家。一住就是八九天，甜言蜜语，你侬我侬，如胶似漆……

胡兰成已有妻子儿女，张爱玲是一单身女，明知他有家室，明知他年龄几乎可做他的父亲，而且服务于汪伪集团，爱他，多么不值得，不现实。但这又能怎样？在爱情上，她本不是一个有道德和世俗观念的人。这样，一场旷世之恋产生了。

1944 年 6 月，胡兰成在《杂志》月刊发表《评张爱玲》，满是溢美之词：

张爱玲先生的散文与小说，如果拿颜色来比方，则其明亮的一面是银紫色的，其阴暗的一面是月下的青灰色。……和她相处，总觉得她是贵族。其实她是清苦到自己上街买小菜。然而站在她跟前，就是豪华的人也会感受威胁，看出自己的寒伧，不过是暴发户……她写人生的恐怖与罪恶，残酷与委屈，读她作品的时候，有一种悲哀，有时是欢喜的，因为你和作者一起饶恕了他们，并抚爱那受委屈的。……因为她倔强，认真，所以她不会跌倒，而看见了人们怎样跌倒。

胡兰成是懂张爱玲的。以他的阅历才情，了解一个青春的才女并不难；以他的风流老道和巧舌如簧，不必费什么力气就可俘获张爱玲。但他决不刻意勾引，因为他明白，张爱玲虽少经验，但并不少观察人的聪明和洞察力。

真爱无需理智。一个男人是否爱自己，聪明的张爱玲怎能不知?在爱情的天平上，不必有理性标准，只需感觉即可。她要的是那个懂自己、欣赏自己，与自己精神契合的男人。胡兰成不正是吗？他懂她没落贵族的出身，欣赏她的高贵优雅，也同情她的悲哀与不幸。她虽年轻，但思想成熟，跟他在一起，并没半点隔膜。而且，他一表人才，才华横溢，风流潇洒，人到中年，但无半点老气横秋，在心理上精神上他们感觉那么接近而亲近。张爱玲被这种感觉击倒了，问什么理智，全情投入进去……

张爱玲说过：“我爱你，没有什么目的，只是爱你。”是的，真爱何需理由？她从不看世俗标准，为人为文谈恋爱都这样，与世俗无关也不为政治左右。既然爱就全情投入，无所顾忌。在她眼里，真爱有多难就有多珍贵。有爱就爱不问结果。没落贵族出身的她，骨子里是悲观的，对爱情也是。或许，她从未想过这份感情的长相厮守、天长地久，她只在乎眼前的拥有，所以不问未来。何况她这么年轻，更无所谓结果。这份爱，她不能没有，必须体验。这样才不枉青春，不枉此生。

就这样，张爱玲无可救药地充当了“小三”。我想，虽然她爱得任性，但午夜时分，她定然有过孤独落寞。她不曾想过会爱上一个有妇之夫，但离开他又做不到，爱情已经让她欲罢不能，无法抽身。她在一封给胡兰成的信中说过：“我想过，你将来就是在我这里来来去去亦可以。”看这心态，分明是飞蛾扑火了。

她低到失去自我。女人恋爱，最怕的就是这，爱到不能自拔就无可救药了。聪明如张爱玲也未能避免。

此时，他们是彼此的唯一，他是她的天，她是他的地，缺一不可，爱得无所顾忌，爱得旁若无人，超凡脱俗。

1944 年 8 月，胡兰成与第二任妻子离婚，与张爱玲低调结婚，没有任何仪式，只有爱玲的好友炎樱为证人。胡兰成以“愿岁月静好，现世安稳”为承诺，给张爱玲婚姻。

爱情的滋润，也催生出张爱玲创作的高峰期。她的散文《爱》在这期间写出，以胡兰成的庶母为背景。三年间，她先后发表《创世纪》《姑姑语录》《留情》《苏青张爱玲对谈记》《吉利》《浪子与善女人》《气短情长及其他》《卷首玉照及其他》《双声》《我看苏青》《倾城之恋》

等作品，她的名气进一步大涨，如日中天。上海滩，没有一个不知道张爱玲的。

这时，胡兰成是张爱玲的唯一，是她的天；而张爱玲呢，是胡兰成的唯一吗？这个男人，向来多情，从不专情。加上时局的变动，他还在热恋着爱玲吗？他能做到给她一个现世的安稳吗？

只是当时已惘然

"有人说平行线最可怕，但我认为最可怕的是相交线——明明他们有过交集，却总会在以后某个时刻相互远离，而且越走越远。"

这绝对是张爱玲的心声。

1944年底，日军战败形势不可避免时，胡兰成开始坐立不安。而张爱玲，只活在爱情里，不关心政治。

一天夜里，夫妻两人在阳台闲坐。胡兰成对爱玲说："将来日本战败，我大概还是能逃脱这一劫的，就是开始一两年恐怕要隐姓埋名躲藏起来，我们不好再在一起的。"

张爱玲调皮地说："那时你变姓名，可叫张牵，或叫张招，天涯地角有我在牵你招你。"

他们新婚不久就遇此危机，胡兰成预感不妙，而张爱玲毫无感觉。她不管什么汉奸，也不管有人骂丈夫，她爱自己的丈夫，这就够了。

不管其他，既跟了他，就从一而终。

1944年11月，胡兰成接编汉口的《大楚报》。战乱时期，时有警报和空袭。一次，路遇空袭，惊吓中仆倒在地，以为自己要死了，不由自主喊出：“爱玲！”此时，爱玲是他最大的牵挂。

但他很快就管不住自己，目光移到别的女人身上了——1945年春，胡兰成与汉阳医院17岁的护士周训德恋爱了，很快如胶似漆，还举行了婚礼，完全置爱玲于不顾。但时局变动，他很快四处逃窜。3月，胡兰成回上海，与张爱玲住了一个多月。他说了与周训德之事，爱玲只好忍受。他再回武汉，还不停发表政论。8月15日，日本投降，胡兰成被判为汉奸。他逃往南京，又到上海，在张爱玲处住了一宿。然后，他到浙江诸暨，住斯颂德家，隐姓埋名流窜于杭州、金华、诸暨、温州等地。期间，他又跟大他一岁的寡妇范秀美同居。

他风流一路，到处留情。不可思议的是哪个女人都心甘情愿，毫不后悔。他逃亡路上，与周训德诀别时，周还给他做好吃的；离开温州逃往香港时，范秀美追到杭州车站，在拥挤中亲自把包袱递给胡兰成，两人洒泪告别……公子多情，女儿薄命。纵使没有结果，但仍对胡兰成深情依依……

“爱情是场梦，可有些人却总睡过了头。”张爱玲也许后来才明白，胡兰成也许从来就明白，但周、范这些普通女子不明白，也乐于陷在其中。事实上，身在其中的张爱玲，当时又何尝清醒明白呢？伤过痛过之后，她才有此悟。曾经沧海，心已苍凉。

胡兰成慌不择路地到处乱逃时，张爱玲却一直牵挂着他。听说他在温州后，她又追去探望。

胡兰成冷避之，也许为了她好，也许因为移情别恋。但张爱玲始终如一，她不想对丈夫失望，毕竟他们曾那么热烈地爱过。而他现在有危险，自己不能不管他。她是个有情义的女人，是胡兰成的妻子一天，那么就忠于他一天，照顾他，不离不弃。

但此时，丈夫已经和一个寡妇好上了。爱玲发现后，也强忍着，照常关心丈夫，陪他住了近一月。但当她看到胡兰成范秀美的亲昵时，她终于无法视若无睹了。分明自己是妻子，在他们俩面前倒像个“第三者”了，感觉到自己多余。但她为了丈夫，还忍着，与范秀美保持友好关系，还为她画像。胡兰成在一旁看，张爱玲见人家两人的亲昵，自己终一片伤心画不成，干脆搁笔……

胡兰成问她为何不画了，张爱玲才说：“我画着画着，只觉得她的眉神情，她的嘴，越来越像你，心里好不震动，一阵难受就再也画不下去了。”

她觉得人家有“夫妻像”，自己倒成了局外人。还有更过分的，胡兰成还把他和周训德、范秀美之间的亲密之事写下来，给她看，问她写得如何……任凭她再宽宏大度，也再难忍受。但她不吵不闹，只在心里凉了半截。她迷茫了，当初的爱，就这么短的寿命吗？自己依然如故，而他为什么不能持久？她失眠了……她清醒时，泪水也几乎流光了。“看见你抱着别人，我知道，有时候，哭是没有眼泪的。”

她最终决定离开。胡兰成送她到温州车站，天下着小雨。胡兰成像没发生任何事一样，依然表现得温柔深情，但张爱玲，已经再难有旧时的温柔。她只是叹了一口气，说："你到底是不肯。我想过，我倘使不得不离开你，亦不致寻短见，亦不能够再爱别人，我将只是萎谢了。"

感情已走到尽头，眼见得现在只剩下了自己的一厢情愿。张爱玲知道，自己忍耐了好久，丝毫没挽回，那么何必再争取？把自尊都输光了吗？自己曾是多么高傲，不能。纵使没了爱情，没了他，但还有自尊，还有文字，它们可伴自己活下去。她从来没想过依赖男人，只

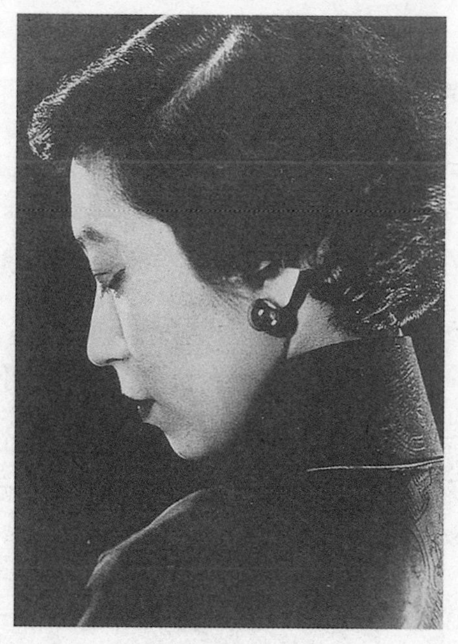

低眉张爱玲

是太依赖爱情，如今看来也不能这样傻了，爱情和婚姻都不可靠，只有自己的文字最可靠。

她最终选择了放手，离开。

转身成陌路

自古多情空余悲。

张爱玲选择放弃时，她一定想到了那些悲剧爱情：想到了贾宝玉与林黛玉，想到了很多书里的爱情故事，想到了自己写过的那些悲情故事……

此后两个月间，因胡兰成断了经济来源，张爱玲怕他在流亡中受苦，以稿费接济他。她这么一步三回头，恋恋不舍，不忍放弃，为什么？或许是为了给这段感情划上个圆满的句号。她是悲观的，但又是理想主义的。虽然她在自己的文字世界中编造了各种爱情悲剧，但轮到自己时，纵然注定是悲剧，也要让它幻化出永恒的美丽——既然爱了付出了傻了，那么，不妨再傻一次。她人为地延续一下这份感情的生命，然后对它潇洒挥手说再见——为安慰自己受伤的心灵和高贵的自尊，也为满足自己的理想主义和虚荣心。而且，这样的自己很有风格，也让他难忘。

“因为懂得，所以慈悲。”她做到了。

有爱就不舍，所以藕断丝连。一次，胡兰成有机会路过上海，危险之中到张爱玲家住了一夜。他不仅无悔过之意，还指责爱玲。言语不投机，不欢分居。次日清晨，胡兰成到爱玲床边俯身吻别，她心中五味杂陈，想拒绝这个薄情男人，但又抵抗不了他的温柔，终无法自持地伸出双手抱紧他，泪水夺眶，叫了一声“兰成”，泣不成声……

此一别，成永诀。

1947 年 6 月，胡兰成收到张爱玲的分手信，随信附上自己的 30 万元稿费：

我已经不喜欢你了，你是早已经不喜欢我的了。这次的决心，是我经过一年半长时间考虑的。彼惟时以小吉故，不欲增加你的困难。你不要来寻我，即或写信来，我亦是不看的了。

小吉即小劫，指胡兰成在难中。此时，胡兰成已脱险境，在一所中学教书，有了收入。张爱玲可以放心地离开了，对彼此算是一个交代。

一场“倾城之恋”就此落下帷幕。任凭胡兰成此后怎么想挽回这段感情，张爱玲再没回头。

张、胡之恋持续三年，实际热恋时间不过一年。但就是这短短一段情，让张爱玲不顾一切后果，付出了一生的热情。一次就足够。她的所有“爱心”耗尽，此后她无心再爱也没能力再爱了，如她对胡兰成所说：“不能够再爱别人，我将只是萎谢了。”

一段爱情落幕了，随之萎谢的，还有张爱玲绝世的文采——她的创作从此一落千丈，再没起伏——她再没写出像《倾城之恋》《金锁记》

那样传奇的文字。

一段感情，耗尽才情，甚至为此改变了人生——由于政治的原因，张爱玲远离家国，寄居美国，再没回到祖国。

“我生命里的温暖就那么多，我全部给了你，但是你离开了我，你叫我以后怎么再对别人笑？”

与胡分手后，张爱玲更加孤僻寡言，拼命写作，但再没写出《传奇》那样的文字……

绝世才情，谱写一曲浪漫传奇，世人嗟叹。

50 年代初，胡兰成移居日本，与上海大流氓吴四宝的遗孀佘爱珍同居。他听说张爱玲离开大陆到了香港，托人去看她，不遇，那人留下了胡兰成日本的地址。

半年后，胡兰成收到一张明信片，没有抬头没有署名，但他一看就知是张爱玲的：

手边若有《战难和亦不易》《文明与传统》等书(《山河岁月》除外)，能否暂借数月作参考？

信后是张爱玲在美国的地址。胡兰成大喜，以为旧情可复，马上回信并附上近照。他的《今生今世》上卷出版时，给爱玲寄去一本并附长信，不乏忆念之语。但张爱玲好久才回信：

兰成：

你的信和书都收到了，非常感谢。我不想写信，请你原谅。我因为实在无法找到你的旧著作参考，所以冒失地向你借，如果使你误会，我是真的觉得抱歉。《今生今世》下卷出版的时候，你若是不感到不快，请寄一本给我。我在这里预先道谢，不另写信了。

爱玲

从此，胡兰成彻底断了念想。

“都说从此天涯陌路，什么是天涯？转身，背向你，此刻已是天涯。”张爱玲一个转身，从此两人天涯陌路。

1956 年，张爱玲与大她 29 岁的美国作家赖雅结婚。5 年后，赖雅中风，张爱玲照顾他 6 年，直到他 1967 年去世。此后，张爱玲深居简出，尽十年之力研究《红楼梦》，写出《红楼梦魇》。

1995 年 9 月 8 日，张爱玲孤独地客死于洛杉矶家中，享年 75 岁。“长的是磨难，短的是人生。”生命有限，磨难始终。生命的沉重和悲哀，一直弥漫在张爱玲的生命里，从她的父辈开始，一直延续到她的生命最后。张爱玲走了，也带走了最后的贵族。

对这段感情，张爱玲没有只言片语。也许，感兴趣的人只有从胡兰成的《今生今世》和《民国女子》去寻找些蛛丝马迹了。

“用一转身离开，用一辈子去忘记。”只是，张爱玲真的忘了吗？

王映霞

春风沉醉花开夜

容易年华似水流，
钱塘别后两经秋。
春风沉醉花开夜，
深锁琅琅燕子楼。

——王映霞《忆浙江金耐先女士》其二

人生短暂，韶华易逝，逝水东流。一江钱塘水，几多风流情。别后经秋，在我眼里，也春光无限，柔情百转。怎么能忘记，那春风沉醉的晚上？风雨茅庐，神仙美眷，月下窗棂，花开芬芳，露水无限……

王映霞（1907–2000）

我想，钱塘江一定是王映霞心中不灭的风景，为她永远珍藏；那春风沉醉的夜晚，一定是她一生的最美，永远刻骨铭心。

她是当年的“杭州第一美人”，与风流才子郁达夫的唯美爱情，被称为“现代文学史中最著名的情事”。一对神仙眷侣，在风雨茅庐中演绎了多少风流故事，至今为人津津乐道。但神仙不永，眷侣不长，最终双栖鸟儿各自飞。结婚风光，离婚也惊世。一对才子佳人的爱情，让所有对爱情有幻想的人们失望、沮丧。

她美得太耀眼，也因此不可避免地风流。也许这是她的命。或许她从来没有想过分手，也没想过张扬，但这不由她。她的美，给了爱他的男人疯狂，也给她自己带来是非。

作为女人，她是幸运的。她始终是男人眼里的宝贝，她的两次婚礼都轰动全城，风光无限。青春时她体验了一场与才子的风流爱情，纵使不欢而散，但最终一生长忆。中年时她拥有了一份贴心富足的情感，给她最需要的呵护、安全和踏实。在最美时有浪漫，在最需要时有满足。都说红颜薄命，而王映霞，始终被男人捧在手心里，幸福得让女人怎么不羡慕？

美丽和爱情，在她身上都得到精彩的演绎。作为女人，足矣。

当才子遇上佳人

郁达夫，才情卓绝；王映霞，漂亮出众，有“杭州第一美人”之誉。才子佳人一相遇，一段风流传奇产生。

王映霞生于杭州西子湖畔，小名金锁，意为金家的小宝贝。她幼年丧父，过继给外祖父——浙江名士王二南作孙女，于是改名为王旭，号映霞。

王二南为著名的南社成员之一，饱读诗书，学养深厚。王映霞自小受到熏陶，打下良好文化基础。她先是在外祖父开的蒙馆背《三字经》《百家姓》等，后进入一教会学校学习。她聪明好学，品学兼优，兼天生丽质，深得大家喜爱。

1923 年，王映霞考入浙江女子师范。在这里，她开始接触到新学，读过鲁迅的《呐喊》，郭沫若的《女神》，郁达夫的《沉沦》等，对郁达夫的文笔十分佩服。此时，她是文学青年，郁达夫是她崇拜的偶像之一。

王映霞长相漂亮，身材匀称，胖瘦合宜，面如满月，明眸皓齿，一颦一笑，顾盼生姿。由于白嫩靓丽，人送"荸荠白"的雅号，又因生于西子湖畔，人们送她"杭州第一美人"之美誉。

在师范上学时，追求王映霞的人很多，但她谁也没看上。男生们只好看着她像个公主一样，轻盈来去，却丝毫没有机会接近。

1926 年冬，在上海淮海路尚贤坊的孙百里家，王映霞和郁达夫不期而遇。

郁达夫对她一见钟情，惊为天人。而王映霞由于早闻郁达夫的文名，对他早有倾慕，看到偶像，自然也喜出望外。

愉快的相识，为他们之后的相交，打下基础。当晚，郁达夫在日记本上写下一句话："我的心被她搅乱了，此事当竭力地进行，求得和她做一个永久的朋友。"

当时他在老家已有妻子儿女，但面对美丽的王映霞，大才子还是忍不住动情了。

从来才子爱佳人，更何况两个人一见倾心，情投意合。王映霞似乎也直觉到郁达夫对自己的兴趣，因为他热烈而深沉的眼神，已经让她心里一动了。

此时，郁达夫由于发表《沉沦》等作品，已成为名作家，在文坛正是如日中天，广受关注时。凭多年的情场经验，郁达夫感觉，这个美女对自己因仰慕而兴奋了。所以和她进一步交往，想来她是没有意见的——四目相对的那一刻，已经注定了他们的缘分。

想到那张美丽的脸庞，纯情的气质，郁达夫就有些意乱情迷。

然而，现实不能不考虑：他不仅已婚，而且大王映霞 12 岁，如果走下去，不能给人家姑娘结果，结果该如何收拾呢？……郁达夫有些迷茫了。但他终不想放弃这种恋爱的感觉，特别想再见到她。

1927 年，刚过完春节，王映霞到上海。不知为什么，她竟鬼使神差地给郁达夫写了一封信，邀他在孙百里家再会。郁达夫正在为见到她找机会时，不想机会主动找上门来，惊喜得差点跳起来。

再次见面，两个人很快相熟，爱情的火苗一点就着，一触即发了。

这次相见后，郁达夫频频给王映霞写情诗，一首接一首，感情炽热，表白大胆，让初涉爱情的王映霞既害羞，又兴奋。

这样，才子和佳人恋爱了。公子多情，美人痴恋。郁达夫本是情场老手，深谙女人心思，如今动了真情，更是百般讨好王映霞，让她品尝到美妙的爱情滋味。他热烈多情的诗句，对初涉爱情的单纯女子王映霞来说，具有强大的吸引力，她毫无准备心甘情愿地向郁达夫妥协了……

风雨茅庐情

不到两个月，郁达夫和王映霞坠入爱河，难舍难分。

郁达夫要求生活在一起，王映霞要求他明媒正娶。郁达夫嘴上答应，但他无力抵抗家长，与原配夫人始终没离婚。

为了让王映霞安心，他写信劝她：

我也不愿意打散这件喜事。可是王女士，人生只有一次婚姻，结婚与情爱，有微妙的关系，但你须想想当你结婚年余之后，就不得不日日作家庭的主妇，或拖了小孩，袒胸哺乳等情形，我想你必能决定你现在所考虑的路。你情愿做一个家庭的奴隶吗？你还是情愿做一个自由的女王？你的生活尽可以独立，你的自由，绝不应该就这样地轻轻抛弃……

郁达夫极力说服她，但他这么说不免偏见。爱情是美妙，但没有保护；婚姻也许没有恋爱美，但是有对女人的保护。女人需要浪漫的爱情，更需要安全和踏实感。哪个女人，也不可能摆脱婚后家务的责任。但当时王映霞已爱得离不开了，欲罢不能，只好答应了郁达夫的意见——选择爱情，忽略名分。

这在当时是小妾，在今天算是第三者插足。但王映霞在爱情的作用下，不想回头，只想和郁达夫继续浪漫地向前，至于结果，她不敢想，也顾不上考虑了。眼下，抓住自己爱的这个男人，比什么都重要。

我想，郁达夫心里定有矛盾，更是欲罢不能。他不能抛弃妻子儿女，也不想放弃这份美丽的爱情。如此美丽年轻的人进入他的生活，

王映霞与郁达夫

让他增加了信心，这感觉太美，像回到年轻岁月，他是断不能放弃的。他也为不能给王映霞一个名分而痛苦，但眼下只有让她以爱情为重，不计较其他。

郁达夫是否真的认为王映霞这样的美女不该劳动呢？这不过是他讨好她的一个说辞吧。没有哪个女人婚后不事一点家务。爱情不过是一时，更多的感情还需要在未来琐碎的生活中继续、延伸。

爱情不是世俗的，也蔑视世俗。真爱往往是离经叛道的，总是不可思议地发生，惊世骇俗地昭告天下。

才子们表达感情的方式向来是冲动热烈的。郁达夫的情书和日记里，都是他和王映霞的影子。1927年9月，他把自己的爱情日记编成了《日记九种》，交由北新书局出版。书中描写了他和王映霞的爱情故事，甚至有很多细节描写，大胆热烈，受到读者欢迎，一时轰动上海。

于是，他们的爱情，成为一时美谈。

此书的出版，让王映霞看到了郁达夫的真诚，他这么公开向世人宣告，天下人皆知自己是他的妻子。他纵使不能给一个正室太太的名分，她感觉自己也该知足了。这样，她不在乎自己的“小三”地位，大大方方做起了郁达夫的情人。

1928年2月，两人在杭州西子湖畔举行盛大婚礼，轰动杭州城。当时王映霞20岁，郁达夫32岁。西湖春光明媚，波光潋滟，岸上的一对才子佳人，幸福的笑容倒映在湖光山色中……

柳亚子写诗赠送，有句“富春江上神仙侣”，一对才子佳人的结合令人羡慕。

此时，在郁达夫的老家，他的原配夫人孙荃还在伴着他的老母亲，带着三个儿女，苦守岁月……

婚后，生活幸福美满。郁达夫文名很高，收入也可观，生活也算优越。多年后，王映霞回忆道：

当时，我们家庭每月的开支为银洋200元，折合白米20多石，可说是中等以上的家庭了。其中100元用之于吃。物价便宜，银洋1元可以买一只大甲鱼，也可以买60个鸡蛋，我家比鲁迅家吃得好。

王映霞本是大小姐，生活向来有人照顾，但婚后，她柔情似水，竭力尽妻子之责。郁达夫有肺病，她每天炖鸡、甲鱼等，为他调理。婚后一年，他们的第一个儿子出生了，生活更增甜蜜。

追求王映霞时，郁达夫曾写过一首诗：

> 朝来风色暗高楼，偕隐名山誓白头。
> 好事只愁天妒我，为君先买五湖舟。

他们渴望过不受世俗打扰、相亲相爱、白头到老的生活，这是他们的理想。郁达夫为此努力着，希望有一天能给心爱的女人这样的理想生活。

婚后7年，1935年7月，郁达夫兑现承诺，在杭州修筑“风雨茅庐”，送给爱妻。

“风雨茅庐”位于杭州城东大学路的一条小巷，三面回廊，中西结合的风格，院子里假山、修竹、芭蕉等掩映成趣，真是一个清幽的所在。如今保存尚好。

“风雨茅庐”内摆设古雅，充满书卷气，体现的是郁达夫的博学和雅趣。据说，这里曾有郁达夫保存的宋、元、明、清等朝的类书近万卷，有明末清初的禁书300余部，有清代诗词集600余种，有英、德、法、日等原版书籍2万多册。

在“风雨茅庐”，夫妻俩带着孩子，生活美满，温馨幸福，过着世外桃源般的生活……

真爱更脆弱

世上没有完美，一切理想化的东西终要经受幻灭的打击。郁达夫和王映霞，一对神仙眷侣，他们的恩爱终没能经住人间风雨的考验，最终雨打风吹去，劳雁分飞。

婚姻毕竟不是爱情。热恋时，爱情感觉美妙，力量无穷，战胜世俗，也要走到一起，轰轰烈烈，感动彼此，惊天动地。而婚后，爱情的感觉日益减少，世俗的力量日益强大，对感情的考验无处不在：工作生活的压力，孩子的来临，柴米油盐酱醋茶的琐碎，两个人及双方社会关系的磨合……每一项，都不能疏忽，都很敏感，稍有不适，就会伤害彼此。

恋爱时的美妙和浪漫奔放，一去不返，生活进入平淡、琐碎中，这样的状态，让所有理想化的心态生出失望、沮丧。热恋时，想融入彼此的生命，但真正进入彼此的生活，原来远没有想象得那么美。纵使是再相爱的夫妻，也会有婚后的失落感。

人生不可能没有风雨，包括感情上的，总有不顺。王映霞和郁达夫，恩爱几年后，矛盾和打击如约而至。一对恩爱夫妻，没能经受住这打击，矛盾产生，彼此不能原谅，伤害自尊。

在风浪面前，彼此不能原谅，不能珍惜，没有信心再走下去。爱情为何不能持久？难道就当初那一点？还是，所有的感觉和激情当初已经燃烧完毕？爱情既然是一种感觉，那么它必然短暂，所以越是表现得轰轰烈烈，惊天动地，到后来越难免因为落差而失落，爱情也变得脆弱到不堪一击。也因此，很多热烈的爱情最终归于悲剧。

风雨相偕十二载后，郁达夫和王映霞缘分到头，家庭破裂。

“情书事件”是导致夫妻感情分裂的导火线。1937 年的一天，郁达夫在家中屋角“捡得遗落之许君寄来的情书三封”。许君，即许绍棣，当时的浙江省教育厅厅长。

本来，郁达夫平时就知道很多男人对貌美的妻子心怀不轨，他也时而有闻妻子“红杏出墙”的传闻，开始没当一回事，也相信妻子和自己的感情。但心中终为此烦恼，只是一直没有抓住证据，不予理会。此时，可算是找到了证据，他怒火中烧，忍无可忍。

王映霞是有名的大美女，郁达夫也以此自豪，经常带她出入于社交场，王映霞也十分享受这种生活。本来，美人不张扬，自有追求来。如此乐于交际，自然周围更多了种种朋友，她一时成为杭州的交际明星。

不久，就有妻子“红杏出墙”的消息传到郁达夫的耳朵。他们的老朋友汪静之曾经说过：“王映霞最爱郁达夫带她去认识所有的朋友，专门同人家交际。”

对这段交际生活，王映霞也有回忆：

(初回杭州，) 这就很自然地给我招来了不少慕名和好奇的来访者，增添了麻烦和嘈杂。从此，我们这个自以为还算安静的居处，不安又不静起来。比如，今天到了一个京剧名角，捧场有我们的份；明天为某人接风或饯行，也有给我们的请帖。什么人的儿女满月，父亲双寿，乃至小姨结婚等等，非要来接去喝酒不可。累得我们竟无半日闲暇，更打破了多年我们家中的书香气氛。我这个寒士之妻，为了应酬，也不得不旗袍革履，和先生太太们来往了起来，由疏而亲，由亲而密了。所谓“座上客常满，杯中酒不空”，正是我们那一时期热闹的场面。同时因为有东道主的招待，我也就饱尝了游山玩水的滋味，游历了不少名胜。

当年曾去过“风雨茅庐”的日本历史学家增井经夫回忆：

她漂亮得简直像个电影明星，给我留下深刻的印象。当时她在杭州的社交界是颗明星，而她在席上以主人的身份频频向我敬酒，说“增井先生，干杯！”时，就把喝干了的酒杯倒转来给我看，确是惯于社交应酬的样子。又有她那深绿色翡翠耳环和手镯，在灯光下摇曳闪烁的情景，至今还很清晰地如在眼前。想起来，那个时候大概是郁先生最幸福的时期吧，一下子就在饭馆里款待十个客人，实在是豪兴不浅。

美人招蜂引蝶，郁达夫不是不知道，他之所以搬到杭州的“风雨茅庐”，也有躲避对妻子有不轨之心的男人的意思。但到杭州后，他由于一时虚荣心，又带妻子出入交际场中。终于，东窗事发。

发现情书后，郁达夫气愤至极，他在王映霞的纱衫上写下“下堂妾王氏改嫁之遗留品”。为了泄愤，还现妻子的眼，他竟然把那三封情书照相、制版，发到朋友手中。这还不够，他还在《大公报》上登出“警告逃妻”的启示，语言剑拔弩张，直指王映霞种种不守妇道，辛辣讽刺，温情尽失，满是对妻子入骨之恨。

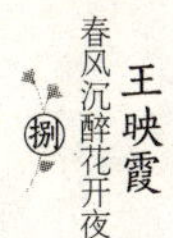

郁达夫为何如此自曝家丑呢？真让人不解。难道搞臭妻子，自己脸上就很有光吗？这让人觉得他不仅冲动偏执，而且幼稚愚蠢。

然而，据汪静之的《王映霞的一个秘密》中透露，王映霞婚后，的确生活不端，还与戴笠有暧昧关系，甚至听说还为戴做过流产……

试想，郁达夫听到这些传闻该是怎样的感受？他骨子里传统，有些大男子主义，绝不容忍妻子的不忠。而他的情敌们非同一般，让他男人的自尊受到严重挑战。试想，他自己除了有些文名，给妻子爱情和浪漫，还能给她什么？而美女向来多求，妻子王映霞嘴上不说，但心里的虚荣他怎么不明白。所以，当他听到她与许绍棣、戴笠等人的绯闻时，自然心里无比恼火，只是没有证据，只好压着。

这次发现情书，眼见不是谣传，所以郁达夫终于恼羞成怒、忍无可忍了。他的气愤是厚积薄发。但无论如何，如此自曝家丑实在有失聪明。

同样是才子，同样对感情热烈似火，大胆挑战世俗，郁达夫似乎远没有徐志摩胸怀豁达：徐志摩在陆小曼和翁端午的问题上，表现得十分大度，让小曼自己选择决断。而郁达夫，虽然抓住了证据，但表现得实在有失风度和修养。

郁达夫这么做也许因为冲动没考虑过后果，或者有干脆就此了断的打算。不知他有没有想过，他这么做，不是逼着女人离开自己吗？再爱他的女人也不能接受他这样的公然羞辱，更何况王映霞有那么多身份地位远高过他的追求者呢？难道他对妻子没有爱情了，因为出轨决定把她扫地出门吗？扫地出门还不够，还要让她从此遗臭万年？有时，真觉得郁达夫这种文人太可怕了。这样看，苏雪林批评他“病态”“颓废”，似乎也不无道理。

此事大白于天下，王映霞脸面扫地，离家出走。郁达夫作为著名作家，斯文扫地。他的这一行为，直接导致夫妻感情破裂，恩爱尽失，原本有挽回可能的婚姻就此陷入危机……

四个字：丢人现眼。两个人脸上都无光，倒是世人，看了一场家庭闹剧，乐得议论纷纷，成为茶余饭后的谈资。

郁达夫的愚蠢行为把自己也搞得骑虎难下了，尴尬异常。他感觉到自己的鲁莽，在朋友的说和下，又登报向妻子道歉。

朋友们又去劝说王映霞，她勉强回家。

爱要怎么做

毕竟还有孩子，郁达夫道歉了，王映霞回家了，但感情已经出现难以弥补的裂痕。

情书事件，让王映霞看到了郁达夫的性格缺点，对他产生鄙视。曾经，这个男人的才华、人品和趣味，是那么强烈地吸引着她，让她赴汤蹈火般扑到他的怀抱，接受一场火热的浪漫爱情。他的风度和气质，一度让她感觉是真正的名士风流。但眼前他的表现，哪里还有半点名士风度，哪里还有半点胸怀修养？

王映霞失望极了，甚至怀疑当初是他猥琐好色，勾引单纯的自己上当，以至委身嫁他……否则，如果有真爱，他怎么可以这么公然伤害她？他自己也不要面子了吗？加上他的大男子主义，还有自己一直没有正室的名分，他家里人对自己的不容等等，种种不快涌上心头，王映霞对这个婚姻失望透顶，再没有信心走下去……

王映霞越想越伤心，从此再不想看他一眼。她本高傲，向来受着男人们的宠爱，如今受此大辱，如何能受得了？虽是为了孩子们回了家，但心上终是愤愤不平。后来，当他们分手后，她不止一次给他写信报复：

当初我的报复的心，每时每刻都在牢记着，从未因为暂时的欢娱而衰落过……你是做梦也不会想到在八年之后的今日，这一个被你认为弱女子的人，也终有一天复仇的日子的……

郁达夫的行为自是有失风度，而王映霞后来这种不肯原谅的报复行为，也显示出她的高傲和自尊。可见当初受到的伤害之深。因为爱而彼此伤害，因为伤害彼此生恨，爱之深，恨之切。

爱情无疑是自私的。但是如何爱，则是一个值得学习和研究的问题。爱一个人，不只需要向她表白和行动，还需要注意爱的方式；爱一个人，不是视她为自己的附属品，而应该尊重她的人格和尊严。王映霞的自尊受到伤害，无论你郁达夫有多么爱她，她还能回头吗？

其实，王映霞骨子里也很传统。看她的照片，曲线温柔，气质也温柔。婚后的她，是一个贤妻良母，但为何后来红杏出墙呢？天生丽质不是她的错，别人追求她也不是她的错。她真正接受过那些人的追求吗？

我们不敢确定。但是，每个人都有追求幸福的权利，婚姻的双方虽有责任，但当婚姻中的感情出现危机时，有人出轨也属正常，否则怎么有那么多的婚外恋呢？这是婚姻不愿意看到的，但是往往会发生。决定出轨与否的是夫妻的感情和操守。

生活总是平淡，感情日益倦怠，当新的感情和刺激来临时，一般人尚且难以抵挡，更何况是美人王映霞呢？

郁达夫与王映霞的爱，是深沉热烈的，但也许不是平等的。女人天性需要安全和保护，一个传统的女人，会甘心仰视自己的男人，愿意做他的附庸，纵使她再强大，也愿意给男人足够的尊严和面子，树立他的权威。但是，如果男人不明白这是女人有意放低自己，对他尊重，以为这是女人有求于他，因此蔑视女人，那就不仅错误而且愚蠢了。

女人需要呵护，需要哄着捧着宠着，她喜欢在男人面前撒娇示弱，她需要爱，这是女人的天性。她愿意在心爱的男人面前臣服，但如果男人因此居高临下地看女人，对其失去起码的尊重和平等，那么，女人的自我意识就会抬头，双方的抵触和矛盾就会发生。如果在发挥好自己天性的同时，彼此尊重，这样的感情最长久，这样的夫妻最聪明最和谐。

郁达夫的某种不当的行为，伤害了妻子，加之这次公然羞辱，逼得妻子对他失望，进而红杏出墙。这不是没可能。对这样一个“江南第一美人”，好好呵护还不够，反而凌驾其上，屡屡对其不尊重，时间久了，她自然会反抗的。

他有才，她崇拜他，他高涨了自己的自大和大男子主义，但她不是一个甘于平庸的女人：不仅是美女，而且有些才华，是有新思想的新女性。为此，她后来说："我也是有文化教养和自尊心的女人，心中岂能无动于衷？"

面对追求者，王映霞当然也是自豪的。当矛盾日积月累时，当不满越来越多时，所有原来不介意的也产生了。比如郁达夫不给自己名分，婚礼草草举行，他总把自己比作"朝云"（苏东坡的妾），郁母大寿时只接受原配的拜寿……所有这些，她原本就耿耿于怀，如今都可以堂堂正正翻出来，作为矛盾的根源。如此，矛盾越积越多……

最难在相守

1938 年底，郁达夫到新加坡工作，与一个 21 岁的歌星同居。此事直接导致了夫妻二人的分手。试想，王映霞本就窝着一肚子的火，这不是给她分手的理由吗？

郁达夫本一风流才子，自少年时就流连女色，写下著名的《沉沦》。他身边从不缺乏女人。遇见美人王映霞后，他专情了 12 年，但情书事件，让夫妻感情受挫。也许他对与王映霞的感情也没有了信心，也许他本性难移，也许他为了报复王映霞的不忠，总之，这位才子又恢复了婚前的风流生活。

本来夫妻感情已有裂痕，彼此互抱成见，感情变得不堪一击。此时，任何一方的过错都变得不容原谅，所以郁达夫的出轨直接导致两人的分道扬镳。

大概郁达夫也感觉走到了尽头，也许他文采丢尽没了别的写作题材，1939年，他在香港《大风》旬刊发表著名的《毁家诗纪》，再次把自己的夫妻感情问题写成诗作公开发表。可见，妻子回家，也不能平复他对妻子背叛的耿耿于怀，他终不能原谅她，余怒未消。郁达夫还在诗作后附上注释，透露夫妻分裂的内情，详述王映霞与许绍棣的情事。

郁达夫再次公开泄愤，他写道："姬每对人自称厅长夫人予以取乐……行则须汽车，住则非洋楼不适意……伊言对我变心，实在为了我太不事生产之故……"

王映霞实在忍无可忍了。她实在不明白丈夫如此得理不饶人，抓住不放，还是一个男人吗？就算心里有气，必须这样发泄吗？必须要把自己置于死地才罢休吗？

此时，彼此失望，走向敌对。王映霞这次不再沉默，她以牙还牙，发表《一封长信的开始——谨读《大风》三十期以后的呼声》，为自己辩护，并抨击郁达夫的种种专横霸道，讥讽他为"我还在敬佩着的浪漫文人"，文末署名为"永远都不会吃亏的映霞"。

在还击的同时，王映霞也表明了分手的决心。1940年3月，王映霞单方面在报上刊登"离婚启事"：

郁达夫年来思想行动，浪漫庸腐化，不堪同居……协议离婚，脱离夫妻关系。儿子三人，统归郁君教养，此后生活行动，各不相涉，除各执有协议离婚书外，特此奉告海内外诸朋友，恕不一一奉告。

王映霞启

就此，一对让人无比羡慕的才子佳人，婚姻走到尽头。曾经恩爱无比，转眼反目成仇。他们的婚姻，如小儿过家家，玩过之后，家也倒塌不顾了。

总感觉，他们也许并不适合婚姻，与徐志摩和陆小曼一样，只适合恋爱。爱得感天动地，但进入婚姻，就没办法活下去，当初的爱情全变了味儿。也许因为郁达夫和徐志摩诗人气质，太单纯，感性冲动，能风流浪漫温柔体贴，但不能面对一个世俗的对手，一旦遇到情敌，他的爱情美景也就轰然倒塌；也许因为王映霞和陆小曼太美貌太招引人也太虚荣，只适合恋爱，只想永远被男人捧着供着养着，不能经受一点清寒和寂寞。

男人最怕遇到权钱上的情敌，会让他的自信受到威胁；女人最怕遇到权钱男人，这会让她的虚荣尽显，原本的单纯可爱丧失。王映霞和陆小曼们终不是能受得了清苦的女人，她们生来就有一种花瓶本色，需要男人用钱供养，消受她们，只有权贵有资本。

郁达夫和徐志摩们，终是文人，因为没有钱，终难满足美女的需求。所以，最终在情场败下阵来。这样的红颜，是他们的祸水。

王映霞离开家时，看着三个儿子，流下两行泪水，转身而去……原来信誓旦旦，决心白首相偕的夫妻，就此成陌路。

那么，他们还有爱吗？

据说，王霞映走后，郁达夫曾有诗《寄王映霞》，流露出惆怅和思念：

大堤杨柳记依依，此去离多会自稀。
秋雨茂陵人独宿，凯风棘野雉双飞。
纵无七子为衷社，犹有三春各恋晖。
愁听灯前儿辈语，阿娘真个几时归？

郁达夫希望以母子之情去打动王映霞，妄想她幡然悔悟，然而一切已无法挽回了。

他们曾那么热烈地燃烧过——轰轰烈烈地相恋，轰轰烈烈地结婚，轰轰烈烈地分手。这样的炽热，无论是醉还是恨，人生能有几回？

也许，爱情单纯，说爱就爱；而婚姻更加复杂，不是说离就离，说不爱就真能放下的。爱与不爱，并非简单说在嘴上，也非一时说得清。爱有几分，恨有几分，或许当时自己也不明白。往往，千帆阅尽，才明白那个人在自己心里的分量。

晚年的王映霞，回忆最多、写的最多的，还是郁达夫。那场爱，那个他，还在心中央。

梅开二度

1942 年 4 月， 35 岁的王映霞在重庆再披婚纱。这桩婚事由国民政府的外交元老、著名外交家王正廷做媒。新郎钟贤道是他的得意门生，江苏常州人，毕业于北京中国大学，当时在重庆华中航业局工作。

婚礼相当隆重。宾客如云，冠盖云集，大摆宴席三日，轰动山城。不仅有国民党当局很多显要，还有胡蝶、金山等明星参加。中央电影制片厂还拍摄了新闻纪录片。婚礼之前，钟贤道还让人在重庆、上海、杭州等各大报纸刊登结婚广告，天下皆知“杭州第一美人”王映霞又风光再嫁了。婚礼规格高，排场大，阔绰风光，一时成为重大新闻。人们纷纷说：“钟贤道拐了个大美人！”

没有哪个女人不渴望一场盛大风光的婚礼，这是女人虚荣心的需要，也是对自己短暂青春的一个交代。没有经历过结婚典礼的女人，始终会以此为自己婚姻之大不幸，为人生之大憾。在婚姻生活中，她只要可能，就会以此来说事。而且翻来覆去，对此耿耿于怀，纠缠不休，非得让丈夫彻底明白他欠她一个风光的婚礼。这样的纠缠往往会影响到日后夫妻感情和婚姻的幸福。没有婚礼的，有过婚礼的人，对此都有深刻的感受。

晚年的王映霞

美女王映霞，最幸福

的也是最让人羡慕的莫过于她的两次风光嫁人，都是惊动全城。她对此也深有体会，尤其是她梅开二度，再次嫁人时的这次风光，给她印象更深，让她感触更多。以至多年后，她对此仍念念不忘，记忆犹新。1983年，她还撰文《阔别星洲四十年》（载1983年7月14日新加坡《联合早报》）回忆说："我始终觉得，结婚仪式的隆重与否，关系到婚后的精神面貌至巨。"

不是每个女人结婚时都有条件像王映霞这样，但至少要有个简单的仪式。对女人而言，婚礼，无论外在还是内心，都是一个仪式，关系着她的心境。毕竟人生只有一次，毕竟每个女人也不想有第二次婚礼，所以她们对于这人生重大的婚事，看得比生命还重要。

钟贤道为娶到这样一位美女而自豪。尽管王映霞有过三次生育，尽管关于她的绯闻不绝于耳，但钟贤道对她无半点嫌弃，而是为自己娶到她而自豪。事实上，王映霞虽是一位有三个儿子的母亲了，但因为保养有道，天生丽质，她看起来没有老态，仍然青春靓丽。

有人回忆她当时在重庆外交部任文书时上班第一天的情景说，她穿着一身凹凸有致的花色旗袍，足登三寸高跟皮鞋，加上她那"荸荠白"的皮肤，艳光四射。她款摆腰肢走进办公室时，四座皆惊……

可以想见她当时的风采。可以这么说，她嫁给郁达夫时，青春正好，单纯明丽，但总缺少点气韵；她嫁给钟贤道时，已成少妇，青春之外，更增加了丰润和成熟，韵味更浓，气质更佳，正是一个女人最好的时候。本是美女的她，此时显示出更加诱惑人心的美丽。

我想，经历离婚闹剧的她，此时更明白自己的优势和价值所在。她要抓住青春的尾巴，把握自己新生的风韵，还要摆脱“郁达夫弃妇”的阴影。所以，她比以前更喜欢化妆修饰，还要注意气质。很快，她又树立起自己的淑女形象，而且待人接物，人情更加练达。她又聪明地认商会会长王晓籁做干爹，又有戴笠撑腰，所以，她很快在重庆社交界抛头露面，脱颖而出，风光无限。

我想，正是因为她从不放弃美丽修炼，才为自己赢得了风光幸福的第二次婚姻。

婚后，钟贤道对王映霞非常体贴，尽极讨好之能事。王映霞很快从离婚的阴影中走出来，开始了稳定幸福的第二次婚姻生活……

婚后不久，戴笠因飞机失事，她失去凭依，于是辞去外交部的文书工作，做起了专职钟太太，低调而朴实地生活。随丈夫到芜湖后，她先后生下一儿一女。从此夫妻更加恩爱，相濡以沫。

青春走过，人到中年，经历过繁华，也经历过太多情感波折的王映霞，此时也不再心高气傲，不再爱慕虚荣，不再贪恋浮华的交际场。此时，她只想安静地和爱她的人一起好好过日子。晚年，她曾写过一篇《郁达夫与我的婚变经过》，反映她对家庭生活的向往：

我想要的是一个安安定定的家，而郁达夫是只能跟他做朋友不能做夫妻。所以同郁达夫最大的分别就是我同他性格不同。……对于婚姻，对于女子的嫁人，那中间的辛酸，我尝够了，我看得比大炮炮弹还来得害怕。我可以用全生命全人格来担保，我的一生，是决不发生那第二次痛苦了。

她又表示自己“既不要名士，又不要达官，只希望一个老老实实、没有家室、身体健康、能以正式原配夫人之礼待她的男子”。

这话说在晚年，也许并非当时的完全想法，但至少表明她也渴望做一个有尊严的主妇，过安稳安静的生活。郁达夫不能给她理想的生活，而钟贤道给了，所以她庆幸并感恩自己的第二次婚姻。

新中国成立前夕，重庆的达官显贵纷纷逃往台湾，钟贤道却退了预订的机票，选择留在大陆。新中国成立后，他被安排在上海航联保险公司工作，生活安定。“三反”运动中，他被怀疑贪污受到审查，经调查为冤案得到平反。

1952 年，王映霞因为曾任职重庆外交部，被作为国民党党员拘留。经查实当时只是口头参加，既无党证也没缴过党费，被解禁。

王映霞被关押期间，钟贤道心急如焚，又是探视，又是送这送那，关怀备至。王映霞解禁后，钟贤道专门为她在锦江饭店开房，让她静养，然后又带她旅游散心。

对此，王映霞曾无比甜蜜地说：“真像是一次蜜月旅行。”丈夫对她百般爱护，对自己却很苛刻；为她花钱极大方，为自己花钱则极吝啬。

王映霞庆幸自己遇到这样的丈夫，她曾十分感激地说：“他是个厚道人，正派人。我们共同生活了 38 年，他给了我许多温暖、安慰和幸福。”

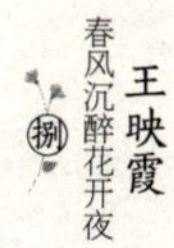

1980年，钟贤道72岁时在上海去世，王映霞表示深深的哀痛。

都说红颜薄命，但美女王映霞却一生有福：美丽的爱情，幸福的婚姻，风光的婚礼，儿孙满堂，人尊寿高，也算是圆满人生了。

对自己生命中的两个男人，王映霞晚年曾有评价：

> 如果没有前一个他（郁达夫），也许没有人知道我的名字，没有人会对我的生活感兴趣；如果没有后一个他（钟贤道），我的后半生也许仍漂泊不定。历史长河的流逝，淌平了我心头的爱和恨，留下的只是深深的怀念。

岁月如流，爱恨皆成云烟。留在心底的，是那一抹永远的温存……

唐瑛

当年拼却醉颜红

比我漂亮的人，
没有我聪明；
比我聪明的人，
又没有我漂亮。

——唐　瑛

女人最要紧的漂亮，唐瑛有；女人该有的聪明，唐瑛也有。一般人，有她的漂亮，但没有她的聪明；有她的聪明，但没她的漂亮。既聪明又漂亮，唐瑛对自己是相当自信。

在20世纪30年代，唐瑛以其显赫的家世，以她不折不扣的名媛身份，以她既漂亮又聪明的形象，闪耀于大上海的交际圈。

唐瑛（1910–1986）

名门富贵，长相甜美，内外兼修，多才多艺，唐瑛在上海与北平的陆小曼一起，成为当时为人们津津乐道的“南唐北陆”。而她们同现舞台，一唱一和地飚戏，名花绽放，更成为上海一道靓丽的风景。

作为上海美女，她比陆小曼更洋气，更耀眼；作为后起之秀，她比陆小曼更自我，更大胆奔放；作为名媛，她比陆小曼更讲究，更有范儿。

传统与现代，都在唐瑛身上得到饱满的体现：既有中式美女的优雅端庄，又有西式美女的开放与自由，一颦一笑，一举一动，言谈举止，坐立皆淑女。

名门兼才女，向来故事多。唐瑛与民国第一国舅宋子文的爱情故事，更让她的青春充满传奇色彩。

名媛的底子

唐瑛是20世纪30年代旧上海的一柱沉香，让人回味无穷。她是上海名媛，与北平名媛陆小曼齐名，成为当时的“南唐北陆”，为人们津津乐道。

当时的一本书《春申旧闻》中提到唐瑛：“上海名媛以交际著称者，自唐瑛、陆小曼始。继之者为周叔苹、陈皓明……”

唐瑛自己也有名言：“比我漂亮的人，没有我聪明；比我聪明的人，又没有我漂亮。”凭此，我们尽可想象她的自信和风采。

当时的大上海，繁华如梦，名流尽现，明星汇集，美女如云。唐瑛既非权贵，也非明星，凭什么在交际场脱颖而出、风光无限呢？

她非权贵显要，但也出身名流；她非明星歌女，但声名不逊她们。那么，她到底凭的是什么？我们很想知道。

据说，她出身名门，接受了完善的中西优良教育，能说会道，中英皆通；她天生丽质，身材苗条，嗓音甜美；她衣着前卫，所到之处，众目皆惊；她多才多艺，秀外慧中，擅长昆曲，嗓门一展，举座皆惊……

这样一位名媛美女兼才女，加上她及时的大胆张扬，自然惊起于上海滩。

那么，这样一位名媛，是如何造就的？

1910年，唐瑛出生于上海一个富裕的西医之家。她的父亲唐乃安，是清政府获得庚子赔款资助的首批留学生，留学德国。他是中国第一个留洋的西医。唐乃安回国后，在北洋舰队做医生。后来，他自己在上海开了个私人诊所行医，专门给上海的豪门巨富看病，收入颇丰，不几年就成为巨富。

唐瑛的妹妹唐薇红说："我小时候，家里仅厨师就有四个：一个负责做西式甜点，一对扬州夫妻负责做中式点心，另外还有一个厨师做各系的大菜。"

生在这样的家庭，唐瑛自然从小生活优越，锦衣玉食，过着典型的中西式结合的优质生活。在当时的中国，这种家庭是最进步也是最新式的。唐瑛的父辈把西方先进的知识和生活方式带到自己的家中，直接受惠的自然是他的孩子们。

唐乃安受到过良好的教育，对子女的家教很重视。唐瑛从小就受到严格的教育，中式的传统文化教育有古典诗词、琴棋诗画等；西式的教育有英语、法语、钢琴等，广泛涉猎。

唐家信基督教，女人在家中地位高，唐瑛从小就可以跟家里大人参加社交活动，可以接受和男生们一样的教育。所以，唐瑛的心里没有男尊女卑的观念，她快乐自信地成长着。

而且，唐瑛从小喜欢热闹，爱在人群中展示自己的美貌和风采，满足了虚荣，同时也得到锻炼，见识了不少大场面，见识了各色人，从小学会待人接物，察言观色，言谈举止大方得体。从小她就十分活跃，唱歌跳舞，唱曲和诗等等，无论在家还是在学校，她都是众人关注的宠儿。

从贵族学校中西女塾（圣玛利亚女校的前身）毕业时，唐瑛已出落成亭亭玉立的大美女。她天生丽质，口齿伶俐，声音甜美，中英文皆佳，而且她多才多艺，会唱昆曲，有着真正的名媛底子。

“南唐小主”

16岁时，唐瑛开始跟家人进入社交圈，学习社交礼仪。由于家世好，人长得漂亮，很快受到名流们关注，在名流们追捧下，很快名闻上海滩。

她有张照片，倚靠在一张低矮华贵的椅子上，身着短袖花旗袍，手持小折扇，头低歪着，眼神迷离，似乎寂寞又像惆怅。显然大家闺秀，风情万种。

这样一个女人，连女人看了都心动，更何况男人呢？

所以，唐瑛的出名不是没道理的。出身名门，年轻貌美，最主要因为她的名媛气质。名媛气质是什么呢？风姿绰约，气质高雅；衣着高贵时尚，打扮入时；举止大方得体，生活有品位；伶牙俐齿，聪明干练，优雅中带着洋气，洋气中透着聪明。加上她还能唱贵族戏曲——昆曲，咿咿呀呀，才子佳人，味道十足，举座皆惊，底下粉丝众多。不是戏子，但靠玩戏名声盖过明星，真是十足的名媛范儿。

再看一张照片，她穿着一件中西合璧式的旗袍，翘着二郎腿，一只手搭在膝上，另一只搭在这只手腕上，腰身略躬，低着眉，眼朝着前方，似看不看，风情无限。她穿着油黑锃亮的中根小皮鞋，露着半截子白

优雅唐瑛

皙的小腿，时尚和风情尽显无遗。

这样一个有丰富内涵的女子，谁看了不动心，更何况她又有才华和聪明呢？

唐瑛的才艺，主要表现在她对戏曲的领悟。她不仅懂戏，还会唱上几段，而且水平超过票友，几达专业水准。过去，戏曲里头，昆曲最是有身份，高门大户请戏班子，唱的多是昆曲。昆曲在戏曲中属于文人戏，所以被达官贵人重视，加之唱的内容多是才子佳人的文戏，所以更得风流文人雅士的追捧。过去，大宅门里的小姐公子们，在看戏的同时也喜欢玩几把，客串两下，过过票友的瘾，这是他们的一种生活乐趣。

唐瑛经常以“玩票”的形式登台演出，每次都大放异彩。她曾主演《少奶奶的扇子》，获满堂彩。当时有人曾引诗赞她：

彩袖殷勤捧玉钟，当年拼却醉颜红。
舞低杨柳楼心月，歌尽桃花扇底风。

交际场中，觥筹交错，红颜飘醉，倾倒多少男人。舞姿翩翩，杨柳细腰，风姿卓绝，无限妩媚，羞煞月里嫦娥。咿呀一曲，桃花扇摇，面如满月，娇羞欲滴，无限风流……

如此女子，怎么不引来关注？如此多才之名媛，如何不声闻上海？很快，唐瑛成为上海交际圈的“宠儿”，风头无两。彼时，北平交际圈有陆小曼，所以有了“北陆南唐”一说。

唐瑛与陆小曼演戏（站者为唐瑛）

有意思的是，这一北一南两个名媛，还是好朋友。陆小曼移居上海，这一对姐妹花，更成为上海交际圈的“并蒂莲”，抢尽风头，名流们争相一睹其风采。

上海滩有名的百老汇等地的舞场、戏台、酒会等，都留下这对姐妹花的身影。尤其是她们一起“玩票”，更是时人争看的风景。她们各自分工，唐瑛扮男角，小曼扮女角，唐瑛走台步，小曼摇着折扇。两个人一唱一和，唱念做打，浑身是戏。常使下面宾客以为是专业演员。每场下来，都获得满堂彩，两美女的脸上也感到无上风光。唐瑛当时17岁，比小曼小7岁，但她毫不怯场，一招一式十分来劲，令小曼也连连夸赞。

1927年，在上海中央大戏院举行的妇女界慰劳剧艺大会上，唐瑛和陆小曼两人联袂演出了昆剧《拾画》《叫画》，相得益彰，配合完美，演出大获成功，轰动上海滩。

1935年，唐瑛与《文汇报》的创刊董事方伯奋、沪江大学校长凌宪扬联袂，在卡尔大剧院演出《王宝钏》。唐瑛扮演王宝钏，方伯奋扮演王允，凌宪扬扮演薛平贵。与以往不同的是，他们的说唱台词全用英语表达。这个创举既新鲜又有难度，但结果大获成功，轰动大上海。尤其是唐瑛那流利的牛津式英语唱腔，圆润甜美，台下掌声阵阵。有一次，英国王室访问上海，唐瑛受邀请参加接待的演出活动，她在台上表演了昆曲。演出十分成功，给英国王室人员留下深刻印象。唐瑛成为上海各大报刊头版人物，风头甚至盖过英国王室和中国官方的人员。

从此，唐瑛的声名更盛，她的排场也更大，成为上海滩名副其实、首屈一指的交际名媛，受关注程度毫不亚于当红明星。

民国交际花

有必要指出，这里所说的交际花，不是我们现在所指的歌舞场中充满风尘感的放荡女子。这里说的交际花，也不是指花天酒地生活的女明星们。这里所说的交际花，是活跃于上层或名流交际场合中的名媛才女，是受过中西方先进教育、思想自由开放的女子。

民国时的交际名媛，多指那些在交际场中活跃着的女子，她们有家世有身份，同时有才艺有修养。陆小曼和唐瑛是当时典型的社交名媛。她们的风范和气质，集合了民国名媛的特点，所以她们能在当时脱颖而出，风光一时。

在唐瑛身上，有着典型的民国名媛风范。我们总结如下：

首先，出身名门，或官宦之家，或巨贾富商。唐瑛就是出身巨富名医家庭，家底深厚，家学渊源。

其次，天生丽质。唐瑛天生是美人，面容姣好，身姿婀娜，顾盼生辉，引人无数。

第三，受过严格并先进的教育，中西合璧。接受传统中国和现代西方两方面的淑女教育，文化和修养兼备，思想和个性自由开放，有诗书气质，有思想智慧。

第四，生活讲究，品质上乘。她们生活优越，阔绰大方。有严格而有规律的生活，衣食住行、言行举止、待人接物等都训练有素，十分讲究，生活精致，有档次，有品位，品质上乘。她们从小接受这方面的训练，所以后来在社交场合能如鱼得水，备受追捧。

第五，才华出众，多才多艺。既玩传统的琴棋诗画，玩票唱戏，也弹钢琴、跳舞、喝咖啡，追求西式情趣。

第六，爱好交际。出入于高档场所，与上流权贵和名流显贵周旋，是她们习惯的生活，也是她们的爱好。唐瑛喜欢别人关注的眼神，喜欢张扬自己的美丽风采，喜欢被人追捧的感觉。她们活动在深宅大院，或者花园洋房，或者戏院舞厅，那是她们的舞台。

第七，能说会道，谈吐优雅，在社交场中如鱼得水。唐瑛口齿伶俐，中英文皆通，举止优雅又开放。在社交场合，她与名流显贵们觥筹交错，谈笑风生，口吐莲花，智慧不让须眉。

正是这些特点，让唐瑛成为民国时期典型的交际名媛。

这才是名媛范儿

唐瑛给人的最大感觉就是她不折不扣的名媛生活。与陆小曼相比，她的名媛生活更讲究、更精致，有南方的味道，更有那个结合了中西元素的大上海的味道。

唐瑛是当时女人们争相学习效仿的名媛。她们学她的什么？主要是她的生活方式。

民国的中国，西风东进，那种亦中亦洋，既穿旗袍又着洋装，既唱昆曲又弹钢琴，既玩琴棋诗画又跳洋舞的高品质生活，成为上流社会最时髦的风景。唐瑛的生活，基本就是这样的。

唐瑛的父亲多年留学海外，干的是西医，信的是基督，生活方式也西洋化，吃西餐，喝红酒，吃沙拉和蛋糕。凡此种种都直接影响到他的孩子。

上海名媛唐瑛的生活是十分讲究精致的。

比如，在吃上她毫不马虎，有自己严格的定位，而且每顿饭都会按照合理的营养来搭配，十分精细。何时用早点，吃什么，吃多少；何时喝下午茶，晚饭几点开始，等等，都有严格的规定。而且吃饭过程中，不能玩弄碗筷餐具，吃饭时不说话，汤要是太烫，也不能用嘴去吹……吃饭对她就是一种仪式，内容和形式都十分注意。

再看她的衣着打扮。作为美女，又是名媛，唐瑛在打扮上更是费尽心思，高人一筹。

她的衣服不仅是最高档的，也是最时尚、最潮的，穿衣讲究又大胆前卫。富裕的家境可以满足她对高档服装的追求；良好的文化和艺术修养，让她在穿衣打扮上品位出众，为她增添更多独特的气质。据说，她有十只镀金的大衣服箱子，里面全是名牌服装；有一个占了整整一面墙的大衣柜，专门挂了她昂贵的裘皮大衣。

唐瑛不停地变幻衣着，什么时候穿什么衣服，都是相当的讲究，即使在家也毫不含糊。她的妹妹唐薇红回忆说："姐姐就是没有社交活动，在家待着时，每天也要至少换三次衣服：早上穿短裤、羊毛衫，中午穿旗袍，晚上则穿西式长裙。而且，这些衣着还要根据家里是否来了客人、是什么样的客人而变化。"

唐瑛的着装总是别出心裁，自成一格。她的很多衣服都是私人定制，专门有著名设计师为她量身定做。她自己挑选布料，甚至经常自己设计服装。家里雇着专门为她设计衣服的裁缝。

唐瑛在着装上眼光很高。她经常光顾上海最好的百货商场，看到新样式就会记下来，加上她自己的设计想法，告诉设计师和裁缝们，专门为自己加工制作。所以，她穿出来的衣服，不仅适合自己，而且别具一格，不会跟别人“撞衫”，自己什么时候都是气质独特，风头独我。

唐瑛也十分注重衣饰。她用的东西，都是世界名牌。比如香奈儿 5 号香水、FERREGAMO 皮鞋、CD 口红、CELINE 衣服和 LV 手袋……用的都是真正的贵族品牌。

当她穿着自己设计的衣裙，在上海百乐门舞厅摇摆舞动时，她的风姿自然是鹤立鸡群，万众瞩目。

精致的生活，让唐瑛显得高大上，档次一流，品位一流，加上她出身名门，美貌年轻，内外兼修，拥有不俗的艺术才华和教育背景，自然在美女如云的交际圈傲然独立，如鱼得水，成为名副其实的上海名媛。

情陷宋子文

出身名门，年轻漂亮，聪明有才，又是上海的交际名媛，唐瑛这样的女人，该与一位什么样的男人相遇呢？她心里的白马王子又是谁呢？

唐瑛的周围，总是聚着众多的追求者，杨杏佛就是其中之一。

杨杏佛曾留学美国哈佛大学，是同盟会早期会员，曾是孙中山秘书，又帮蒋介石策应北伐工作，是国民党的大红人。他和徐志摩是好朋友，而陆小曼和唐瑛是好朋友，一来二去，杨杏佛认识了唐瑛，对唐瑛一见钟情。

相识不久，杨杏佛就开始追求唐瑛。但唐瑛对他没兴趣，杨杏佛只好与她保持客气的交往，但仍不死心。后来，他听说唐瑛已经名花有主。这是她父母做主给她订亲事（男方即她后来的丈夫李祖法）。李祖法家世好，也是个“海归”，毕业于美国耶鲁大学。当杨杏佛知道后，十分为难，不知如何是好——因为他和李祖法是好朋友，情义深厚。好友之妻不可戏。放弃吧，自己实在喜欢唐瑛；不放弃吧，分明又觉得对不住朋友。他为此十分头痛，形容憔悴。

当时，陆小曼、徐志摩、王赓三个，唐瑛、杨杏佛、李祖法三个，情况相似，都卷入了三角恋中，陷入情感的纠葛。但最终，杨杏佛决定不放弃，争取幸福的权利。因为他明白，唐瑛对李祖法也没有什么感情，他觉得自己还是有机会的。

为了解决情感难题，1925 年秋，刘海粟请大家吃饭，一顿饭局，解决了六个人的感情问题。从此，王庚离开陆小曼，唐瑛明确拒绝了杨杏佛。

那么，唐瑛的心上人是谁呢?

唐瑛是上海名媛,条件好,眼光高,一般男人难入眼。只有一个男人，在她心里珍藏。即使后来无奈嫁给李祖法后，她还是念念不忘这个初恋的情人。他就是民国国舅宋子文。

宋子文出身于富裕的牧师家庭，是宋美龄的哥哥，蒋介石的大舅子，长得一表人才，风流倜傥。如此权贵，倒也与唐瑛门当户对，十分登对。

宋子文早年留学美国，接受良好的教育，长得一表人才，引人注目。由于他的大姐宋蔼龄曾做过上海豪族盛宣怀家五小姐的外教，宋子文得以认识了盛家四公子盛恩颐，并在他的汉冶萍公司做英文秘书，于是，他认识了盛七盛爱颐。

宋子文和盛爱颐两个人一见钟情，彼此喜欢。他喜欢她的漂亮聪明，气质高雅，是真正的大家闺秀；她喜欢他的一表人才，风流儒雅，是前途光明的青年才俊。两个人很快热恋，不舍彼此。

但他们的恋爱遭到盛太太的强烈反对，原因是宋子文出身于牧师家庭，与权位皆有、家财万贯的盛家不般配。当时的宋家还没有与蒋介石联姻，没有政治势利。

这位夫人让人把宋子文调到武汉，让他知难而退。但宋子文没过几天又回到上海，继续追求盛爱颐……

不久，蒋介石帮助孙中山平定了陈炯明的叛乱，作为宋庆龄弟弟的宋子文，南下广州帮助建立新政权。他想带走盛七小姐，但遭到盛家反对。临行前，盛七以一枚金叶为信物，与宋子文海誓山盟，约定后会有期。

但后来时过境迁，他们最终没走到一起。因为盛家的反对，也因为宋子文很快随着蒋介石在中国的政治舞台抛头露面，成为一颗耀眼的明星。一姐一妹，她们的夫君都是当时元首，宋子文自然近水楼台先得月，本来就是青年才俊的他此时更是前途无量，其身份地位已经远超过已近没落的盛家。

后来，宋子文与大家闺秀张乐怡结婚，盛爱颐一片痴情落空，大病一场后，只好认命……

应该说这是宋子文的初恋。而他与上海名媛唐瑛，是如何遇上的呢?

唐瑛遇到宋子文时，他已经结婚，风头正劲。

唐瑛的哥哥唐腴胪与宋子文是好朋友，他们曾一起留学美国。回国后，唐腴庐成了宋子文的秘书。由于是好朋友，宋子文经常来唐家，一来二去，他认识了唐家的大小姐唐瑛。

唐腴胪跟宋子文做事，遭到父母的反对。唐家向来不问政事，认为从政没有好结果。而唐腴胪不以为然，他认为宋子文背靠大树，平步青云，事业正蒸蒸日上，自己跟他干，前途不会差的。所以他没有听从父母的话，继续跟宋子文做事。

唐瑛是上海名媛，宋子文早有耳闻，但真正看到本人时，果然名不虚传，他眼前一亮，不觉有些心动了。而唐瑛看到同样声闻上海的政治新人物时，也是眼前一亮，心里一动，对他陡生好感。虽然听说他已经有家室，但心上的喜欢还是止不住地发展延伸。

宋子文有事没事经常造访唐家，向唐瑛献殷勤。唐瑛正天天盼他来，见他来了，自然十分高兴。

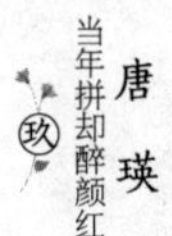

两个人的感情日益升温。宋子文比唐瑛大出 16 岁，又有家室，但面对爱情，唐瑛与张爱玲一样，格外大胆绝俗，似乎既不在乎人家年龄，也不在乎人家已有妻室。

宋子文呢？权柄正热，面对这样一位名动上海的交际名媛，年轻漂亮，不可方物，自然也不想错过，乐得消受这份浪漫爱情。两个人你来我往，陷入情网。

对唐瑛来说，宋子文是她的初恋，自然是全情投入，没有保留；对宋子文来说，唐瑛虽不是初恋，但却让他体验到初恋的感觉，整个人也似乎回到青春岁月。这种感觉太美好了，彼此都不愿放弃。一个年华正好，一个春风得意，干柴烈火，欲罢不能。

唐瑛明白，他们的爱情不会得到家人的同意，也不会有结果。虽然比不上权财两旺的宋家，但唐家也系名门，她的父母断不会让自己去当小三或小妾。但是，她还是不忍放弃这份爱情。而宋子文明知自己不能给人家一个美满的家庭，但还是情陷于中，不能自拔。唐瑛就像他的小甜心，让他中年的生活充满激情和乐趣。她让他放松，感到自己的成功和得意，感到作为男人的自尊和力量。而唐瑛作为上海的交际名媛，也从有权有势的宋子文这里，满足了女人的虚荣心。

宋子文几乎每天写一封情书给唐瑛，而唐瑛也以读这些情书为乐事。每当她正梳洗打扮时，总有一封信出现在眼前的梳妆台上。这时，她对镜理妆，心花怒放……

他们的恋情最终曝光。唐父对一双儿女大发怒火。在他眼里，政治向来是不靠谱的，一朝天子一朝臣，他决不想高攀，不要儿女与政治扯上，更不想女儿当权力人物的小三。唐瑛只好与宋子文若即若离，低调交往。

果然让唐父言中。1931 年 7 月 23 日，在上海北站有刺客要刺杀宋子文，因为唐腴胪与宋子文气质相似，结果被刺客所杀。唐家悲痛欲绝。

宋子文侥幸保命，对唐家自然感恩戴德，抚恤有加，此后一直照抚……

因为这件事，唐家再不欢迎宋子文，宋子文也不便再来。这样，他和唐瑛的感情也不了了之。两个人虽心有留恋，但原本无果，如今更不可能有下文了。

一声枪响，唐瑛失去哥哥，也失去了初恋情人。

经历过真爱的人，再难移情。不久，唐瑛遵从父母安排，嫁给了早已订婚的李祖法。两人性格不合，1937 年以离婚告终。再后来，唐瑛嫁给了熊希龄的侄子熊七公子，1948 年移居香港，后移民美国。

当年宋子文写给她的情书，唐瑛从未丢弃，而是把它们锁进一个小箱子，连同那段岁月一同珍藏尘封起来。

潘玉良

我是属于你的

我应该姓潘，
我是属于你的，
没有你就没有我！
——潘玉良

你是我的心爱，更是我的恩人。你救了我，从此也救赎了我的心，从此我远离风尘，有了丈夫，有了归宿，有了家。

在我的心里，我不只以身相许，成了你的人，而且我获得了新生。那么，我理当洗尽前尘，改为潘姓，重新做人。

潘玉良（1895-1977）

在潘玉良的心里，丈夫既是爱人，更是恩人，恩如再生父母，她心甘情愿从夫改姓。

她是一个聪明女子，发现了自己生命中的贵人，及时抓住了改变命运的机会，一举两得——有了自由，有了丈夫。

潘玉良是不幸的，自

小流落风尘；她又是幸运的，遇上了潘赞化这样的大好人。

她说不上漂亮，但却得到丈夫的宠爱；她是风尘出身的妾室，但却得到真正的尊重，可以自由地发展自己的天分，做自己喜欢的事。于是，一个天才的画家出现了。而她的丈夫，却明智地退出，成全她的艺术之路和艺术声名。如此胸怀大度有情有义的男人，潘玉良何其有幸！

出身歌伎，传奇的履历，享誉世界的成就，让潘玉良充满励志色彩。无论当时还是后世，人们都在谈论着她，谈论她如何从一个沦落风尘的灰姑娘华丽转身，然后变成了众人仰目的艺术女神……

的确，如果没有她不甘向命运屈服的倔强，如果没有她对自己艺术天分的自觉挖掘，再大的救赎也不能改变她的低微。她以自己的坚韧和努力，还给自己一个有尊严的清白人生。

她说不上美貌，但在她饱满的脸和唇上，可见天生的福气和淳厚品质，尤其是她那充满忧郁气质的眼神，透出不俗的艺术才华。常感叹潘赞化的独到眼力，总觉得他既救赎了她，更成全了她，而自己，并没怎么消受她，这岂非天意？是什么让这个男人把一个艺术天才从火坑里救出？

潘玉良是真正的传奇才女。她超越了自己，也创造了有尊严的美丽。她的美，是出淤泥而不染，是高于生活的艺术的美。这样的女子，虽出于风尘，但丝毫不减高贵。

她虽不是名门出身，但嫁到夫家后，她迅速转身，内外兼修。艺术天分和高雅的志趣，让她迅速脱胎换骨，获得诗书气质。而她的胸怀气度，她的艺术才华和成就，远远高出一般才女。

我是属于你的

有一次，看到一幅潘玉良的画，叫《月夜琴声》：一轮圆月，静静悬在空中，朦胧的夜空下，有一位女子身穿中式长衫衣裤，正怀抱琵琶拨弄琴弦。她端庄优雅，散发着古典美女的魅力……

我想，潘玉良虽是著名的西洋画家，但她终是传统的中国女子。这幅画，不免让人联想到她当年与丈夫潘赞化一见钟情、以身相许的情景。

此情此景，一定永远定格在潘玉良的心里，永远被隽永地珍藏。

1895 年 6 月 14 日，潘玉良出生于江苏扬州，原名张玉良。一岁时，父亲死去，两岁时，姐姐去世，剩下她和母亲相依为命。八岁时，母亲又撒手人寰，离她而去。张玉良成了孤儿，被舅舅收养。

在舅舅家寄人篱下长到 14 岁，女大十八变，张玉良长成亭亭玉立的大姑娘了。她天生鹅蛋脸，闪着大眼睛，嘴唇饱满，细眉弯弯，青春正盛，娇翠欲滴。舅舅看在眼里，心里起了坏主意：这样一个黄花大闺女，放在家里养着，不如卖了她，一来不必操心，二来还发了财。

这位狼心狗肺的舅舅，不念亲情，也不怕死去的同胞姐姐黄泉下记恨。有一天，他竟然连哄带骗，把张玉良骗到了芜湖，卖到一家叫怡春院的妓院。由于张玉良做妓女还稍小，老鸨就让她从歌伎做起，暂且可以不卖身。

从此，老鸨的冷眼、恐吓，甚至毒打，各位姐姐们的媚态风骚和低贱，各色嫖客的丑态，打手们凶神恶煞等等，在张玉良眼里轮番闪现着；三教九流，世态人心，人情冷暖，在这里轮番上演着……

这一个别样的社会，这里的扭曲，张玉良看在眼里，体会在心。她心里无限悲痛，哭喊着爹娘，但遥无回声，人天两隔，她只有顾影自怜，感叹命苦。

老鸨为了培养张玉良，也舍得下本钱，她雇人教张玉良歌唱、弹奏。张玉良也明慧，一学就会。三年下来，评弹歌唱等技艺已全掌握。很快，她成为妓院“头牌”歌女，循名而来的客人日益增多……

张玉良这年17岁，快成人了，以色诱人、以身侍人的命运也将不远。她成名了，但妓女的命运也很快来临。

花天酒地，温柔乡里，红颜薄命……张玉良内心一片苦水，不知向何人倾诉，只有付于歌声琴弦……

也许，命该如此。无奈，她只有听天由命。她不知道，此时，她生命中的贵人已经来了，她命运的转机已经来了。

这天，怡春院里来了个叫潘赞化的客人。此人是安徽桐城有名的才子，早年留学日本，毕业于早稻田大学，曾参加过辛亥革命。此次来芜湖，是就任海关监督一职。

当地的工商会长等一班人，热情地为潘赞化接风洗尘，百般讨好，于是把他请到怡春院来。潘赞化不好推辞，只好客随主便。

酒过三巡，老鸨叫来张玉良弹唱曲子，以助酒兴。

张玉良袅娜而来，低眉顺眼，款款行礼，轻轻坐下，然后手拨琵琶，朱唇开启，唱起一曲《卜算子》：

不是爱风尘，似被前尘误。

花落花开自有时，总赖东君主。

去也终须去，住也如何住？

若得山花插满头，莫问奴归处。

幽声凄清，缠绵悱恻，令人动容。张玉良一曲完毕，满堂喝彩。她面无表情，低头静听下一个指令。

潘赞化此时，不由细细打量起她来。他问她："这曲子是谁写的？"

张玉良怯怯回答："一个苦命的女子，和我一样，南宋天台营妓严蕊。"

潘赞化点头赞道："不错，亏你还知道。"

张玉良红了脸，说："大人，我没念过书。"

潘赞化道："可惜！"

当天夜里，有人讨其所好，要为他送来张玉良。潘赞化想拒绝，但又怕驳了人家面子，就说："我今天有点累，先睡了。让她明天陪我逛逛芜湖的园子吧。"但张玉良却因此遭到一顿毒打。

第二天，她没精打采地陪着潘赞化，她心里恨着，想，就是你这个大老爷，让我挨了毒打。到这里来的，能有什么好人。

但她很快发现，这个老爷与众不同，非但对她没有轻侮之色，而且还平等地与她聊起天来。他跟她讲起芜湖的典故，名人雅士，以及风土人情。张玉良听着，很快放松下来，觉得这个老爷真是好学问，而且平易近人，没有一点老爷的架子。甚至，她偷眼观瞧，他看上去也就刚到中年，一表人才，气质儒雅，看不出一点贪官污吏的影子。

不知怎么，张玉良心动了一下，眼前的这个老爷，就像自己的兄长，感觉到无比亲近。而且，他丰富的知识，儒雅的气质，也让她心生倾慕。

不知不觉，一个下午过去了，很愉快。临走时，潘赞化吩咐下人道："送张姑娘回去！"

张玉良却恋恋不舍，她突然感到，眼前的这个男人，是能够救自己脱离苦海的贵人。

她"扑通"一声跪倒在地，大着胆子哀求说："大人，求求您，留下我吧！"

她也不知自己哪里来的机智和勇气。似乎是天意在向她说："快，快，一定要抓住这个男人！"她情不自禁，激动兴奋，充满力量。

潘赞化为这一幕吃了一惊，但似乎也有预感。他已有妻室儿女，所以他说："我不能留你，你起来吧。"

张玉良不起来，哀求道："大人，就收下我吧。只要救我出去，让我做使唤丫头，做牛做马也愿意。我愿意跟着你，侍候你。"

潘赞化仔细打量着她，充满爱怜，沉吟片刻，说："好吧。我收下你。"

张玉良欣喜若狂，像做梦一样，她偷偷掐了自己的手心一下，才悟过神来：啊，这是真的。自己终于要逃离这虎口了，要脱离这火坑了。

潘赞化说："你先回去吧，听我的消息。"

当晚，张玉良兴奋异常，她失眠了。她干脆起来，在一张纸上画起了荷花。画画是她自小的爱好，没事她就爱瞎画，按照自己想的样子。自从被卖身妓院后，她内心坚持洁净，常以荷花自喻自励，坚守高洁。如今，在自己将要失身时，自己生命中的贵人来了，怎不叫人幸福？

1913年，由陈独秀作证，潘赞化与张玉良结婚，成为潘的小妾。

新婚之夜，张玉良在自己画的荷花上署了一个"潘"字，说："我要从夫姓。"

潘赞化说："怎么把姓改了？我是尊重女权和民主的，还是姓张吧。"

潘玉良的丈夫潘赞化

张玉良说："不，大人，我应该姓潘！我是属于你的，没有你就没有我！"

潘赞化一把把她抱在怀里。

从此，潘玉良抛弃了张玉良，开始了崭新的人生。

天才女画家

结婚三天后，潘玉良随夫到上海，住进专门为她安排的新居。

潘赞化看她喜欢学习，就亲自教她，从小学课本学起，并为她请了教师，学习四书五经。

潘玉良天资聪明，积极好学，进步迅速，很快具备了大家小姐的端庄和诗书气质。

他们有个邻居叫洪野，是上海美术专科学校的教授，教授色彩学。有一天，他正在家里作画，被路过的潘玉良看见。她一下子就被吸引住了，驻足观看。洪野看她喜欢画画，热情地叫她临摹了一幅画。她画完后，洪野惊喜道："你有绘画天赋！"决定收她为徒。当时，他给潘赞化的信中说：

赞化先生，我高兴地向您宣布，我已正式收阁下的夫人做我的学生，免费教授美术……她在美术的感觉上已显示出惊人的敏锐和少有的接受能力。

潘玉良毫不费力就得到这个好机会。她没想到，自己只是喜欢画画，随便画了一下，就引起内行人这样的吃惊。难道自己真的有绘画天分吗？但经人一点，她从此开始自觉起来了，有了专职老师，她的绘画水平进步很快。丈夫在家时，她与丈夫甜蜜温存。丈夫不在时，她就一个人读书，或者跟洪野学画，生活过得幸福充实而快乐。

有时，潘玉良做梦也会笑醒——原本那么苦命，真是做梦也想不到会有今天的幸福。她感恩丈夫，感恩命运，想到这，她就充满活力，心说：我一定要画好画，为自己争气，感谢爱自己的丈夫。

在老师的教授下，潘玉良对色彩和线条的感觉越来越敏感，并掌握了基本的绘画技法，打下了坚实的基础。她喜欢画里的斑斓世界，充满真善美，在那里没有人世间的假恶丑，真适合自己的性情。她决心成为一名优秀的画家。

1918 年，在丈夫和老师的鼓励下，潘玉良报考上海美术专科学校。虽然竞争激烈，但潘玉良信心十足，老师也预测一定没问题。结果却以落选告终，原因是她出身娼妓。教务处的人说：“我们的模特纠纷还未平息，如果录取了她这种出身的学生，不正好给卫道士们找到借口吗？”

洪野帮潘玉良与校方理论：“学校录取学生，只认成绩；国家用人，只认人才；老天爷也不拘一格降人才嘛！……这样对待人才，太不公平了！这是对艺术的扭曲！”

当时的校长刘海粟有感于洪野的话，就大笔一挥，在第一名的左边写下“潘玉良”三个字。于是潘玉良得以踏进当时中国最高等的艺术学府——上海美专的大门。从此，她的艺术道路开始真正起步……

当时，上海美专首开西洋画专业，有真人裸体模特，开风气之先，在中国绘画界独树一帜。社会上虽然众说纷纭，但挡不住艺术青年们的艺术热情，纷纷报考此校。潘玉良刚开始看到裸体模特时感到难为情，脸红心跳，画出的画很不自然。洪野批评她：“你风景画得那么好，怎么在人体造型上感觉这么迟钝？”

她决心画好人体。为了取材，她到公共浴室观察，被人发现后遭到一顿毒打。后来，她以自己做模特，赤身裸体对着镜子仔细观察揣摩，一遍遍画了又画，慢慢找到了感觉，画成一幅《裸女》，轰动全校。刘海粟迷惑不解，问她怎么完成的，她如实相告。刘海粟对她的艺术执着十分赞赏，从此对她十分关注，重点培养。

毕业时，刘海粟对她说：“玉良女士，西画在国内的发展受到很多限制，毕业后争取到法国去吧，我给你找个法语教师辅导你学法语。”潘玉良正有此意，潘赞化也表示支持。

1921 年，潘玉良获得留学津贴，考入法国里昂中法大学，开始了异国学习西洋画的旅程。她先后就学于法国国立里昂美专、巴黎国立美专、罗马国立美专、罗马琼斯教授所授课的雕塑班，如饥似渴地学习，画技不断提高，艺术水平日益成熟。在此期间，她认识了徐悲鸿、邱代明等人。

留学几年，都是丈夫潘赞化以财力支持她的学业。但后来，他失去海关监督的职位，对潘玉良的财力支持变得时断时续。1929年春天，在连续四个月没有家信和津贴补助的情况下，潘玉良的生活陷入困境，一次竟在课堂上晕过去。此时，她的油画《裸女》救了她——这幅画作在欧亚现代画展中荣获三等奖，她获得了5000里尔奖金。

潘玉良开始以画自立……

人言可畏

游学九年后，潘玉良回到上海，刘海粟聘她为上海美专绘画研究室主任兼导师。

九年间，她一方面刻苦学习，一方面无时不思念着潘赞化。当轮船靠岸，潘赞化一步跨进船舱。二人紧紧相拥，久别重逢，百感交集。

是什么力量让一个已婚女子克服思念完成学业的呢？又是什么力量让一个丈夫克服思念，一直放心并无私地支持妻子的学业呢？我想只能是爱情。九年的时光，彼此忠诚，心无旁骛。相思如水，越流越长；爱情如酒，越陈越香。

她知道，祖国正在战火中，家庭也面临劫难，自己能在异国安然学习，这是多大的幸运，她必须珍惜。而午夜梦回，还是难掩孤独，思念比夜长，孤枕难眠。到后来与丈夫消息隔断，她更是日夜牵挂，无数次地展开丈夫以前的来信，一遍遍地读着，无语泪流，心中默默祝福，期待回国的那一天……

曾经的苦难，卑微的出身，让她的理想高扬，决心活出自己的尊严。艺术，给潘玉良以理想；爱情，则给她无限的力量。爱情是她的后盾，更是她的力量源泉。在无边的思念和孤独中，她坚韧地学习、作画，坚定的爱情和美好的艺术，成为她精神上的最大支柱，有力地支撑她九年。最终她学成归国，回到亲人面前，幸福的暖流让潘玉良又一次泪流满面……

回家两个月后，潘玉良在上海举办第一次个人画展，展出她的作品200多幅。人们慕名而来，轰动画坛。上海《申报》专题报道，刘海粟发来贺电，画展十分成功。

1932年，潘玉良举办第二次个人画展，游欧回国的刘海粟参观后，肯定了她的西画功底和表现技巧，给予了高度评价。同时，他建议潘玉良不要丢掉中国画传统。潘玉良深受启发，从此游遍名山大川，向大自然学习，丰富生活阅历，提高艺术修养。

1936年，潘玉良举办第五次画展。不想，她的一幅油画《人力壮士》遭到人为破坏，上面写了“妓女对嫖客的颂歌”。甚至有人称她是“婊子画家”，“出卖色相，沽名钓誉”等等，言论极具恶毒和侮辱。潘玉良迷茫了……

此时，潘赞化原配夫人的到来，也让潘玉良受到排挤。她经常找潘玉良的麻烦，动辄以“妓女出身”之类的言语刺激她，又指桑骂槐：“现在喝了点洋墨水，就开始拿大了。以为自己当了教授，就了不起吗？就可以同我平起平坐吗？……”

舆论的不利，家庭的纠纷，潘玉良感到前所未有的压力。她背地里大哭一场，她不恨丈夫，只恨自己，恨自己的出身。

但她心里依然是倔强的。什么色相？那分明是艺术！什么妓女，我现在是画家！想不到，努力洗刷过去，还是洗不去；努力学习成就自己，还是不能如愿；努力和家人和好，还是不被尊重；努力融入祖国，可是祖国还是不容自己。我这么努力，还要我怎么样才能活出自己的尊严？

过去洗刷不了了吗？这个家，这个社会，这个国家，我还能待下去吗？人言可畏，做人好难。看来，这里不能容下自己。不能让唾沫星子淹死人。还是离开出国，继续努力，一定要活出自己的尊严！未来总有一天，我要证明给你们看：我是真正的画家，我是真正脱离了低贱低俗的高贵的人！

而且丈夫那么爱自己，不能因此连累了一世清名的他。走吧，离开。虽留恋他，但为了他还得离开。

潘玉良再次踏上去巴黎的邮轮，一走就是40年，从此再没有踏上祖国的土地，也再没见到他的爱人。

忠守爱一生

潘玉良又回到了她熟悉的巴黎这个艺术之都。她感激它，庆幸还有这么一片自由而艺术的净土，让她学习，也让她藏身。她的理想，她的孤独，她的思念，在这里都可得到安慰。所以，她喜欢巴黎。

在巴黎，她有时去大学作画，雕塑像，有时到郊外写生，活得自由自在，没有人冷眼相视，也没有可怕的流言。她在这里自由地作画，尽情地享受艺术，也无边地思念丈夫。

在这里，潘玉良艺术水平大涨，同时获得了真正的自由和独立。

1938 年，南京陷落，潘玉良与丈夫失去联系。这时，有一个追求者向她示爱，她婉言谢绝，说："赞化和我真诚相爱，我虽然身在异国他乡，但我相信总有一天，我还要回他的身边。"

她坚持"三不主义"：不入外国国籍，不恋爱，不和任何画商签订合同。多么有主见的女人。坚守初衷，不改其志，纵使孤独痛苦，也在心里供奉着她永远的男神——她的丈夫潘赞化。

当时的潘赞化正在积极地奔走呼号，积极抗日。抗战胜利后，他对政治失去了兴趣，离开政界，辗转流寓到四川江津，到国立九中任教。

而在异国，潘玉良一直思念着他，时刻关注着中国形势。她的爱，遗落在远方的中国。她虽然得不到当时国人的尊重和认可，但她明白，丈夫心里一直装着她。她永远感激他，此生自改姓潘那天起，就决定白首不相离，永远跟定他。纵使分离，此心也永远忠诚相守，永不言弃。

她眼里的丈夫，是爱人，更是恩人，恩同再生父母。她从小失怙，缺少父母之爱，出身低微，沦落风尘，为人玩物。但遇上了他，自己的人生从此不同，拥有了自由和爱情。虽然家庭有纷争，但她心里，潘家永远是自己的家。没有他就没有潘玉良，没有画家潘玉良。自己的一切都是丈夫带来的。所以，她就是丈夫的。

她眼里的丈夫，是第一个恋人，也是唯一的爱人，他是最好的男人，任何时候都在她的心灵深处。她的爱如磐石，坚不可摧，此生永不言变。

为了表示自己对丈夫的一片忠贞，潘玉良把一条嵌有她和丈夫合影的项链挂在胸前，一生没摘下来，以示她对爱的忠诚。天涯咫尺，一生不变。

潘玉良一直坚守对丈夫的誓言："我是属于你的，没有你就没有我。"在这里，我们看到她的情义，她的坚贞。她出身虽低微，但纯洁的心从未被浊世污染，正如她喜爱的荷花一样，出淤泥而不染。

这是她的信条，无论是为人，还是为艺术，她都在竭力追求着这种高洁和美丽。

画出我尊严

潘玉良的画作如今已经成为藏家的抢手货，市场价格少则几百万元，多则上千万元。她的画好，加之她本人的经历传奇，让她的画价值倍增，成为市场的宠儿。她的油画《躺在沙发上的女人》以 657.8 万元的价格成交，她的油画《自画像》以 1021 万元成交。

潘玉良的油画技术堪称一流。她吸收了印象派的光线技法，融入主观感受，用笔大胆，用色鲜艳，笔法自然干脆，有强烈的个性色彩。

潘玉良画作

她的情绪，她的情感，她的艺术主张，在画里显露无遗。

潘玉良能画风景、人物、静物，也能刻雕塑、版画，显示出多方面的艺术才能。而且，她把传统与写实、近代印象派和现代画派相结合，把中国画风带入西洋画中。她的作品有一种中西结合之美，既有西洋画的洋气，又不失东方含蓄的情调。

看她的画，是一种享受。能够拥有她的一幅画，是很多藏家的追求。而她从一个风尘女子成为世界级画家的传奇经历，也更引人关注，足够励志。

的确，潘玉良生动演绎了一个艺术女神的诞生，让人们明白如何活出有尊严的人生。

潘玉良脱离苦海后，走的是一条艺术之路。而艺术之路，不是每个人都可以走得通的。艺术之路，注定要吃苦受难。不仅痛苦，而且需要你与世俗保持一定的距离，坚持内心的纯粹和洁净。所以，这条路很难走。

艺术之路艰难但也很美，所以这条路上追求者甚众，但成功者寥寥，成功的女艺术家更是凤毛麟角，但潘玉良成功了。

当然，她有艺术的天分，这个不能否认。她还很幸运，有丈夫的支持，能进入一流美院学习，得到大师级人物的支持与鼓励，能逃避战火在国外自由地作画……但这些只是给了她基石，成功主要靠的还是她的个人努力。

没有努力，她不能考上上海美专，那个当时最先进的美术学校；没有努力，她不能得到刘海粟等良师益友的支持；没有努力，她的丈夫也不会十多年支持她的艺术。因为她的努力，让大家对她的天分更有信心，相信她是未来的一流画家；因为她的努力，让她感动各方支持的力量，相信自己能成为未来的一流画家。

而她努力的源泉和动力，正是爱情和梦想。爱情和艺术梦想给她长足的力量，让她在这条路上坚持一往无前地追求，有前进的热情和力量。这是她的信念，也是她的精神力量。有这个支撑，她才能摆脱学习的困苦，思念的折磨，流言秽语的攻击，保持毅力一路向前，努力洗清前尘，活出自我价值和尊严。

潘玉良何其聪明，她一生都在努力突破自己。被丈夫赎出，有学习机会时，她努力学习，提高自己，华丽转身；有人主动教她作画时，她努力绘画，脱颖而出，考入美专，奠定事业基础；当有出国留学机会时，她及时抓住，一学九年；当受人诽谤、不被理解时，她毅然出走，不改其志，继续追求，最终成就了自己，也证明了自己。

这个过程，是她心灵的淬炼，也是她艺术提高的过程。传奇的经历，造就了传奇的艺术之路，造就了非凡的艺术作品。所以，潘玉良的成功是必然的。

当国内战火纷飞时，潘玉良的绘画水平与日提高；当国内一片动乱时，潘玉良却在海外获得了盛名。

潘玉良（中）在巴黎画室

1950年，潘玉良在瑞士、意大利、希腊、比利时四国巡回举办历时9个多月的画展，大获成功，并由此获得一枚比利时皇家艺术学院的艺术圣诞奖章。

1958年8月，在巴黎凡尔赛宫举办“中国画家潘玉良夫人美术作品展览会”，展出她的《张大千头像》《矿工》《王义胸像》《中国女诗人》《塞纳河畔》《浴后》，并出版了特刊和画册。展会还没闭幕，潘玉良的作品都被订购一空。巴黎市政府购藏了16件，国家教育部、市立东方美术馆都有收藏。媒体大量报道，潘玉良成为享誉世界的女画家。

潘玉良成功了，她终于证明了自己，活出了自己的尊严。

项链表君心

潘玉良身在国外，但心里始终关注着祖国，时刻牵挂着丈夫及家人。

1950年，她在巴黎的《晚邮报》上看到一则消息:“中共重用艺术家，徐悲鸿任北京中央美术学院院长，刘海粟任华东艺术专科学校校长。他们的个人画展，由官方分别在北京、上海举办，盛况空前。”

潘玉良为老友高兴的同时，自己也有些心动了。因为她的个人画展的成功举办，她已被选为巴黎中国艺术学会会长，她希望有机会回到祖国。

不久，潘赞化来信，向她介绍了新中国情况，希望她早日回国。她十分激动，当下回信。

但由于画展未完，她一时不能回国。计划等忙完这阵子再说。

但后来，丈夫的来信日益减少，信上的话也日益减少，三言两语，十分客气：

汇款收到了，家中还好。谢谢你支持，望善自保重。

后来，干脆没了音信……

潘玉良心里犯了嘀咕，感觉不妙，一定是发生了什么事情，否则，丈夫怎么不来信了呢？怎么话说得这么客气呢？一定是他有难言之隐……

一天，她从报纸上看到一则艺术家刘海粟以右派罪名被清洗的消息，潘玉良迷茫了，原本回国的打算也不得不搁浅。

她不明白有一颗艺术热诚之心的老校长刘海粟怎么成了什么“右派”？什么又是“右派”呢？他人多么好呀？为什么要打倒？……

潘玉良百思不得其解。她同时想到丈夫，忍不住给他写信，提了好些她不解的问题，但信寄出后，如泥牛入海，杳无音信。很长时间，她才收到回信：

刘海粟是右派，右派即是敌人，你我均应与其划清敌我界限……你要回国，能在有生之年再见，当然是人生快事。不过虑及目前气温转冷，节令入冬不宜作长途旅行，况你乃年近六旬的老媪，奚经得长途颠簸和受寒冷？还是待来春成行为好……

潘玉良明白丈夫的言外之意，政治气候转冷，还是不要多问，于是再不好提回国之事。为了丈夫，也为了自己。她心中长叹，不知何时能回到祖国，回到丈夫身边……

1964 年，中法建交，潘玉良欢欣鼓舞，准备回国，但却得到潘赞化去世的消息。原来，潘赞化 1940 年返回安徽桐城老家后，无心政治，专心办学，教书育人。1947 年迁居安庆，新中国成立后任安徽省文史馆馆员。1959 年病逝于安庆，终年 75 岁。

怎么办？没了丈夫，孩子也不是自己的，还回去吗？一阵悲凉后只能作罢。之后，潘玉良本想再见到潘赞化的家人，但由于“十年动乱”，还是未能回国。

改革开放后，有关方面专程派人去看望潘玉良，向她报告喜讯：刘海粟已获得平反，回到南京艺术学院任院长。潘玉良欣慰一笑，但她此时已经卧病在床，不方便回国了。她颤抖着取下嵌有她和赞化合影的那条项链，对朋友王守义说：“兄弟，谢谢你这么多年来照顾我，我现在要不行了，还有一事相托……这样东西，请你带回祖国，转交给赞化的儿孙们；还有那张自画像，也带回去，就算我回到了祖国……拜托了！”

几十年遥遥相望，隔海相思，情不变，盼团圆，但阴阳两隔，再无缘相见，怎不令人唏嘘？

人世沧桑，最无情是隔断有情人。但爱情永在，一条项链表我心，人不见，就让它带着我的心，回到祖国，回到君身边，与君长相伴……

图书在版编目（CIP）数据

瞬间芳华　风流永驻：民国十大名媛才女评传 / 陈风彩著. —北京：商务印书馆国际有限公司，2015.1
ISBN 978-7-5176-0113-5

Ⅰ. ①瞬… Ⅱ. ①陈… Ⅲ. ①女性-名人-评传-中国-民国
Ⅳ. ①K828.5

中国版本图书馆CIP数据核字(2015)第011709号

瞬间芳华　风流永驻：民国十大名媛才女评传

责任编辑　蔡红英
出版发行　商务印书馆国际有限公司
（地址　北京市东城区史家胡同甲24号　邮编 100010）
（总编室电话　010-65592876　市场营销部电话　010-65598498）
网　　址　www.cpi1993.com
经　　销　全国新华书店
印　　刷　北京信彩瑞禾印刷厂
开　　本　880 × 1230mm　1/32
字　　数　246千字
印　　张　10.25
版　　次　2015年2月第1版第1次印刷
书　　号　978-7-5176-0113-5
定　　价　32.00元